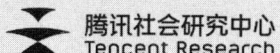

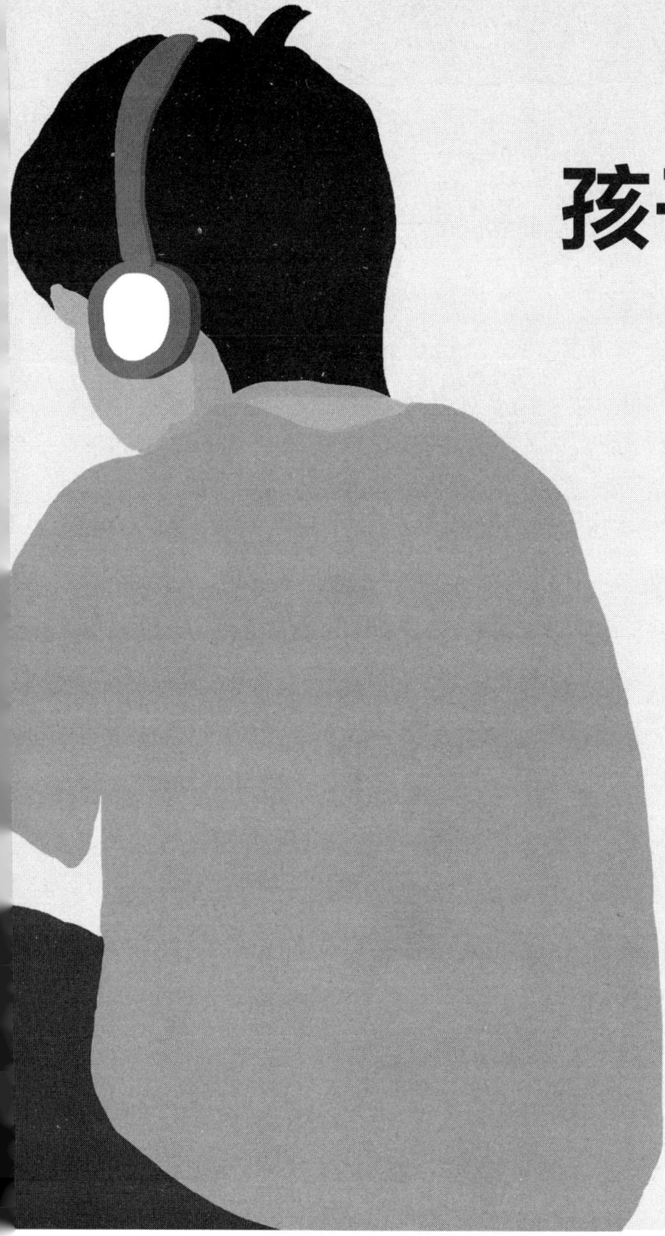

读懂
孩子的世界

父母和网络少年的
27堂成长沟通课

李强 主编
岳淼 高文珺 副主编

电子工业出版社
Publishing House of Electronics Industry
北京·BEIJING

序言 /

走进网络少年的内心

中国互联网络信息中心2021年7月发布的《2020年全国未成年人互联网使用情况研究报告》显示，2020年，我国未成年网民规模达到1.83亿，未成年人的互联网普及率达到94.9%。其中，利用互联网学习的未成年网民比例为89.9%，上网玩游戏的未成年网民比例为62.5%，看短视频的未成年网民比例为49.3%，互联网已经渗入了青少年的生活中。如何让青少年健康使用网络的问题引发了全社会的广泛关注，2021年6月1日正式施行的新修订的《未成年人保护法》中专门增设了"网络保护"章节。2021年8月，针对未成年人网络游戏监管的新规定也正式落地。

在青少年的诸多网络使用场景中，网络游戏的使用引发了各方关注。一方面，研究显示，游戏对青少年有多种好处：他们能在游戏中进行团队合作；游戏能锻炼他们的社交能力，使其减少负面情绪、获得放松和满足。因此，不少学者呼吁人们正视游戏的积极意义。美国麻省理工学院（MIT）比较媒体研究中心教授泰勒（T.L.Taylor）在一次采访中提到，游戏其实是社会生活的一部分，是我们与他人建立连接、分享信息和经验，与他人进行交流的一种方式，其本身是有意义的。并且，如今游戏开发、电子竞技等已成为蓬勃发展的新兴产业，不少高校也纷纷开设了电竞专业。另一方面，游戏带来的负面影响也不容忽视。研究表明，过度沉迷网络游戏，会增加孩子出现行为问题的可能性，不利于孩子思维能力的发展，也会使孩子的学业受到影响。

青少年如何合理使用网络这一议题，一直广受社会关注，因为这不仅仅关乎一个孩子的发展，还关乎一个家庭的和谐，乃至一个国家的未来。未成年人的健康成长始终牵动着家长和老师们的心弦，在不同时代，家长和老师们都会担心孩子沉迷于某种事物，如武侠小说、电视、动漫、电子游戏。而当社会步入信息化时代后，手机、网络游戏又成为家长们新的担忧。很多家长一方面认同互联网社会是未来社会的发展趋势，孩子需要接触各种新的媒介；另一方面，他们又忍不住担心孩子因为上网耽误学习。家长们内心的这种矛盾和焦虑，很多时候源于他们对青少年网络生活缺乏了解，同时又对有效地引导孩子使用网络缺乏自信。因此，为了帮助未成年人健康成长，也为了更好地帮助家长，解答家长的困惑，我们一起编写了这本《读懂孩子的世界：父母和网络少年的27堂成长沟通课》。

本书包含大量案例解析，并添加了专家评述部分。我们对30多个真实的青少年案例进行深入分析和解读，案例中的青少年年龄跨度为7岁至17岁，我们将详细阐述他们沉迷网游的原因和表现，并且从心理、教育学等角度，为家长提供颇有参考、借鉴和指导价值的解决方案。通过阅读本书，您可以对以下问题有更深入的了解：孩子为何如此沉醉于虚拟的游戏世界？这又与亲子关系有何联系？收手机、断网真的是解决问题的有效手段吗？家长应该如何控制自己的情绪？等等。在专家评述部分，几位心理学、教育学和社会学专家将从理论和实践角度，深入解读网络游戏到底是怎么回事，并且通过权威数据和深刻分析，解答各位家长对网络游戏长久以来的疑惑。

参与本书编写工作的作者包括来自一线富有经验的心理健康教育工作者、临床心理咨询专家、高校和科研机构的学者。相信您能够从书中找到期望已久的答案！

目录 /

01 揭开标签，看到孩子
　　——儿童青少年心理问题的分析与应对　　　　　　　　/002

02 是什么让游戏这么好玩
　　——用网络游戏的方式培养孩子的新习惯　　　　　　/012

03 异地求学的学生
　　——异地求学带来的不良后果及应对措施　　　　　　/020

04 游戏是我未来的事业
　　——如何正确引导将游戏作为未来职业选择的孩子　　/028

05 叛逆的青春期
　　——青春期与网络过度使用　　　　　　　　　　　　/036

06 游戏有什么魔力，让孩子无法自拔
　　——如何在现实世界创造满足孩子需要的机会　　　　/044

07 小规则，大讲究
　　——如何为游戏使用制订有效规则　　　　　　　　　/054

08 被孤独感淹没的青少年
　　——青少年社交孤独导致的网络沉浸及其应对措施　　/062

09 "只有打游戏，才能靠近你们"
　　——当孩子周围的朋友都玩网络游戏时　　　　　　　/070

10 看得见的问题，看不见的创伤
 　　——孩子行为问题的解读和处理　　　　　　　　/078

11 扛不住的挫折，背得起的乌龟壳
 　　——父母教育孩子应对挫折的有效措施　　　　　/086

12 距离遥远，爱不缺位
 　　——建立远距离亲子互动的良性模式　　　　　　/094

13 用心交流，用爱沟通
 　　——如何进行有效的亲子沟通　　　　　　　　　/102

14 网游"填补"不完整的心
 　　——家庭不完整所带来的网络过度使用问题　　　/112

15 家庭有效环境：孩子成长的保护伞
 　　——建立家庭有效环境的方法和措施　　　　　　/120

16 "成"也亲子关系，"败"也亲子关系
 　　——从父母那里得不到的爱，就去网络中寻找　　/128

17 重压家庭下逃进游戏的孩子
 　　——生活的压力，让父母无暇顾及孩子　　　　　/138

18 谁是一家之主
 　　——隔代抚养对青少年网络使用的影响和应对建议　/148

19 到处寻找教育专家的父母
 　　——给在教育上无所适从的父母提出的一些建议　/156

20 被游戏"收养"的孩子
 　　——父母无暇陪伴孩子所导致的网络使用过度问题　/164

21 剪断了我的翅膀，还想要我飞翔
 　　——从溺爱到爱，家长需要做什么改变　　　　　/172

22 "请相信我,我的孩子"
　　——亲子间信任度降低的原因及应对策略　　　　　/180

23 "除了摔手机,你还会做什么?"
　　——粗暴的教育方式所带来的问题激化　　　　　　/188

24 孩子,我该如何重新靠近你
　　——给重新回归家庭的父母的一些建议　　　　　　/196

25 "除了成绩,你还在乎什么?"
　　——不让成绩成为挡在父母和孩子之间的墙　　　　/204

26 别让网络游戏成为孩子最重要的"关系"
　　——如何与孩子建立良好的亲子关系　　　　　　　/214

27 父母结盟:教育孩子最好的方式
　　——父母冲突给孩子带来的不良影响及处理对策　　/222

专家评述

李强、高文珺:心理学视角下的青少年网络游戏行为特征、
　　动机与引导　　　　　　　　　　　　　　　　　　/229
曹慧:玩还是不玩,是一个问题!——教育心理学工作者关于
　　屏幕游戏使用的争论　　　　　　　　　　　　　　/244
田丰:从社会学视角看游戏的空间性和时间性　　　　　　/259
陈娜:一个网络素养夏令营里的家庭故事——青少年辅导一线
　　工作者手记　　　　　　　　　　　　　　　　　　/270

后　　记　　　　　　　　　　　　　　　　　　　　　　/282
创作团队　　　　　　　　　　　　　　　　　　　　　　/284

揭开标签,看到孩子

——儿童青少年心理问题的分析与应对

如果把过度使用网络视为孩子存在的问题，那么我们不妨套用分析和解决问题的常规思路，即通过"是什么——为什么——怎么办"三个步骤，准确地找出问题出在哪里，弄清问题出现的原因，然后根据不同的问题和原因，找出相应对策。这个思路听起来合情合理，但实施起来却十分容易陷入误区。因为很多时候我们认定的"是什么"和"为什么"并不是真正的问题和原因，从而使与之相应的"怎么办"失去针对性，甚至走上错误的方向。

案 例

家长眼中孩子的问题

案例1 "孩子一直没有时间观念，自制力很差，学习缺乏主动性。自从他接触了网络，更加不求上进，每天草草做完作业，剩下的时间都在玩游戏、上网，眼睛都不抬一下。如果不提醒，他就一直玩到困得不行才睡觉，家里人都很担心。"

案例2 "孩子小时候还比较乖，我们说什么基本都会听，到了青春期，好像变了一个人，整天盯着手机看，做家长的多说几句就嫌烦。学习不行，顶嘴倒是特别有本事，我们说东，他偏往西，跟我们对着干，还经常无缘无故乱发脾气，是不是青春期的孩子都这么叛逆？"

案例3 "儿子是家里老人带大的，爷爷奶奶就这一个孙子，要星星不给月亮。可能是溺爱过头了，儿子现在特别任性，在家无法无天，正经事不爱干，就爱上网，一天到晚抱着手机，像着了魔一样，什么事都顾不上了。我们说：'这样下去将来怎么办，你能玩一辈子手机吗？靠什么养活自己。'他全当耳旁风。"

案例 4 "女儿上了初中以后就一直吵着要手机，我们就把她妈妈的旧手机给了她。没到一个月，女儿就说这手机过时了，样子不好看，性能也不好，还说同学用的手机都比她的好，她在学校没面子，我们被吵得没办法，又给她买了一部新的。最近我们发现她在玩游戏，充了不少钱，零花钱不够了就管我们要，说是同学都充钱，自己不充就没法玩了。我们让她不要那么虚荣，她就不高兴了，说我们一点也不理解她。"

案例解读

标签构成的"伪问题"和"伪原因"

上述是几位家长对自己孩子问题的看法，"自制力差""乱发脾气""任性""虚荣"，等等。这些描述是很多家长惯用的，想必大部分人都不陌生。家长不仅自己心里这样想，对别人这样说，也常常这样念叨孩子。家长的出发点无非是指出孩子的问题，希望孩子改正；可事实上，这样的念叨并没有让孩子向家长期待的方向转变，甚至结果往往适得其反。这些说法好像一个个消极的标签，被贴上这些标签的孩子就倾向于做出与标签一致的行为，类似于心理学所说的"标签效应"。于是家长越说孩子差，孩子就越往差的方向发展，长此以往会形成恶性循环。

细心的家长不难发现，标签并不是客观事实，而是我们对事实的命名或评价，比如"自制力差""乱发脾气"，是我们对孩子行为控制和情绪控制能力的评价，"任性""虚荣"是我们对孩子特定行为表现的命名。类似的标签比比皆是，比如不自觉、没耐心、贪玩、拖拉、没有时间观念、争强好胜、不听话、不用功、调皮捣蛋……给孩子的行为贴上标签会让我们产生找到问题的错觉，但其实这会让我们离事实越来越远。有一首诗这样写道：

我从未见过懒惰的人

我见过

有个人有时在下午睡觉

在雨天不出门

但他不是个懒惰的人

请在说我胡言乱语之前

想一想，他是个懒惰的人，还是

他的行为被我们称为"懒惰"？

我从未见过愚蠢的孩子

我见过有个孩子有时做的事

我不理解

或不按我的吩咐做事情

但他不是愚蠢的孩子

请在你说他愚蠢之前

想一想，他是个愚蠢的孩子，还是

他懂的事情与你不一样？[1]

---

1 马歇尔·卢森堡. 非暴力沟通[M]. 北京：华夏出版社，2009.

"愚蠢""懒惰"与众多的标签一样，是由于我们的评价标准不同，而对同样的事实得出的不同结论。比如遇到"孩子不同意自己的看法"这件事，有的家长认为孩子"唱反调、顶嘴、不服管教"，而有的家长则认为孩子"独立、有个性、有主见"。如何认识和评价孩子，是由家长本身的个性、经历、价值观、知识体系、情绪状态等因素决定的。因此深究起来，标签所标识的"问题"并不出在孩子身上，倒是很可能反映了家长认知上的问题。为何给孩子的特定行为贴上负面标签，并且将其认定为"问题"，这是家长需要自我反思的。

家长不仅容易将标签误认为是问题，还会错误地将标签当作问题发生的原因，比如"自制力差"是因为孩子不求上进，"乱发脾气"是因为孩子叛逆，"任性"是因为长辈溺爱……其实"不求上进""叛逆"和"溺爱"，也是家长自己找到的另外一些标签。

因为标签本身既非问题也非原因，因此如果从标签入手，顺着一个标签到另一个标签，那就很难有机会发现真正的问题和原因，也很难找到问题的有效应对办法。只有当我们揭开标签，看到孩子真正的问题，才有可能找到真正的解决办法。

给家长支招

揭开标签，看到孩子

"是什么"——看到事实

揭开标签的第一步，就是暂时放下自己看出的表象，回归事实本身。所谓事实，也就是"实际上发生了什么"。与笼统、概括的标签不同，事实是具体的、客观的。当我们发现自己在使用标签时，应该提醒自己退后一步去观察和反思事实究竟是什么样的、是怎样发生的，这样我们就能将大部分标签转换成事实。举个例子，孩子"无缘无故乱发脾气"是一个标签，而背后的事实可能是：孩子发脾气，十次有八次，家长搞不清原因。与之类似，"虚荣"背后的事实是：孩子看到同学有好手机而自己没有，也要求家长给自己买一样的手机；"自制力差"背后的事实是：如果家长不提醒，孩子就会在睡前一直玩手机。

如前文中提到的，从标签出发去探究原因是很困难的，其结果往往是从一个标签到另一个标签；而在事实的基础上去问"为什么"，才更容易接近真相。比如，如果我们问"孩子为什么自制力差"，就很容易跳到"生活习惯不好""不求上进"乃至更多的标签上去；而如果我们的问题是一个具体事实："为什么家长不提醒，孩子就会一直玩手机"，就会引领我们一步步解开谜题。

❀ "为什么"——探索感受

如何根据事实，找出孩子问题的根源？心理现象非常复杂，总是可以进行多角度的理解和解释。对于上述问题，目前已知的心理治疗方法已经超过 400 种。对于一般的家长而言，相对简单且有效的一种方式是从"感受"的角度去理解问题。大部分时候，孩子与家长在大是大非上的认识是一致的，大部分孩子都知道学习很重要，都想与同学和父母好好相处，也都明白过度使用手机的危害，但有时他们却偏偏反其道而行，这种表现在其他人看来就是行为问题。为什么知道很多大道理，却依然过不好这一生？答案可以从孩子的感受上去寻找。

感受有时会触发行为，有时会阻碍行为。孩子明知道打骂父母不对，但是因为愤怒到了极点，就下意识地采用极端的暴力手段发泄情绪，这时，是愤怒的感受触发了他的行为。孩子明明知道学习很重要，也很希望取得好成绩，但因为在学习上屡屡受挫，感觉惭愧、丢人，进而一看到书本就害怕，只好逃避到游戏中去，这时，是羞耻、害怕的感受阻碍了他的行为。家长需要具备的一项重要"技能"就是懂得承认并接纳孩子的感受，然后才能从感受入手，寻求应对之道。

❀ "怎么办"——回归需求

如常言所说，"世界上没有无缘无故的爱，也没有无缘无故的恨"，每种感受的产生，总是与特定的需求是否得到满足有关。举例而言，我们已经知道家长眼中孩子是在无缘无故乱发脾气，其实"乱发脾气"的背后都是愤怒的情绪在推动，那么这种感受是如何产生的呢？案例中的孩子正处于青春期，他们开始有了自己的见解和主张，希望很多事情能够自己做主，但父母没有觉察也没有承认孩子对话语权的需求。孩子在表达自己的意见时，父母或是将其当作小孩子的吵闹一笑而过，或是以"不能和父母顶嘴"进行批评，孩子对平等、尊重的需求一直没有得到回应和满足，愤怒的情绪必然会逐渐累积，直到爆发。

看到了需求，才能更好地理解感受是如何产生的；有了理解，家长就更容易冷静下来考虑"怎么办"。到了这一步，也就触及了解决问题的核心：处理孩子的需求。

首先我们要明白，需求不是大道理，也不是价值观，它与是非对错无关，没有什么需求是不合理的，因此不要否认孩子的需求。但同时，不是所有的需求在现实中都能得到满足，也不是所有表达需求的方式都能被别人接受。作为家长，重要的是引导孩子合理表达需求，并适时、适度地满足孩子的需求。

以无缘无故发脾气的孩子为例，如何回应他对平等、尊重的需求呢？比如，让渡一部分权利给孩子，让孩子共同参与家庭决策，共同讨论学习和游戏的规则；教会孩子如何采用更温和的表达方式，比如与父母协商、给父母提意见。同时认真听取孩子的意见，让孩子明白不发脾气也可以达到目的。把"大道理"转换为父母的感受和需要，将"你不应该顶嘴"替换为"妈妈希望我们都先冷静一下，好好商量这件事"，让父母的言行成为孩子的榜样。

（李凌　撰写）

是什么让游戏这么好玩

——用网络游戏的方式培养孩子的新习惯

看着整天抱着手机玩游戏的孩子，家长不禁有这样的困惑——游戏有那么好玩吗？

其实，每个成功游戏的背后，都有许多设计者为之努力，目的就是让玩家沉浸于他们所设计的游戏之中。从游戏的画面和音乐到游戏情节、关卡、逻辑等方方面面，都经过了设计者的细心打磨，其中不乏心理学专家给游戏设计出谋划策。

例如，有些游戏不只有游戏过程，还有很多知识性的答题竞赛，孩子在玩游戏的过程中，可以通过积累知识获得更多的游戏金币和更高的晋级概率。

另外，很多游戏之所以如此流行，重要原因之一就是游戏设计的方方面面都非常符合人类的行为模式。只有把握人类行为的规律，这些游戏才能从众多竞争者中脱颖而出，成为大家喜欢的游戏。

那么随之而来的问题就产生了，孩子没日没夜地玩游戏，引发了众多家长的担忧。其实，家长们不必盲目性担忧，游戏既然如此吸引孩子，我们何不了解它的规律，将其应用到日常教育中呢？

案 例

无法自控的学霸

小航是市重点中学实验班的学生，智商较高的他，平时学习也很刻苦，成绩一直稳定在年级前十，可谓准学霸。因此父母平时也不太会干预小航的课外生活，因为小航的父母相信，孩子有自己的想法，也有自己的做事原则。

但不知怎么回事，高一下学期的期末考试后，小航的年级排名竟然下降到了100名之后。父母有些疑惑，在孩子身上究竟发生了什么？

好在平时父母与小航的关系一直不错，彼此的交流也很顺畅。通过沟通父母得知，原来小航最近迷上了一款战争策略类网络游戏。他对游戏日思夜想，琢磨着如何通关，在学习上投入的时间自然就减少了，加上他刚上高中，学习内容的难度和初中有所差别，一直认为学习很简单的他，成绩真的就一下"掉"了下来。

小航说，自己学习课本知识很容易，如今却被这小小的游戏关卡困住了，他觉得很不甘心。而且他在游戏中的段位比较高，如果长时间不玩，段位就会掉，这也让小航无法轻易舍弃已经累积起来的游戏战绩。

父母听到这里感到很不解，这游戏难道这么好玩？

案例解读

正向反馈，让你离不开游戏

从上述案例中可以看出，其实成绩一向不错的小航是有自制力的，但为什么碰到了游戏，即使是有自制力的孩子也抵挡不住它的诱惑呢？

其实游戏设计的重点在于游戏会给予人们一种正向反馈。一旦积极正向的反馈闭环建立起来，玩家从中获得成就感的时候，就会形成一种稳定的行为模式。

接下来我们就从新手玩家到熟练玩家，看看游戏设计师如何一步一步为玩家建立这样一种正向的反馈闭环。

新手玩家刚进入游戏时，会看到新手训练营之类的教程，在这里设计师会把复杂的游戏分解成非常简单的操作步骤，比如只需要左右划动屏幕，或者点击屏幕的特定位置。这对于新手玩家来说虽然有一些挑战性，但并不困难，并且人类本身就喜欢征服、挑战的感觉。这样的成就感，让所有进入游戏的孩子都能体验到掌控新事物的快感。并且，在完成新手训练后系统会免费给予玩家大量的游戏币、装备等，能让孩子体验到被奖励的感觉。

同时，在游戏中的及时奖励是现实生活没有办法比拟的，即玩家在游戏中的每个动作都会得到及时的反馈，而这一点对于形成游戏习惯至关重要。比如，随着新手玩家慢慢熟悉游戏，他们在游戏中每干掉一个敌人，都会立即获得"钻石"之类的奖励。同时，每个游戏角色脑袋正上方或者游戏界面的醒目位置，会有一个代表角色生存状态的"生命条"，当自己的角色被敌人伤害后，生命值会立即降低特定数值，提醒玩家马上进行游戏策略的调整。这在现实生活中是很难实现的。

就拿背英语单词来说，可能学生上一两节课后，才会有一次小测验作为学习效果的反馈，整个学期过后，才有一次大的考试对学生的学习效果进行反馈，学习十几年之后，才面临一次足以影响一生的考验。面对这么长的反馈时间，孩子早已忘记了为什么要学习，也很难准确有效地调整学习策略。况且如果成绩不好，得到的只是家长和老师两面夹击的批评。因此，在孩子眼里，现实怎么能比游戏有趣？

如果背单词也像游戏一样简单，会怎么样呢？我们来做一个假设，如果每个孩子头顶上都有一个看得见的"成绩条"，孩子每背一个英文单词，"成绩条"立即就会上升一格。并且在背单词的过程中，孩子会不定期收获父母夸赞、老师赞美、最喜欢的食物等奖励，如果背的单词达到一定数量，外表将会瞬间变得更加帅气、美丽，背单词的能力会提升一个层次，比你弱的人会用崇拜的眼神看着你。这时孩子会把背单词当成一件极其有趣的事情，只是这样的形式在现实学习中较难实现。

除了及时奖励，游戏还有很多特点吸引孩子停留在游戏世界里。比如，玩家通过长时间的练习，可以增强在游戏中的操作准确度、灵活度等，长期玩游戏的孩子，会在游戏中名列前茅，他们甚至可以带领一支团队，呼风唤雨，并得到相应的奖励和荣誉，这些都可以激起孩子的求胜心，让孩子不断地玩游戏。同时，就像案例中提到的，如果长时间不玩游戏，相对于其他玩家，其游戏中的货币会逐渐减少，段位会逐渐降低，这也是孩子不能容忍的"失败"。

新手玩家逐渐变成新晋玩家，最后变成游戏老手，如果这时你和他交流游戏，你会发现他简直就是这个游戏的专家。但再有趣的游戏，长时间玩也会让人厌倦。那该怎么办呢？没关系，游戏设计者也有相应的解决方法，那就是通过不断更新道具、角色、场景、规则等，让那些老玩家也会每天都有新体验。

给家长支招

像玩游戏一样养成新习惯

在父母眼里，游戏好像一个需要被消灭的敌人，毕竟太多孩子因为玩游戏变得跟之前判若两人。

不过我们也可以转换一个思路，前文我们已经分析了为什么游戏会如此吸引孩子，我们也可以运用游戏设计者的思路，让孩子养成其他优秀的行为习惯，并且把这个习惯养成的过程也变成好玩的"游戏"。

当然，习惯养成的前提是家长和孩子的关系良好，没有好的亲子关系，就无法展开有效的亲子合作，行为改变也无从谈起了。如果您和孩子的亲子关系还有待提升，那么您可以参考第 24 单元"孩子，我该如何重新靠近你"，先建立良好的亲子关系，再一起学习接下来的习惯养成方法。

以下方法源于游戏设计者的一些设计思路，并且被科学证明在习惯养成上是有效的。

❀ 找到孩子在现实中的需求

孩子为什么玩游戏？因为游戏会满足他们在现实层面的某些需求，这些需求可能有想交朋友、想被家长或老师认可、想提高成绩、想有自主的权利、想释放情绪等，但因为需求没有被及时满足，所以他们就试图通过游戏来实现或逃避。我们可以通过沟通发现孩子的需求，并且用一种游戏以外的新模式进行替代。

❀ 将孩子的需求转化成可操作的小步骤

假设孩子的需求是想提高成绩，但是现实中成绩太差，又不知如何提高，于是索性躲进游戏里。要想满足提高成绩这个需求，首先应该让孩子对学习感兴趣。家长可以和孩子一起找一本与课程相关的有趣的书，不是练习题和考试卷子，而是课外书。家长可以咨询任课老师，也可以和孩子一起搜索。在习惯养成初期，孩子每天只要读一页到两页即可，在习惯养成后期，可以增加阅读量。这样做的目的是让孩子不恐惧和排斥新的知识。

❀ "练习时间到了"

要养成新习惯，最好的方法就是以自身原有的习惯为引子来启动新习惯。家长可以询问孩子，了解孩子在什么情景和时间段开启新习惯是比较舒服的,那么到相对的情景和时间段,就可以提醒孩子看有趣的课外书了。比如,可以在每天晚上刷完牙以后,安排孩子看几页课外书。

❀ "你真棒!"

当孩子完成任务后,要给予孩子鼓励。家长要想一些不同的鼓励方式,可以用口头鼓励,比如"你真棒!""好样的儿子!""真厉害!"等,或者使用动作形式的鼓励,如双手举大拇指、鼓掌、轻拍肩膀、拥抱、给孩子一个认可的眼神及点头等,也可以准备孩子喜欢吃的食物或小礼物。同时,家长要与孩子沟通,让孩子给自己一些鼓励,比如夸赞自己,以及给自己跳一段舞或唱首歌。总之,多样的鼓励方式能让孩子更有新鲜感,也能拉近亲子关系,更有利于好习惯的养成。

坚持以上的四个步骤,孩子很快就会有较大的变化。通过变换设计,还有助于解决孩子的其他问题。

(孟祥寒 撰写)

异地求学的学生

——异地求学带来的不良后果及应对措施

这是一个竞争激烈的时代，父母为了不让孩子输在起跑线上，使出浑身解数去择校，希望孩子进入更好的学校，接受更好的教育。

于是，我们经常可以看到独自在外地求学的小学生、中学生，也经常看到周末往返于两地的、辛苦的父母。

与孩子生活在两地的父母，忍受着思念之苦，就是希望孩子能有更好的未来。那么，如何能让这些离家的孩子，更好地适应异地求学生活呢？

案 例

异地求学期间，他发生了什么？

小杨今年 14 岁，一直是其他父母口中"别人家的孩子"。他从小个性独立、聪明倔强、学习成绩很好，是父母眼中的骄傲。小杨的妈妈是一位教师，平时主要由她来教育孩子，母子二人关系很亲密，经常有说不完的悄悄话。父母对于小杨玩手机的事情，一直持引导态度，会限制他玩手机的时间，假期还会将他送到军校去锻炼。

小杨原本在老家韶关读书，上初中后，为了让他接受更好的教育，父母将其送到广东排名第二的实验学校读书。小杨平时住校，放假的时候父母会开车 3 小时去广州陪他。小杨最初对这样的学习模式并没有感到不适应，学习成绩也有了很大的提高，还成功竞选了班长。

初二暑假的时候，小杨 7 月还在认真补课，8 月却突然变得情绪消沉，甚至迷上了手机游戏，也不想去上学了。父母询问小杨不想去上学的原因，他说班里有女同学嘲笑自己是"癞蛤蟆"。而且小杨曾表述过自己的理想，他认为自己的命运不该像大家一样只是待在教室里学习，而是应该像马云、比尔·盖茨一样创业，他认为父母不理解自己。

父母没收了小杨的手机后，小杨离家出走了，所幸被广州一个有心理学背景的警察帮助了，现在他虽然不再闹着离家出走，但情绪和玩游戏的问题依然没有好转。提及上学的问题，小杨声称只要父母打开家里的 Wi-Fi，自己就去上学，可是父母不敢答应。父母还找小杨曾经的老师和心理咨询师，请他们与小杨沟通，但小杨的抵触情绪十分强烈，父母感觉已经无计可施了。

案例解读

多种原因共同导致小杨的问题

案例中小杨的父母，为了孩子有一个更好的教育环境，选择让孩子离开家乡，去几百千米外的广州读书，每到假期就花费 3 小时车程去看望、陪伴孩子，对孩子的关爱和重视可见一斑。

然而小杨却在异地求学的过程中，因为情绪的困扰和游戏问题而荒废了学业，和父母也渐渐疏远，这其中究竟发生了什么呢？

可能的原因一："遥远的父母"，无法随时陪伴孩子

一个尚在成长中的青少年离开家乡去异地读书，需要面对很多改变。陌生的城市、不熟悉的生活方式、不认识的同学、格格不入的感觉，一切都要从零开始。在孩子把精力投入到学习中之前，要先适应一种新的生活。

如果把我们出生地的家乡文化作为本土文化，把在本土文化下的成长称为"首次成长"，那么到外地读书就意味着接受一个全新的文化，逐步调整、适应、接受和融入该文化的过程，是个体的"二次成长"。如果二次成长的过程顺利，个体会逐步适应新的文化环境；如果不顺利，则会出现适应不良甚至文化休克（可参考知识扩展：文化休克）。

案例中的小杨，刚上初中就只身一人来到广州，虽然父母会在假期尽量赶去陪他，但更多的时候他还是一个人独自求学、生活，无论平时多么大大咧咧，一旦遇到挫折，他还是会不受控制地变得脆弱、敏感和孤独。

为了不让父母担心，小杨可能不愿意告诉父母自己的困难，而身在异地的父母可能也无法敏锐地察觉小杨处境的变化，更无法及时给予小杨实际生活或情感上的支持。因此，缺乏独立解决问题能力的小杨，很容易陷入负面情绪中。

可能的原因二：理想自我和现实自我的冲突

案例中的小杨在异地求学的时候，处于十三四岁的年龄阶段，正是一个人成长的青春期。在个体由儿童向成年人过渡的特殊阶段，身体成长和心理成长的步调首次出现了不一致，身体看起来像成人了，心理却还没有真正长大。他们常常过于理想主义，常因理想与现实不符而不被父母理解。如案例中的小杨，其理想自我是像马云、比尔·盖茨一样的创业人士，但父母根据自己的社会经验，认为小杨的理想自我不现实。这就造成小杨的理想自我受挫，产生了不被父母、他人理解的苦闷心情。

可能的原因三：恋爱受挫可能是直接原因

处于青春期的小杨，随着身体的快速成长，第二性征逐渐发育成熟，于是开始对异性产生好感，甚至产生与异性同学交往的需求。小杨班里有女同学说他是"癞蛤蟆"，这很有可能是他在表达对女同学的好感时，被女同学拒绝、嘲笑时的情景。

或许因为小杨父母不允许他在学习期间谈恋爱，所以他无法告诉父母自己的困惑，再加上自尊心的原因，也不想告诉朋友和同学，于是这份受挫后的负面情绪可能一直无法得到排解，郁结于心，成为他沉迷游戏的直接原因。

给家长支招

做好准备、及时帮助

❀ 做好异地求学前的各种准备

当父母做出让孩子异地求学的决定后，一定要提前思考异地求学可能遇到的问题，与孩子进行事前沟通。

孩子异地求学可能会面临各种困难，如气候变化、饮食变化、作息变化、生活自理、结识朋友、学习压力大及想家等，要让孩子提前在行动上和心理上做好准备，并提前演练应对方法。

回到案例中，小杨的父母可以和小杨提前做哪些准备呢？

在行动上，可以提前半年让小杨关注入学地的气候变化，接触当地的饮食，并且训练他的生活自理能力，提前适应集体生活的作息时间。

在心理上，要让小杨提前思考和演练如何排解学习压力，让他掌握和同学交往不顺利时的应对方法，确认他与父母联系的方式和频率，告诉他遇到心理困惑的时候向谁求助等。家长可以与孩子坐下来一起讨论，如有条件，也可以寻求心理专家的建议和指导。

❀ 当孩子遇到问题时，及时帮助孩子

案例中的小杨，刚开始在广州读书时适应得还不错，不仅学习成绩得

到了提高，还成功竞选了班长。而在导致他行为转变的各种原因中，直接诱因可能是恋爱受挫。父母在了解情况后，要针对这件事与孩子进行沟通，帮助孩子处理好受挫后的负面情绪。

首先，跟孩子谈谈这件事是怎么发生的。如果孩子不愿开口，可以给他讲一些父母了解的其他类似事件，帮他消除谈论这件事的顾虑。

其次，帮孩子具体分析这件事的来龙去脉，从父母自身的经验出发，给孩子一些好的建议，但不要去评判孩子，不要指责他处理得不好。父母要理解孩子，孩子学会分析和解决问题，需要一个漫长的过程。

最后，可以和孩子一起总结一些改进措施，这样他在今后遇到类似问题时，才能够更好地解决。

（王进 撰写）

知识扩展

文化休克

当个体进入一个陌生的文化环境，失去了自己熟悉的语言和生活习惯时，通常会感到极度不适应，甚至会出现一系列身心障碍。"文化休克"（Cultural Shock）就是对这一现象的最好描述。这一概念，是美国人类学家卡尔沃罗·奥博格（Kalvero Oberg）于1958年提出的，用来形容一个人初次进入异文化环境后，出现的各种心理上、生理上的不适应，包括迷失、疑惑、排斥甚至恐惧等感觉。

文化休克的产生，一方面是由于失去了熟悉的文化环境和生活习惯，造成个体人际交往上的失灵；另一方面是由于进入陌生的文化环境后，产生了文化身份认同危机：我是谁？我属于这里吗？我是否背叛了自己原来的文化？这些问题可能会长期困扰着个体。此外，文化休克的产生，也与个体的人格和心理素质有关，那些过分追求完美、害怕失败或社会赞许度高的个体，更容易在进入异文化时感受到文化休克。

想要克服文化休克，一方面要学会入乡随俗，在衣、食、住、行等方面，积极适应异文化；另一方面要进行文化整合，在保持原有文化认同的基础上，认同新的文化，形成对两种文化的认同。

游戏是我未来的事业

——如何正确引导将游戏作为未来职业选择的孩子

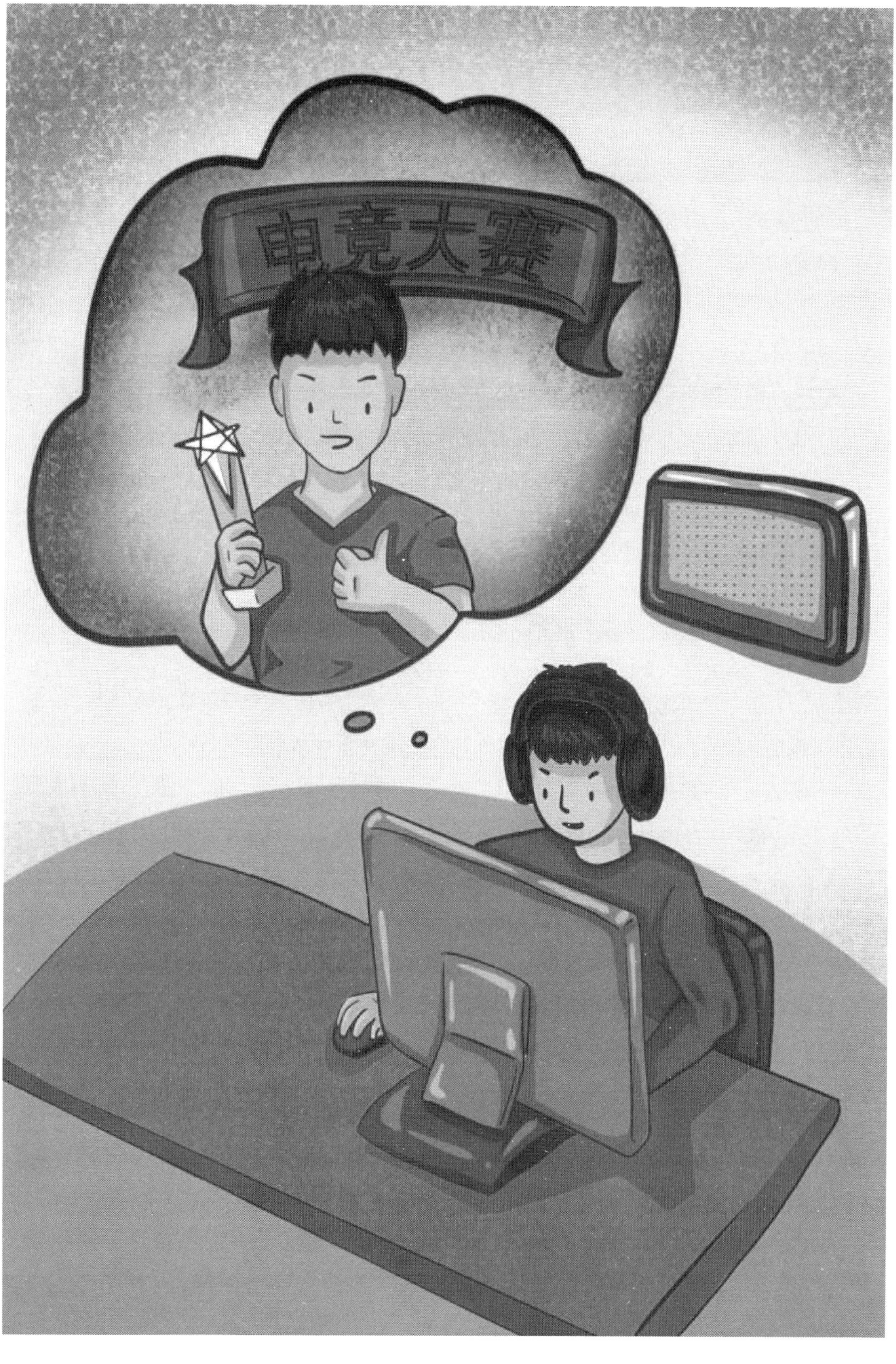
电竞大赛

各位家长朋友在小的时候肯定都回答过这样一个问题："你长大了想做什么呀？"大家的回答应该都是诸如"科学家""老师""军人"一类的职业。

然而随着时代的变迁，职业的种类也越来越多。而对于这些沉迷游戏的孩子来讲，很多人会把"电竞选手""从事游戏行业"作为今后的人生目标。

——案 例 1——

"我要积累经验，做出一款世界知名的游戏"

小哲是某重点高中的一名高二学生，初中时成绩优异的他在升入这所高中后学习压力猛增，曾经的优等生一下变成了班里的困难生。这让一向喜欢争第一的小哲十分难受。

前一段时间小哲父母发现，孩子玩手机的时间越来越长。一开始家长觉得孩子通过玩手机排解一下压力，也不是什么大问题。但渐渐地，小哲不再参加任何活动，周末、假期更是躲在房里整晚整晚地玩游戏，还时不时地因为这事和父母起冲突。他的学习成绩更是一落千丈，这让父母十分担心。

小哲解释说，他已经决定今后从事游戏行业的工作，现在只是在积累相关的经验，自己以后要研发一款世界知名的游戏。小哲的家长对游戏了解不多，不知该怎么应对这种情况。

案例 2

"游戏能让我挣钱，还学习干什么？"

作为一名 17 岁的高三考生，小亮的同学们此时此刻正在教室里奋笔疾书，期待着通过自己的努力考上一所理想的大学。而小亮却躺在家里的床上，抱着手机不眠不休地在游戏里"打怪""升级""捡装备"。

小亮对于自己的行为有一套理论："我每天打 10 小时游戏，然后把捡来的装备和金币卖给其他玩游戏的人，每天至少能赚 100 元，运气好的话，捡到极品装备甚至能赚 300 元。"面对妈妈的批评和指责，小亮总是说："我能在游戏里赚钱，还上什么学啊！"

对于自己的未来，小亮也有一番打算。现在在游戏里是高等级玩家的他决定今后要成为一名专业的电竞选手："那些电竞冠军们也没上过大学，还不是都开着豪车，住着别墅！"

并不熟悉网络游戏的小亮妈妈为此愁得每天都睡不好觉。她不明白："17 岁的孩子不就是应该好好学习，考大学，找工作吗？我的孩子到底怎么了？"同时她也十分疑惑："孩子这样天天窝在床上打游戏，今后真的能挣大钱吗？"

案例解读

观察产生榜样，榜样激发动力

心理学家阿尔伯特·班杜拉（Albert Bandura）曾经做过这样一个实验：他让一群孩子观察大人殴打不倒翁的样子，然后再把这些孩子带到同样有很多不倒翁的房间里。结果发现，很多孩子会主动模仿这些大人的行为，如果这些大人的行为受到奖励，模仿的孩子还会更多。这种现象就叫作"观察学习"，指的是人们很多时候仅仅通过看到其他人干了什么，就会做出同样的行为，也就是俗称的"榜样的力量"。

青少年年龄较小，对于很多事物的分辨能力不强，也更容易受到这种"观察学习"的影响，比如很多青少年因为看到影视剧中主人公抽烟的样子十分潇洒，就学会了抽烟，而成年人则较少发生这种情况。

对于频繁接触网络游戏的孩子来说，看游戏直播、刷微博是他们日常娱乐生活的重要组成部分。就在这种日常的观察过程中，孩子渐渐把这些电竞选手、游戏主播当作了自己学习的榜样。这些成功的电竞选手有着很高的收入、光鲜亮丽的生活和一群喜爱他们的粉丝，这更是让孩子羡慕不已。甚至有些人会像案例中的小哲和小亮一样，把这种"榜样的力量"转化成自己玩游戏的动力，认为现在自己多玩游戏，今后就可以和这些电竞选手一样，成为"成功人士"。

当孩子出现了和案例中小哲、小亮类似的情况时，家长该怎么办呢？

给家长支招

正确引导，携手同行

❀ 认识电子竞技

首先，家长要认识到，电子竞技是一项新兴的体育运动，我国国家体育总局已经正式将电竞批准为体育竞赛项目，已有部分电竞选手获得了注册运动员证书。在2018年的亚运上，我国电竞战队的选手更是摘得了《英雄联盟》比赛的桂冠，他们为国争光的新闻一度登上微博热搜的榜首。

但需要注意的是，电子竞技并不等同于普通的玩游戏。作为一项专门的体育赛事，电子竞技来自电子游戏，但又有着更强的规则性和竞技性，对于选手的要求也更高。电竞选手不仅要像棋类选手一样进行高强度的脑力活动，也需要具备高水平的神经反应和手眼协调能力，这些都是需要通过专业的体育训练才能够达到的。换句话说，小亮每天待在家里，仅仅靠自己长时间玩手机游戏来进行所谓的"训练"，是无法达到专业电子竞技选手的水平的。

正确引导

这些希望以电子游戏作为未来职业的孩子，主要分为两类：一类是像小哲一样希望进入游戏公司工作；另一类则像小亮一样，希望成为专业的电子竞技选手。

我们从这两个类别入手，分别来谈一谈如何正确地帮助和引导孩子。

（1）希望进入游戏公司工作

游戏产业是集开发、创意等于一体的综合性娱乐产业。进入一个优秀的游戏公司是很多年轻人的梦想，例如，我国的腾讯、网易，国外的暴雪、任天堂等。

当孩子像小哲一样，提出希望进入游戏公司工作的时候，家长要认识到这是一件非常值得鼓励和支持的事情，但想要实现这个梦想却并非那么容易。在这个过程中，家长如果能够采取恰当的方式引导孩子，不仅能够帮助孩子减少不健康的过度游戏行为，还能够帮助孩子重新激发努力学习的动力。

首先，家长可以利用闲暇时间，和孩子一起在网络上搜索孩子喜欢的游戏公司的相关信息，如工作环境、工资待遇等。很多游戏公司都位于一线城市的中心商务区，工作条件舒适、工资待遇优越。

然后，家长可以和孩子探讨怎样才能进入这些公司工作。通过搜索相关的招聘信息可以发现，除了热爱游戏产业、有一定的游戏经验，知名的游戏公司的招聘条件是很高的，重点大学毕业、研究生学历、掌握相关的专业技术等才是更重要的硬性条件。即使是一般的游戏公司也要求员工有相关的本科或者专科学历。这时家长可以及时引导孩子：想要进入喜欢的游戏公司工作，除了要对游戏有热情，还需要有相应的能力来为公司做出贡献，这样才能够做出大家喜爱的游戏。

（2）希望成为专业的电竞选手

家长可以和孩子一同了解和学习电竞行业的相关知识，以及未来的发展方向。由于我国电竞行业发展时间较短，因此现阶段的电竞选手主要来自一些早期的高水平玩家，部分选手的文化水平较低，这也是电竞行业不被部分人所接受的主要原因之一。但随着电竞行业的发展与逐渐规范，专家认为，接受过系统和专业训练的专业人才才是未来该行业的主要力量。

近些年来，许多高校都已经开设电竞专业，准备为今后的电竞行业输送新鲜血液，例如，各体育学院、传媒学院等。也就是说，随着行业的不断发展，孩子如果想成为一名优秀的高素质电竞选手，除了成为一名优秀的玩家，还需要考入这些院校的电竞专业，进行系统的学习。而所学课程除了电竞技术等专业课，还有大学英语、高等数学等课程。因此，如果想在未来成为一名优秀的高素质电竞选手，孩子需要具备一定的知识和文化水平。

在此基础上，家长和孩子可以进一步具体了解电竞选手的职业生涯和发展前景。在微博、直播网站等平台上，我们常常可以看到电竞选手总是能成功占领"热搜"，并拥有大批粉丝，收入也十分丰厚，因此很多孩子会把成为电竞选手当作自己的理想职业。但如果深入了解一下就会发现，能够成为冠军的电竞选手屈指可数。大部分电竞选手还是以网络游戏直播为主要收入来源，每天直播数小时。而在游戏中靠倒卖装备为生的所谓"矿工玩家"，如案例中的小亮，平均月收入仅为 3000 元左右，且极不稳定。与之相对的是，据调查，2018 年大学应届毕业生的平均工资为 5000 元以上。并且相关专家认为，一般来讲一名专业电竞选手的职业生涯只有 3~4 年，电竞选手退役后的再就业问题也是电竞行业今后要面临的主要挑战。这些都是进入电竞行业，成为专业的电竞选手前需要考虑的问题。

前面讲到，孩子把电竞选手当作自己的职业目标是因为受到了榜样的影响。因此，家长还可以帮助孩子选择一些优秀的电竞选手，作为孩子的榜样，督促孩子在热爱游戏的同时，也要注重孩子的全面发展。

（徐玮 撰写）

叛逆的青春期

——青春期与网络过度使用

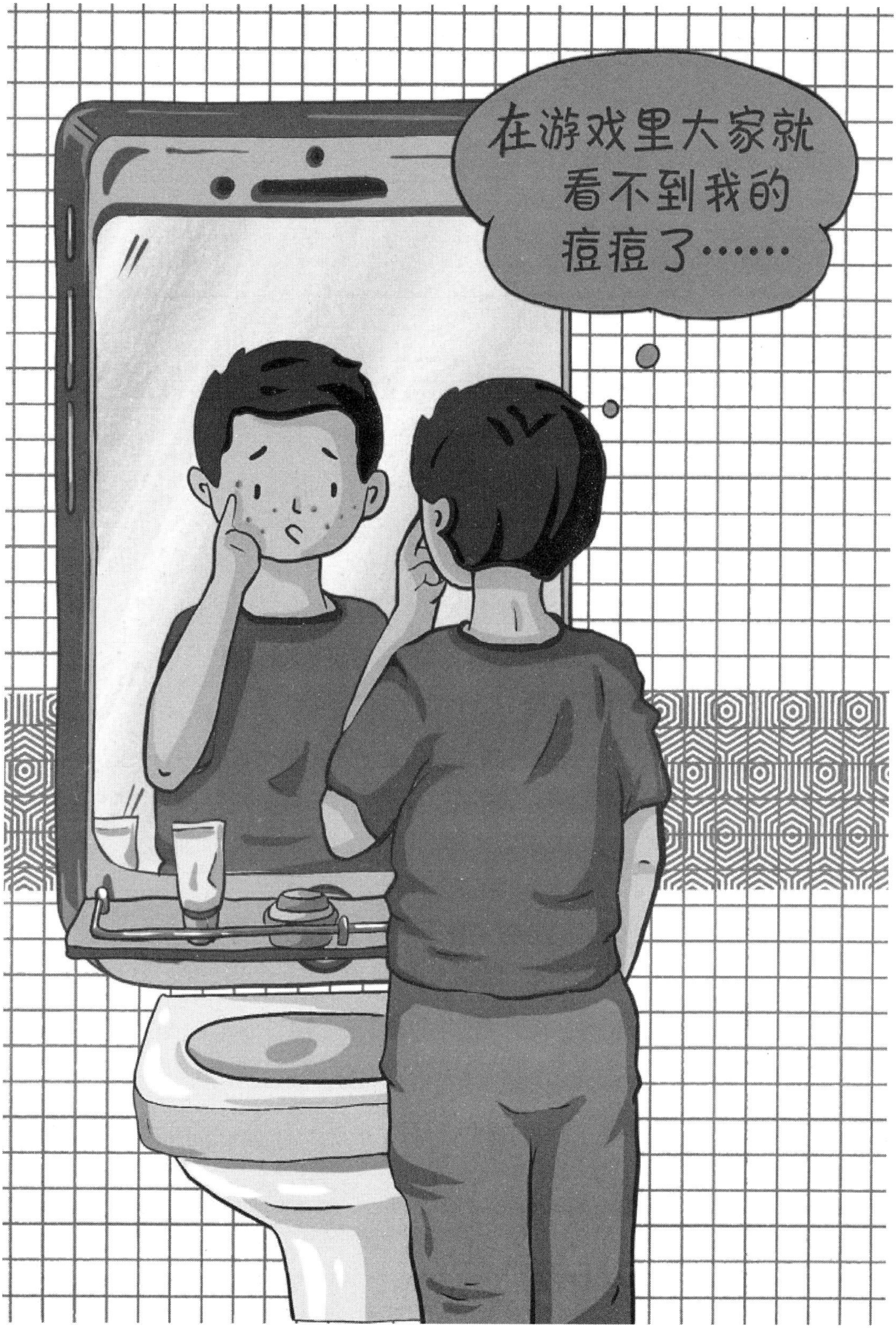
在游戏里大家就看不到我的痘痘了……

青春期，是一个充满变化的时期，这种变化体现在青少年身体、心理和人际交往等各个方面。这时的青少年要适应自己新的身体变化，以及由此带来的心理冲击和关系的变化。

当然，并不是每一个变化，都能带来美好的结果，有时候，太过频繁的变化给青少年带来的可能是无法适应的挫败感。这个"动荡"的时期，非常考验青少年和其家长的互动和交流能力。

其实家长这个时候也是困惑的，甚至是委屈的，他们想不通那个曾经乖巧的孩子为什么一夜之间好像变了个人：与家长的交流少了，沉浸在手机和网络里的时间多了；比以前更爱表现自己了，但并不是为了得到家长的认可；家长再用小时候的方式对待他们，会被嫌弃和排斥。

正是因为孩子的世界观尚未完全成形，而一些想法又蓄势待发，致使青春期的孩子内心非常脆弱，同时又容易冲动和退缩。网络游戏很容易在这个时期乘虚而入，将现实生活能够带来的快乐、自由、成就感、归属感、情绪释放等一股脑打包给孩子，极其容易给孩子带来心理上的满足感，但这种满足感又不容易在现实中被复制，导致孩子在现实中挫败感加剧，更易因回避现实而陷入网络游戏里。

案 例

青春期的孩子像变了个人

马上要开学了，但王女士却因为孩子的事情愁得厉害。因为马上要读高一的儿子小鹏，怎么也不肯去上学了。王女士很苦恼，不知道自己以前学习棒、脾气好、长得帅的宝贝儿子，怎么会变成现在这样。

其实王女士自己是位教育工作者，很会和孩子沟通。丈夫虽然不像王女士那么细心周到地对孩子，但也一直是一家人的后盾，尊重孩子又重视教育。父母和小鹏的沟通一直都比较好，小鹏甚至连自己喜欢的女生、生理变化都会告诉妈妈，王女士也会很好地引导小鹏。之前小鹏也玩游戏，但都会有时间的限制，如每次最多玩30分钟，周末可以增加到一个小时。因为王女士知道现在的孩子都玩游戏，如果自己的孩子不玩，就会"落伍"，进而不能很好地融入同学中去。

小鹏的转变发生在初三过后的那个暑假。中考结束之后，小鹏以优异的成绩考上了自己喜欢的高中。但在等待入学的暑假里，小鹏开始沉浸在游戏里。如今马上就开学，他却不肯去学校。王女士和丈夫与小鹏沟通无果，最后决定把手机收走。但小鹏竟以自杀来威胁父母，这让王女士和丈夫感到非常震惊，从没见过小鹏这种反应的夫妻二人变得无所适从。

但细细回想起来，王女士觉得事情还要从孩子上初二时开始说起。

初二的时候，小鹏脸上逐渐长起了青春痘。其实小鹏很关注自己的外表，但是脸上的痘痘怎么也消不掉。抹药、食疗等方法都试过了，但效果都不大，同学还经常取笑他是"麻子"。小鹏渐渐不愿意和其他人交流、接触，甚至不愿意出门，更不愿意和家长沟通。每次妈妈问到关于痘痘的问题时，他总是不耐烦地说："哎呀，你不用管，烦死了！"

小鹏偶尔会说自己最喜欢某某电竞选手，而且想做中国最优秀的电竞选手，因为这样就不用面对面地接触人了。就这样熬过了两年时间，在初三毕业时，家长觉得小鹏很委屈，于是那个暑假就没有管过小鹏玩游戏的事情。就这样，小鹏就像掉进游戏的泥潭里一样无法自拔，对于即将到来的新环境，也不愿面对了。

家长知道小鹏正处于青春期，于是在跟他沟通时尽量抓重点、不唠叨，但不管家长怎么说，他都比较抵触。王女士和丈夫使出浑身解数、软磨硬泡，效果始终不大。收了手机，小鹏去网吧；当面沟通，小鹏不说话；写信沟通，小鹏不回复。王女士和丈夫既委屈又心疼小鹏，不知道该怎么办才好。

案例解读

游戏是青春期孩子的"世外桃源"

王女士遇到的情况，很大一部分初中家长都会经历。本来乖巧的孩子，一到初中，就立马像换了一个人一般。

孩子的这个时期就是我们常说的青春期。所谓青春期，是指青少年从十一二岁到十四五岁的时期，这段时间，孩子的身体和心理都面临着巨大的变化。

（1）变得渴望进入成年人的世界。青春期的孩子，身体逐渐发育成成年人，自己会觉得自己已经是成年人了，渴望赶紧进入成年人的世界，摆脱童年的一切，拥有一个明确的未来。同时他们渴望社会、学校、家长能像对待成年人一样对待自己。他们开始变得非常重视异性的看法，由于性的成熟，青春期的孩子对异性逐渐变得好奇和感兴趣，对性也充满了渴望，也想像成年人一样去体验性。

（2）变得心理不稳定。这个时期的青少年是不稳定的，并没有真正的成熟。他们虽然已经能够比较全面地看待问题，但有时依然爱钻牛角尖。他们逐渐形成了自己独特的性格，但还不是非常稳定，容易受外界的干扰。比如案例中的小鹏，因为自己之前的成绩、外貌和性格都让他觉得自己是个优秀的少年，但同学们不经意的取笑，让他的信念遭到了动摇，对自己产生了怀疑。

（3）变得矛盾和冲突。这时的青少年容易出现内心的冲突，比如心理上觉得自己是成年人，想独立，但现实中还不能摆脱对父母的依赖。就像案例中的小鹏，他自认为自己可以处理好人际问题，不想让父母干预，但自己处理的方式很有限。小鹏内心渴望被帮助，但又怕父母瞧不起自己。事情解决不了，导致自己很苦闷，心生埋怨，但又不知道该埋怨谁。就这样反复挣扎着，最后只能逃到游戏的世界中。游戏世界里除了有小伙伴的陪伴，还可以通过虚拟的打打杀杀，释放现实中无法表达的情绪，可谓一个完美的"世外桃源"。

（4）变得内心丰富又不愿表达。青春期的孩子内心非常丰富，想法非常多，但不愿向外人表达。其实他们内心非常孤独，渴望别人关心和理解他们，因此他们不断地寻找小群体、小伙伴。就像小鹏在被别人嘲笑后，内心极度痛苦，但又不跟家长表达，转而沉浸在游戏中寻求一种释放和解脱。

另外，这个时期的青少年也比成年人容易沉浸于某些事物。面对这样处于特殊时期又沉浸在游戏中的孩子，家长究竟该怎么办呢？

给家长支招

一场成年人与成年人的对话

了解青春期孩子的特征后，我们就能有的放矢地解决问题了。其实游戏是孩子的一种工具，这种工具可以让他获得现实中没有获得的感受，如快乐、自由、尊重、信任、交际、释放等。如果我们能在现实世界中帮助孩子满足相应的需求，孩子就可以不只是依靠游戏去解决困扰了。

🌸 渴望被理解，而非被命令

案例里的小鹏，因为自己的外表被别人嘲笑而产生压力，进而在游戏里寻求情绪的释放和归属。而在现实中，有的孩子可能因为一次考试失利、一次被老师误解、一次被家长责骂而心生埋怨，从此一蹶不振。这时候，重要的不是马上教育孩子要坚强，也不是责备孩子"怎么这点小事都承受不了"，而是要先搞清楚，到底发生了什么。

例如，有个初中生晚上回到家，躲在角落里闷不吭声。家长问道："是不是有什么事？有人欺负你了吗？告诉妈妈。"孩子"哇"地一声大哭起来，告诉家长自己因被老师误解而罚站了一下午，并且说自己再也不去学校了。

妈妈并没有告诉孩子要听老师的话，也没有命令他明天不能不去上学，而是说："老师确实应该听你解释一下，也不应该让你站那么久，去不去上学明天再说，不去上学，就在家里待两天！"

结果孩子第二天乖乖地去上了学。

有时候，青春期的孩子只是想发泄一下情绪，渴望有人能理解他，并不是真的要按他说的那些"狠话"去做。只要他感觉父母与他是站在一起的，他自然而然就知道该做什么了。在这个时候，家长要做的就是顺着孩子的表达去倾听，与孩子站在同一立场解决问题，而不是站在孩子的对立面指责孩子。

🌸 用成年人的态度与孩子沟通

处于青春期这一特定的人生阶段的孩子，其特点就是觉得自己是个成年人。家长这时候可以顺水推舟，把孩子当成成年人一样，与其交流。

沟通分析理论认为，每个人在和别人说话的时候都有三种状态：儿童状态、成人状态和父母状态。处于儿童状态，有撒娇、淘气、好奇等表现；处于父母状态，看上去更会照顾人，但有时候会批评、指责别人；处于成人状态，则能理性又不失客观地处理事情。

举个例子，比如对于"请问现在几点了"这个问题，成人状态下的回答是"现在8点半"，儿童状态下的回答会是"哎呀我好累哦，不想去看"，而父母状态下的回答则是"你不会自己去看吗"。

我们会发现，撒娇的儿童状态和指责的父母状态并不能将对话持续下去。

因此，当青春期的少年自认为自己是成年人时，家长要做的就是给孩子示范什么是成年人与成年人之间的交流。如果家长还是像对待小孩子一样对孩子进行管理和控制，那么带来的必将是亲子间的冲突。因此，你如何和自己的朋友、同事对话，就如何和自己的孩子对话吧，相信你将有意想不到的收获。

（孟祥寒 撰写）

游戏有什么魔力，让孩子无法自拔

——如何在现实世界创造满足孩子需要的机会

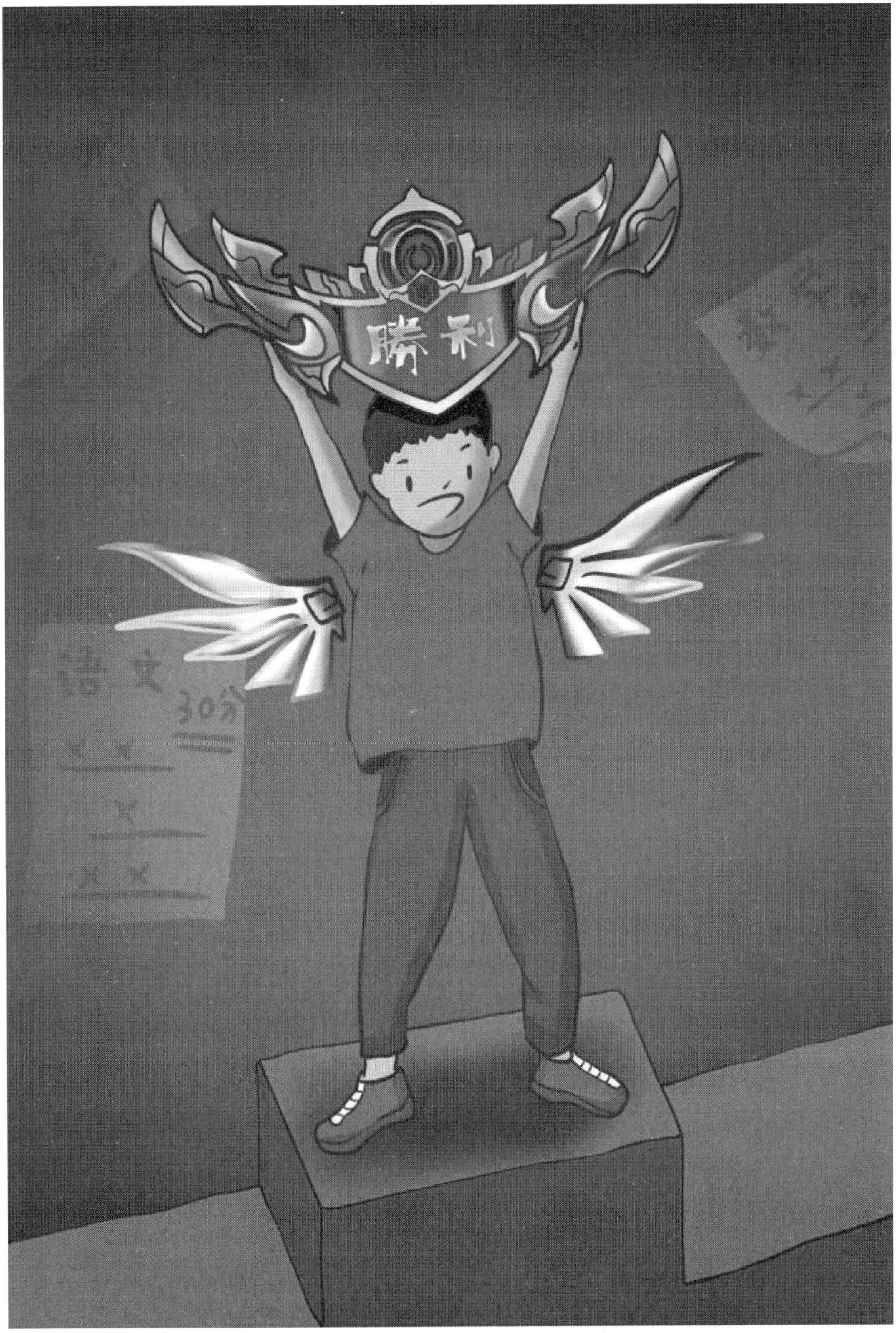
勝利
语文
30分

游戏到底有什么魔力？其能轻易地把孩子从父母、伙伴、美食、美景和各种现实活动中吸引过来，一定是因为它给了孩子在现实生活中无法获得的体验感。游戏给参与者带来的快速反馈让人欲罢不能。玩家在游戏里还会不断升级，不断获得新的装备，升级和新装备都是一种胜利的体验，因此游戏可以让玩家较为迅速地获得成就感、满足感和操控感，而这些在现实生活中并不容易得到。

案 例

游戏到底满足了孩子的什么需要？

薛先生的孩子今年15岁，上初中后开始住校。小学时，孩子的品德和学习都很好，后来上了当地不错的初中。上初中后孩子的成绩不如小学了，也是从那时起，孩子开始玩游戏。由于家长与老师沟通少，不了解孩子在校情况，从初二开始，孩子与父母的沟通突然变得很敷衍，成绩也直线下滑。后来父母才知道，孩子除了上课时间，在学校其余的时间如课间、午休等都在玩游戏，而且同时拥有多个账号，玩游戏的时间越来越长。

父母在发现孩子玩游戏后和孩子沟通了很多次，没收了好几个手机，但孩子总是有办法找到手机继续玩，爸爸认为孩子就是没有自控力。初三毕业的时候，班主任、任课老师、同学都在留言册上给孩子留言，鼓励孩子专心学习、少玩游戏，但是孩子基本对学习成绩抱着无所谓的态度，只在乎在游戏内的排名。

薛先生无奈求助，一方面是因为与孩子无法沟通感到着急，另一方面他很担心孩子的学习成绩，担心高中住校后孩子会继续沉迷游戏，浪费了父母的一片苦心。他希望孩子能从沉迷游戏的现状中走出来，重回正常的轨道，也希望能够改善亲子关系，增进亲子沟通。

案例解读

学习中失去的成就感在游戏中找到了

这样的案例在咨询中并不少见，孩子小学升初中是个重要的时间点，现在国家政策鼓励小学要以快乐教育为主，少留或不留作业，不考试、不排名，对学习没有过高的要求，加之小学考试以鼓励为主，很多孩子都能得到满分或接近满分。上了初中后，学习的科目增多、难度增大、要求增高，孩子想保持原来的自我感觉就需要更多的努力和投入，如果学校好一些，生源优质一些，这个难度就会更大。有些孩子基础扎实、学习习惯好、适应能力强、准备充分，可能会较快适应新的角色和新的学习节奏，重新找到学习的乐趣和成就感。而有些孩子一旦无法取得期待的成绩，体验不到成就感，再加上缺乏反思力、意志力和目标感，挫败、失望、自卑等感觉可能就随之而来。任何学习上的进步和成就感都需要通过努力换取，并且学习是"慢功夫"，很难像游戏一样能及时给予反馈，孩子在游戏中获得的成就感能大大满足自己在现实的学习生活中无法满足的内心需要。

游戏一般都有三大系统：徽章系统、分数系统与排名系统。徽章系统显示游戏等级，主要代表玩家已有的成绩，分数系统显示当前的得分，而排名系统则显示玩家在一个游戏中的总排名。这些设计的目的就是让玩家可以不断获得奖赏，从而鼓励他们不断投入到游戏中，获得升级带来的成就感，游戏有时比家长更懂得孩子的需要。

在游戏中，成就感的获得更容易、更及时、更多元化，但在现实中要想获得同等的成就感就必须付出更多的努力。现实生活的反馈总是那么慢，一学期的刻苦努力不一定会换来好成绩，几个月的竞赛准备也不一定会拿奖，日常和别人互动和交流，也远远不像通过键盘沟通那样即时和有效。因此，现实生活中充斥着更多的挫败感，想要的总是姗姗来迟，做了很多事情，可能也没有结果。除了成绩，还有更多无法操控的事让孩子头疼，比如各种关系（同学、师生、亲子）、参与各种活动的机会、各种评选等。当现实不如意，而手机又易得的时候，一些孩子就开始沉迷游戏，因为游戏给孩子带来了与现实不同的感受，让他们误以为游戏也是现实，然后孩子会越来越沉迷虚拟世界，越来越想要逃避现实生活带来的挫败感。

当孩子出现过度使用网络的迹象时，传统的教育方法似乎不再那么有效。很多家长都希望孩子可以成为自己所期望的样子，因此总是盯着孩子做得不好的地方，总是看到各种问题。而想要改变孩子、想要塑造孩子，最常用的就是讲道理、提建议、唠叨、指责、比较等方法。这些方法只会让孩子感到更加挫败、羞愧，觉得自己无论怎么做都无法达到父母的要求，无法得到父母的理解，只有在游戏中才能获得在学校和家庭中无法获得的价值感、成就感。这就让孩子离游戏越来越近，离父母越来越远。

给家长支招

看到需要、改变态度

家长面对这样的孩子，怎样才能把孩子从游戏中拉回现实，帮孩子重建自信呢？

❀ 如何看到孩子的需要，而不只是问题？

孩子成为今天的样子一定有一个重要的原因，没有哪个孩子天生想要堕落和自我毁灭，孩子成为这样往往是在现实受挫下进行的无奈选择。当家长理解孩子发生了什么之后，就会首先看到孩子这个人，而不是他过度使用网络这个问题。这样才有机会聆听孩子的难题、孩子的脆弱、孩子的需要，才有可能给予孩子需要的理解、关心和支持，也只有这样才能够真正帮助孩子在挫败中找到方向，获得力量。

❀ 选择什么时机进行沟通效果更好？

很多家长觉得最好的沟通时机就是孩子玩手机或游戏的时候，不玩的时候没必要说。事实恰好相反，当孩子沉浸于游戏的时候，正处于情绪激动的状态，那一刻是他们自控力最差的时候，家长在选择在那一刻批评、指责、断网、拿走手机等无疑会激怒孩子，很多惨痛的案例都是在这种情况下发生的。例如，孩子正玩在兴头上，家长把手机扔出窗外，孩子随后跟着跳出了窗。所以请选择在孩子放松、愉快的时候和孩子沟通手机使用的问题，这时孩子的自控力和自我觉察力都更好，也更容易沟通。

❀ 对待游戏的态度应该是什么样的？

在信息高速发展的今天，手机已经成为每个人的生活必需品，曾经有很多文章表示应坚决抵制孩子使用手机，视手机如猛虎，可现实是，杜绝孩子用手机是很难的。网络过度使用干预领域的研究者也倾向于认为，完全戒除网络是不合理的，预防与干预的目的在于改变问题性的上网方式，形成健康、可控和平衡的网络使用模式。现在这个时代，不仅成年人需要网络，孩子也同样需要网络，网络的学习功能、社交功能、娱乐功能等都是孩子需要的，切断网络并不利于培养孩子自主管理的能力。曾经发生过很多类似的案例：在考上大学前家长禁止孩子使用手机，上大学孩子得到手机后，每天不去上课，在宿舍打游戏，最后导致挂科、退学，所以引导孩子正确使用网络，学会自主管理也许是更好的选择。

爱与规则是最好的预防

在孩子过度使用网络时，家长的教育和干预总是显得那么苍白和无力，在手机和网络的管理上，爱与规则是最好的预防。只有爱而没有规则，是溺爱；只有规则而没有爱，是严厉。所谓爱，就是给孩子创造一种能让他们健康成长的环境，鼓励他们自我探索，给他们信任和空间，鼓励他们更多地参与到现实的活动和关系中，不断地累积对生活、对世界的经验和智慧。家长只有在现实中捕捉孩子内心的需要和渴望（被爱的、被认可的、被接纳的、成就感、自由等），才能减少他们过度使用网络的风险。一位成功的网络游戏开发者说："我设计的网络游戏之所以吸引玩家，总结起来是八个字，'荣耀、目标、互动、惊喜'。如果我们和孩子在一起的时候，能够让孩子获得这八个字带来的体验，那孩子就不需要去网络世界中寻找了。"

然而，没有规则的爱是溺爱，是纵容。既然要有规则，那么规则谁来定？如何定？如何执行？很多家长都给孩子制订过使用手机的规则，但效果都不太理想。因为这种规则大部分源于家长的想法和标准，没有考虑到孩子的需要和意愿，没有让孩子觉得那是他自己的决定，是对自己长远的成长有帮助的。对于别人制订的约束和管理自己的规则，孩子的态度自然是能多玩就多玩，为自己争取更多的时间和空间。而只有家长愿意相信孩子，与孩子共同协商手机和网络的使用规则，让孩子在参与决定的过程中体验到自主性，孩子才更愿意遵守规则并对此负责。

案例追踪

薛先生为了更多地了解孩子，自己也下载了游戏，体验了游戏的乐趣。他发现游戏确实有很多有趣和吸引人的地方，他有时候还会和孩子请教。虽然薛先生常常被孩子看不起，但他发现孩子在玩游戏的过程中也有所成长，比如如何布局、如何与人合作、如何手眼协调等。在和孩子一起玩游戏的时候，薛先生情不自禁地给了孩子一些欣赏和肯定，孩子听到有些不好意思，还说自己也不能老玩，那一刻薛先生眼泪都要出来了。

同时，薛先生还设法创造更多家人团聚的时间，假期组织家人一起旅游，让孩子做攻略、安排食宿。孩子通过网络做了很多攻略，虽有小遗憾，但是家人都很满意，给了孩子很多的肯定，孩子在旅行中玩游戏的时间也减少了。

（宋飞 撰写）

> 知识扩展

游戏设计中的八个心理学研究

1. 马斯洛需求层次理论：马斯洛需求层次理论于 1943 年在《人类激励理论》一书中被提出。书中将人类需求按照阶梯从低到高分为五个层次，分别是：生理需求、安全需求、社交需求、尊重需求和自我实现需求。游戏设计对于满足玩家的社交需求、尊重需求和自我实现需求都用心良苦。

2. 兴趣曲线：其决定了一款游戏对玩家的吸引力，或者它自身的生命力。不是说一定要用波澜起伏的游戏情节、难度才能留住玩家，但一定要让游戏有意思、有节奏，在玩家的某个兴趣开始消退的时候，用新的环节吸引玩家继续留在游戏中。

3. 多元智能理论：大部分玩家可以按照主要的心理需求被分为成就型、探索型、杀手型、社交型玩家等。每个人在认知方式上各有所长，有的推理能力比较强，有的空间想象能力比较强，有的兼具两者。在游戏设计之初，必须明确玩家的游戏心理，然后我们才能知道，目标用户是谁？他们的目标是什么？如何加强他们的游戏体验？然后倒逼游戏设计环节。

4. 学习曲线：游戏要通过易上手的玩法，吸睛的视觉效果和有趣的情节吸引新用户。前期升级会比较快，因为要留住用户，避免让他们产生挫败感；中期要进行资源的累积和各种玩法的摸索，难度会逐渐上升，在这个阶段，如果难度和玩家水平无法达到平衡，用户就很容易流失；后期能留下的基本是"死忠"玩家，但也不可掉以轻心，还须不断推出新的玩法让玩家保持新鲜感，同时加强老玩家"吊打"菜鸟的快感，这个阶段是强调实力验证和收获成就感的阶段。

5. 心流：在心理学中，其被描述为一种在专注进行某行为时所表现出的心理状态，是一种将个人精力完全投注在某项活动上的感觉。心流产生的同时会有强烈的兴奋感及充实感。当人处于此状态时，通常不愿被打扰，即抗拒中断。所以如果孩子在游戏过程中被打断，就会十分愤怒。米哈里·契克森米哈（Mihaly Csikszentmihalyi）认为，使心流发生的活动一般具有多样性。当游戏玩家找到操作技能和游戏难度的平衡时，会沉浸在游戏之中，这种体验叫心流，心无旁骛地读书几小时的体验也是心流。

6. 目标梯度效应：越接近目标，玩家就越有完成任务的动力。每种玩法都会提供一个阶段性小目标，玩家在完成这个小目标之后，就会激活下一个小目标，无限循环，不断刺激玩家完成任务。这样的设计可以让玩家持续获得实现目标的满足感，同时产生挑战新任务的冲动，如此环环相扣，想停下来都难。

7. 斯金纳箱效应：学习行为是随着起强化作用的刺激而发生的。通常游戏会设计很多可变奖励，可变奖励会带给玩家很多惊喜，学习行为使玩家完成任务、获得奖励，进而刺激多巴胺的产生，形成正反馈循环，让玩家更黏着游戏。

8. 格式塔（完形）心理学：人对一件事物的理解来自其对这件事物所有部分的整体体验。在游戏中，各个设计元素一起组成了一个完整的游戏体验，所以游戏设计是听觉、视觉、文学性、故事性、艺术性等细节的组合，只有尽善尽美，才能俘获玩家的芳心。游戏设计师在设计游戏的过程中，任何一个影响游戏体验的小细节都不会放过，所以对于孩子来说，一旦开始游戏，想不被吸引真的难如登天。

小规则，大讲究
——如何为游戏使用制订有效规则

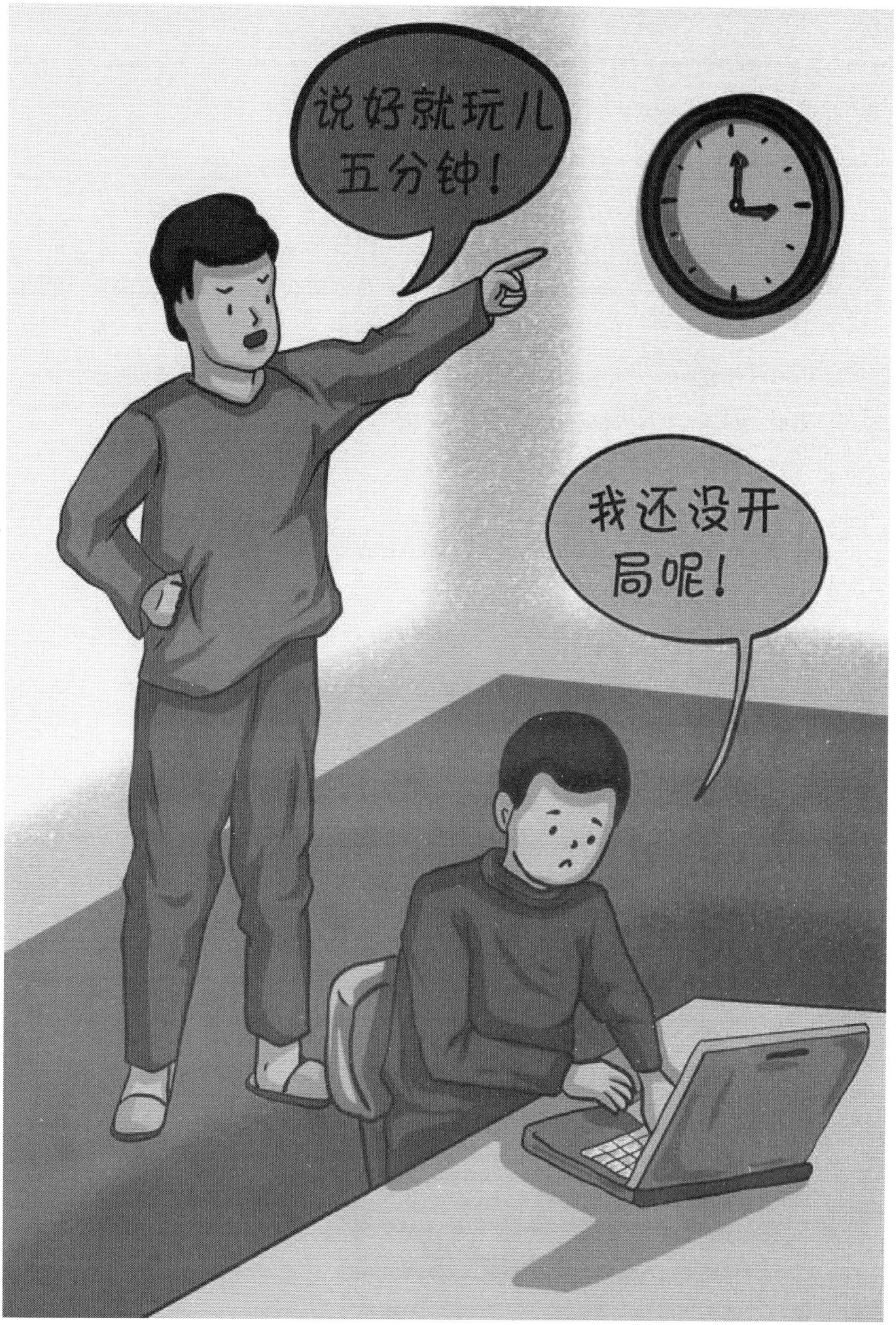
说好就玩儿
五分钟！
我还没开
局呢！

在管理孩子的行为习惯方面，不管是中国传统的"家训"，还是西方的教育理念，无不强调规则的重要性。许多家长也秉承"无规矩不成方圆"的理念，注重培养孩子的规则意识。虽然家长用心良苦，但建立规则本身并不是件容易的事，连良好的日常生活习惯的养成也不是每个家庭都能做到的，更何况网络过度使用这个世界级难题。很多家长表示，孩子上起网来颇有六亲不认的态势，对家长爱答不理，建立规则孩子会听吗？有用吗？我们倾向于给出的回答是：有用，但建立规则的方式大有讲究。我们先从建立规则的一个失败案例出发，来谈谈如何给孩子"立规矩"。

案 例

形同虚设的规则和愈演愈烈的游戏

自从小谢上了 5 年级，就经常以写作业、看消息等理由向父母要手机，在房间里一用就是一晚上。一开始小谢的父母并未在意，因为学校的一些作业确实需要用手机在线提交。直到妈妈几次接到老师的电话，老师说并没有看到小谢上传的作业。反复询问之下，小谢才承认自己是在用手机聊天和玩游戏，家长这才意识到情况不妙。

小谢的父母开始试着限制孩子玩手机的时间，一开始说好每次只玩 5 分钟，小谢没怎么犹豫就答应了。但他一拿到手机就忘了约定的时间，钻进房间里一个 5 分钟接一个 5 分钟地玩下去，直到家长把房门拍得震天响，才恋恋不舍地交出手机。小谢爸爸脾气急，见此情景经常气得火冒三丈，对儿子大吼大叫，有一次甚至动起手来。几次冲突之后，原本就性格内向的小谢完全不和家人交流了，除了吃饭时间，都待在自己的房间，和父母仅有的沟通就是要手机，或是要钱买手机。家里的气氛变得日益沉闷和压抑。

小谢爸爸反思自己，认识到不应该打孩子，还向小谢道了歉。同时，为了缓和关系，也因为孩子大了确实需要用手机，父母同意给小谢买一部手机。买手机之前双方做了约定，在不耽误学习的前提下有限度地玩，小谢二话不说就答应了。但拿到手机后，之前制订的规则就被全部抛在脑后。小谢玩得更加尽兴和疯狂，周末在家每天能玩十几个小时，平时也经常玩到半夜。软硬兼施无效后，父母趁小谢睡觉的时候没收了手机，小谢醒来后像疯了一样到处找，威胁父母说拿不回手机就要离家出走，甚至走到阳台上作势要往下跳，家人非常担心，只能把手机还给小谢。

现在，父母只要一管手机的事，小谢就大发脾气，最后都是父母妥协让步。眼看升学在即，小谢却仍然沉迷手机，无心备考，而之前制订的规则一项都不起作用，小谢的父母深感焦虑却无计可施。

案例解读

规则为何无效？

案例中小谢的父母都是受过良好教育的人，在得知儿子谎称做作业其实是在玩手机的事实后，他们没有立刻批评指责或诉诸暴力，而是冷静下来，想方设法跟儿子制订规则。虽然父亲脾气急躁，打过孩子，但事后也能反思、道歉。通过这些我们看到，小谢的父母具有反思能力，解决问题的思路基本也是正确的，但他们两次试图与儿子建立规则却都以失败告终。我们不禁要问：规则对于小谢为什么没有约束力？问题到底出在哪里？

1. 缺乏"人性化设计"

让我们回到案例中看看发生了什么。小谢父母与孩子第一次制订的规则是：每次只玩 5 分钟。这个规则本身非常明确，但制订的过程非常草率，家长事先没有和孩子讨论，也没有考虑孩子的实际情况和需求，因此实施效果很差。只要玩过游戏的人都清楚，5 分钟的时间对于大部分游戏而言只是刚刚开局，这对于想玩游戏的人而言，简直比完全不玩还要痛苦。在这个"惨无人道"的规定下，不难理解孩子为何会想方设法拖时间。可见，拍脑门制订的规则就像没有民意基础的法律法规，在真正执行时多半会"孩"怨沸腾。

2. 没有明确标准

再看第二次，在买手机之前，父母要求小谢"在不耽误学习的前提下有限度地玩"，这个美好愿望作为父母的要求或期待都无可厚非，但作为规则，它太笼统、抽象，缺乏可操作、可评价的具体标准。比如，怎样算是"不耽误学习"？玩多长时间才算是"有限度"？孩子做不到时，又该如何处理？没有标准，规则就无从落实。

3. 关注"结果"而非"过程"

接下来，当制订的规则没有约束力，或无法实施时，大部分父母的关注点都容易落在规则落实不力的结果上，"之前说好玩 5 分钟，这都半小时了，怎么能说话不算数呢"，随即对孩子批评指责，指责无效时就逐步升级为暴力打骂。打骂孩子的弊端不必细说，而这样做对规则造成的影响是：一旦采取了暴力手段，就超出了规则讨论的范畴，家长和孩子都不再关注既有规则为什么不可行，以及怎样才能更加行之有效，而这些才是应对问题的关键。

制订规则前，家长和孩子没有进行充分讨论，规则缺乏明确的标准，规则实施不力后也没有及时找出问题、进行改进，三番五次之后，孩子就会感到规则只是父母单方面的要求，并没有尊重自己的意愿和实际情况。由于孩子本身对规则并不认可，即使违反了也不过是挨顿打骂，因此孩子并不会发自内心地对其给予重视，只有在有求于父母时才会策略性地答应。这样一来，规则就失去了原本的作用和意义，而是停留在表面的要求和许诺上，变成一种亲子间斗智斗勇的权利游戏。

在与孩子讨论规则时，家长怎样才能有更多"胜算"？总体而言，行之有效的规则要从"走心"开始，也就是先得到亲子双方的认可；然后在具体环节上要能落地、可操作；最后根据执行的情况和效果，进行必要的补充、修改和完善。

给家长支招

平等合作，明确规则，适时调整

❀ 平等合作的基本态度

大部分孩子从十几岁时开始拥有自己的手机，恰逢青春期刚刚开始。青春期是自我意识觉醒的时期，很多小时候非常听话的孩子，到了青春期也会变得"有主见"，不再甘当"顺民"，因此不太可能家长一"奉天承运，皇帝召曰"，孩子就会乖乖"领旨谢恩"。更为恰当的做法是，父母和孩子用平等合作的态度，制订互利共赢的规则。

在规则制订之初，家长可以邀请孩子共同参与讨论，了解孩子的实际情况，倾听孩子的想法和需求，形成一个双方都赞成的初步方案。在双方达成一致之前，讨价还价是很正常的，孩子非常"爽快"地一口答应未必是件好事，因为孩子有可能只是想通过暂时允诺来换取好处，或者并未理解规则真正的含义，这时候不妨就具体细节来做进一步讨论，以确认孩子是真的赞成还是敷衍了事。由于孩子的理解能力不同于成人，因此一些在成人看来属于常识的概念或规则，孩子未必能理解，这就需要家长耐心地为孩子讲解。以时间为例，"20分钟"是多久，成人是非常清楚的；对于按节上下课、已经有了时间概念的小学生而言也容易理解；但对于四五岁的孩子，情况则不然，他很可能不清楚自己一口答应下来的"20分钟"到底是多长时间，这时候就需要家长担任讲解员，向孩子解释20分钟是多久，询问孩子能不能遵守时间。在这个过程中，孩子能感到被尊重、被信任，同时也感觉自己是规则的制订者之一，就更有可能身体力行。同时，家长也要注重自身的规则感，给孩子树立良好的榜样。

❀ 明确具体的规则内容

规则的内容需要明确，虽然并不一定要白纸黑字写下来甚至"签字画押"，但在制订规则时需要对一些重要的方面进行说明，包括但不限于：具体内容是什么？如何保证能够做到？如果做不到怎么办？有什么奖惩措施？

上述问题并不是制订规则的范本，只是说明规则可以如何细分为可操作、可评价的内容，这样一来规则的实施就有了抓手。以小谢的案例为例，"在不耽误学习的前提下有限度地玩"这个既不明确也不具体的规则，可以具体化为"每天玩手机的时间不超过1小时，节假日期间每天不超过2小时。如果连续一周能做到，周末父母会多发20元零用钱"。

当孩子做不到时，该采取什么样的惩罚措施是比较难拿捏的。太轻了，不痛不痒，孩子不当回事；太重了，伤了孩子敏感的自尊心，造成更大的冲突，得不偿失。在这个问题上，不妨回归第一条"合作"原则，问问孩子的意见："你自己来说一说，如果做不到，该怎么办？"

❀ 不断调整完善

制订初步规则后，家长不要理所当然地认为只要制订了规则就一定会有效。心理咨询中有这样一句话："没有不可治愈的病人，只有无效的疗法。"对于孩子而言，我们也可以说：没有不守规矩的孩子，只有对孩子不适用的规矩。当规则的遵守出现了问题，首先要冷静下来看看发生了什么：是不是偶然因素导致的意外？是不是约定的事情对于孩子来说太难实现？还有哪些重要问题在制订规则时没有考虑到？通过孩子的实际表现和反馈收集信息，弄清问题，始终保持平等合作的态度，与孩子协商解决方案。随着时间的推进，孩子的情况会发生变化，因此原先的规则可能也需要有所调整，以便适应新情况。

规则是一种纽带和媒介，它反映出的是亲子之间，乃至人与人之间相互合作、相互信任、有边界、有秩序的关系。共同制订和遵守规则的过程，并不是将硬邦邦的规定条文、奖惩制度强加于人，而是家长与孩子用"在一起"的态度，共同面对并解决成长过程中出现的问题的过程。

（李凌 撰写）

被孤独感淹没的青少年

——青少年社交孤独导致的网络沉浸及其应对措施

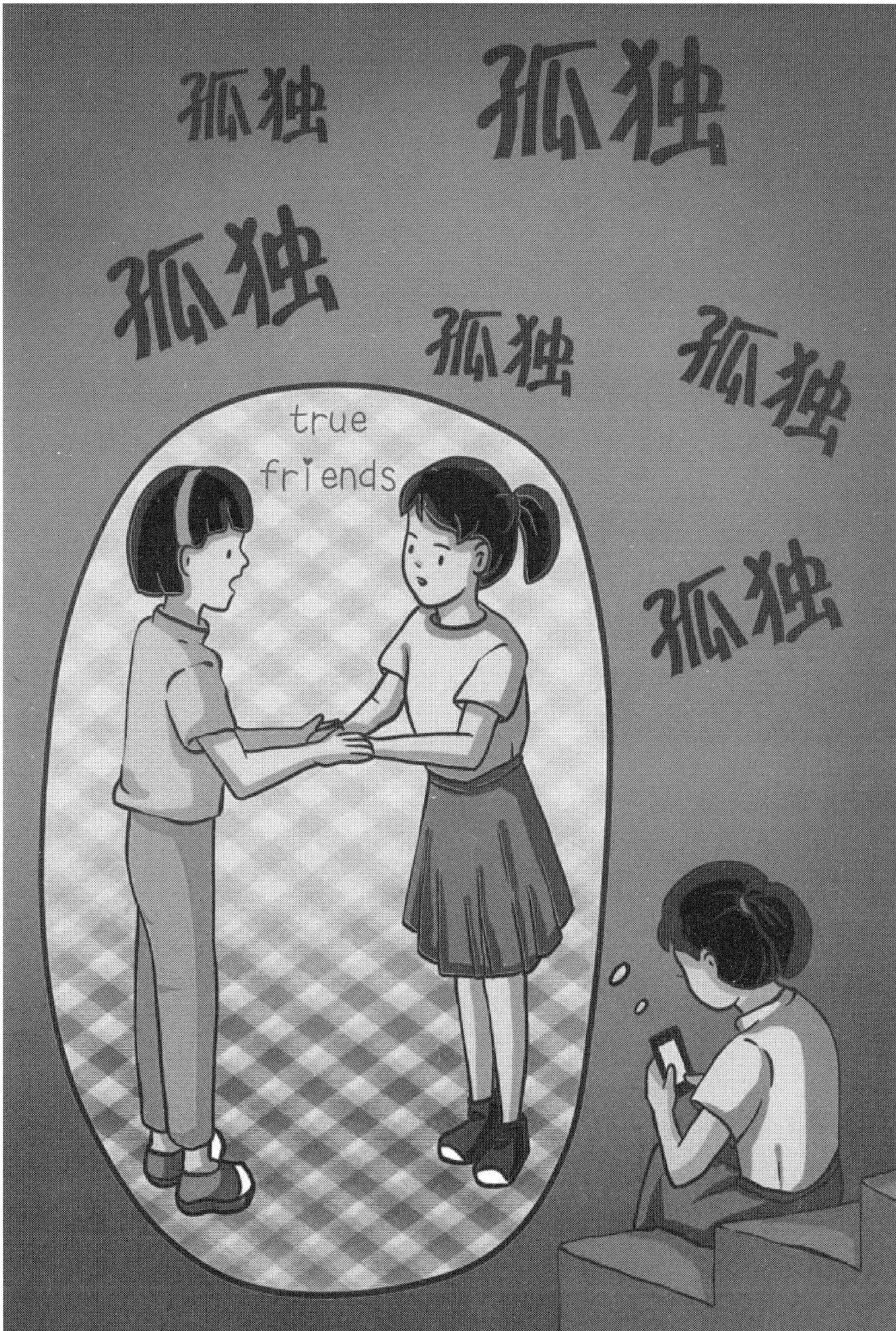
孤独
孤独
孤独
孤独
孤独
孤独
true
friends

阳光下，一群十五六岁的少年，正在篮球场上肆意挥洒着自己的汗水与青春；咖啡厅里，几个女中学生不停地在手机前摆着造型，留住自己和闺密们最美好的一刻……这些似乎是青少年应该有的样子。

然而青春的旅程并不总是有朋友相伴。当大部分孩子都三五成群地在一起嬉笑玩耍时，有些孩子可能会因为各种各样的原因，缺少知心的好友。当这些孩子接触网络游戏的花花世界的时候，就有可能为了排解自己内心的孤独而出现网络使用过度的现象。

案 例

"在网络世界中我才能感受到温暖"

第一眼看到莉莉的时候，没有人会相信这个十四岁的乖乖女会试图绝食自杀。

据莉莉的妈妈介绍，在莉莉十岁之前，她和丈夫都一直在外务工，将莉莉寄养在姨妈家中。但父母渐渐发现，莉莉与他们之间的感情越来越淡，甚至不愿意接他们的电话。于是莉莉妈妈便辞职回家，专门照看孩子。但莉莉这时已经上小学高年级了，有了自己的想法，不太愿意接纳妈妈。

因为莉莉是个女孩子，莉莉妈妈担心女儿会交到一些不好的朋友，于是一度限制莉莉的交友范围，不让她和其他同学走得太近。久而久之，莉莉便形成了内向、腼腆的性格，在学校里也没有什么好朋友，甚至被其他同学所孤立。

而随着年龄的增长，莉莉感到学习压力越来越大。一次老师在班级里对着正在课桌上打盹的莉莉大吼："要睡觉就回家，不要来学校了！"这让本来在学校就没有什么朋友的莉莉，愈发地讨厌和反感学校。而就在这个时候，拥有了自己手机的莉莉第一次接触到了网络游戏。

在游戏中，她再也不是那个被人冷落的小女孩，总有人愿意带着这个技术不太好的小妹妹一起打怪。而在不玩游戏的时间里，这些在游戏中结识的好友也愿意和她一起聊天，听她诉说自己的烦恼。而这些来自陌生人的温暖，是莉莉在现实生活中未曾感受到的。她的生活就像雨后的天空，终于有一束阳光洒了进来。

而莉莉的父母也察觉到了女儿的变化：总是捧着手机，越来越不愿和父母沟通，甚至开始逃学。这些迹象让莉莉妈妈感到害怕，于是她在女儿不知情的情况下偷偷地注册了某手机游戏的"成长守护平台"，监视和限制孩子的游戏行为。而这却让莉莉大发雷霆，一向乖巧懂事的女儿对妈妈大吼大叫，同时还以自杀相威胁，让妈妈不要再管她。

莉莉妈妈不明白：我的女儿到底怎么了？

案例解读

当"冷漠的现实世界"遇到"温暖的网络世界"

曾有自媒体在社交平台上发布调查："你在游戏中获得了什么？"让大家谈一谈自己在玩游戏的过程中获得的最珍贵的东西。和很多人预想的不同，大多数游戏玩家都在回复中表示，他们在游戏中获得的最珍贵的东西是友情和他人的关心。而至于"成就感""高等级装备"等这些游戏中的直接奖励却很少有人提及。也就是说，对于很多游戏玩家来说，在游戏中结识的朋友是他们一直玩游戏的主要原因之一。

心理学家认为,任何人都需要与别人交往,建立人际关系。人际关系对于我们来说,有两个重要的作用:一是提供信息,例如,"今天大葱的价格上涨了""据说××厂工资挺高的",日常生活中很多重要的信息都需要从别人那里获取,如果你没有良好的人际关系,就不会知道这些信息;二是为我们提供心理上的支持,有烦恼时可以向他人倾诉、有开心的事时可以和他人一起分享,这对于我们每个人的心理健康都非常重要。如果一个人的孤独感过于强烈,那么他甚至可能会出现失眠、情绪低落、抑郁等症状。

对于青春期的青少年来讲,人际关系至关重要。他们正值从未成年人过渡到成年人的重要时期,内心敏感、非常在意他人的看法。如果自己没有同龄的伙伴,他们就会认为自己没能得到同龄人的认可,进而降低对自己的评价,变得自卑。

由于人们都有和他人交往、成为朋友的需要,当一个人在一个环境中被孤立、感到孤独时,他就会去寻找其他能够帮其减轻孤独感的环境;当一个人在一个群体里不被接纳的时候,就会去寻求其他群体的认可。一个很典型的例子是,学校中那些与校外不良青少年团体走得很近的学生,多半是不被同学和老师喜欢的孩子,他们在学校交不到朋友,就去找愿意和他们交朋友的人。

结合莉莉的案例,我们不难发现,莉莉长时间沉浸在游戏世界的主要原因其实并不是游戏本身,而是在游戏中所收获的来自陌生网友的友情。因为父母早年在外务工,莉莉和父母并不亲近,而在学校这个对于青少年最为重要的社交环境中,莉莉也没有获得其他同学的认可,因此她感到孤独。当她发现网络游戏世界中的人们喜欢她、认可她、愿意成为她的朋友的时候,她自然会喜欢待在这个让她感到温暖的世界里。因为只有在这个虚拟的世界中,她才能感觉到自己是被别人所需要的。

可能有些家长朋友会问："如果孩子真的在网络游戏中找到了心理寄托，那是不是对他来讲也是一件好事呢？"中科院的心理学家对这个问题进行了深入研究，结果发现，孤独感越高的人，花费在网络游戏上的时间越长，这种行为又会导致他更不愿意在现实生活中的人际关系上花费时间和精力，结果造成更严重的孤独感。也就是说，孤独感和网络游戏之间会形成一个恶性循环，孤独感驱使一个人去玩网络游戏，而玩网络游戏会让他更加孤独。因此，当家长发现孩子出现和莉莉类似的情况时，一定要随时关注孩子，帮助孩子摆脱这种逃避现实社交生活的状态。

给家长支招

亲子共携手，同建"朋友圈"

当孩子通过虚拟网络世界的人际交往来逃避生活中失败的人际关系时，家长可以从以下两点入手帮助孩子。

❀ 鼓励孩子的正常交往

案例中的莉莉妈妈由于担心女儿交友不慎，因此限制女儿与其他同龄人的交往，导致女儿性格内向、缺乏必要的社交技巧，从而被其他同学所孤立。莉莉妈妈的本意是好的，但这个做法确实不合适。前面讲到，人际交往对于青少年有着特别重要的意义，从某种角度来看，人际交往的缺乏是莉莉缺乏自信、不愿意去学校的主要原因之一，并导致了莉莉沉迷游戏的问题。

那家长要如何做才能在保证孩子正常人际交往的同时，让孩子远离"坏朋友"呢？一个很简单的方法就是积极加入孩子的"朋友圈"。家长可以在周末、假期，或者孩子生日的时候，邀请孩子的好朋友来家中做客。

这样一方面能够促进孩子与小伙伴之间的感情交流；另一方面，家长可以通过这种方式了解孩子的交友情况。在这里，要特别提醒家长朋友们，千万不要试图从孩子的朋友、同学处打听孩子的日常情况。这种行为会让孩子感到被家长监控，极易引发孩子的对抗心理。

❀ 降低孩子的"情感孤独"

心理学中把孤独感分为两类，分别是"情感孤独"和"社交孤独"。情感孤独指的是缺少特别亲密、知心的朋友，社交孤独指的是能够交往的朋友数量少。比如一对搬到异国他乡的夫妇，他们在当地的朋友数量少，存在社交孤独，但他们拥有彼此，能够互相关心照顾，因此他们不存在情感孤独。而前面提到的中科院所做的研究发现，引发人们沉迷游戏的孤独感主要是情感孤独，而不是社交孤独。即便一个人的朋友少，但只要有一两个非常要好的知心朋友，就很难产生沉迷网游的情况。

当孩子因为性格内向、搬家或缺乏社交技巧等在现实生活中交友受挫时，家长可以充当孩子的大朋友，多关注孩子的感受，多花时间与孩子相处，让自己成为孩子的知心好友。即使孩子在学校没有很多朋友，但有"家"这个心灵的港湾，能让孩子感受到家的温暖，感受到自己是被家人所需要的，也能够帮助孩子缓解情感孤独，孩子也就不太可能去寻求网络游戏世界中的人际关系了。此外，在家中养一只宠物，例如小猫、小狗等，也能有效缓解孩子的情感孤独。

除了以上这两个方面，教会孩子如何建立健康良好的人际关系也是有效解决这一问题的重要方法，家长朋友们可以参考第 9 单元 "只有打游戏，才能靠近你们"。

（徐玮 撰写）

"只有打游戏，才能靠近你们"

——当孩子周围的朋友都玩网络游戏时

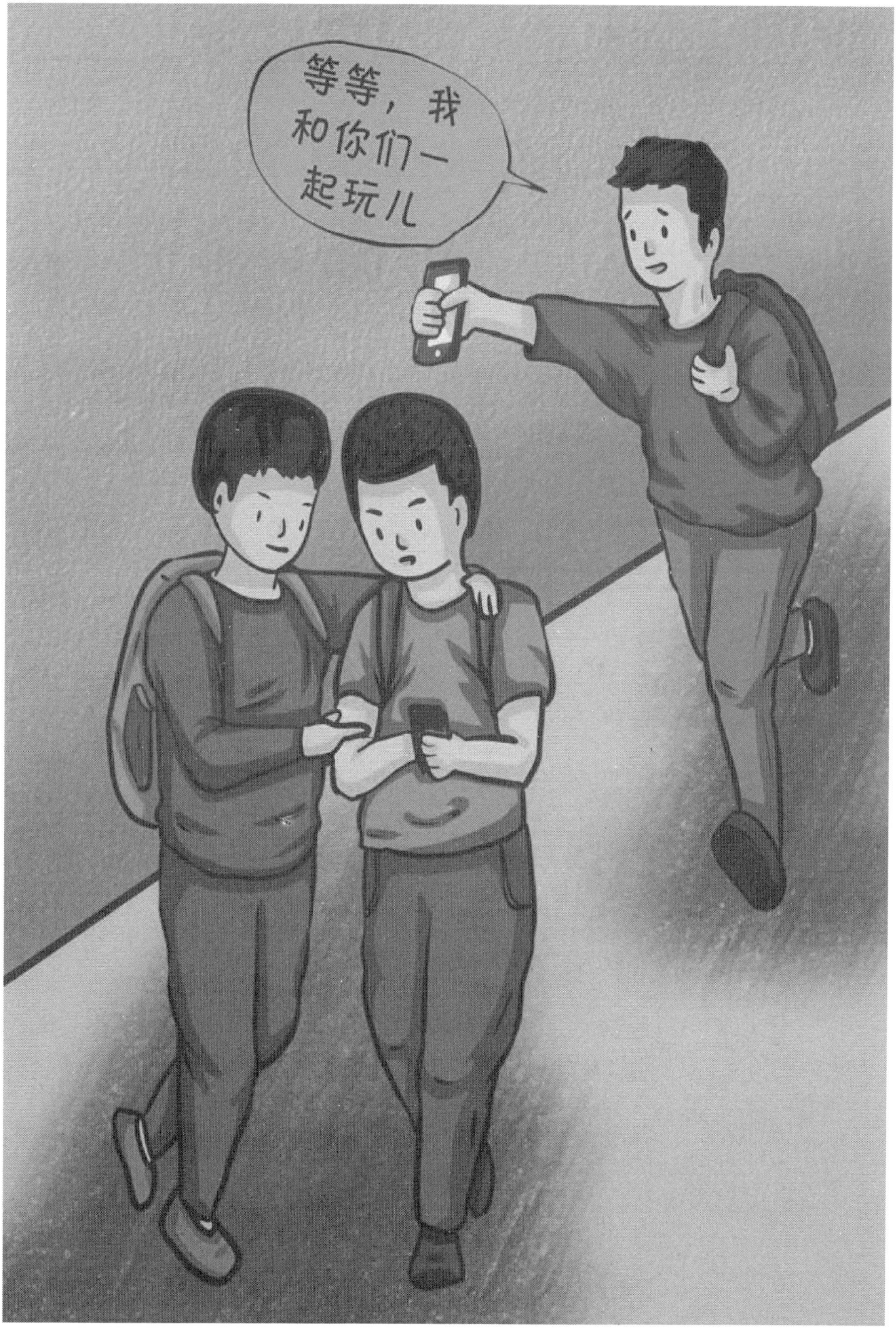
等等，我和你们一起玩儿

你是否觉得所有沉迷网络游戏的孩子，都是因为喜欢游戏，才主动要求父母给自己买手机、主动要求上网的呢？

有时候，还真不一定是因为孩子爱玩，有可能是他们不得已而为之。

你是否注意到，孩子越长大，离爸妈就越远，离自己的小伙伴就越近。尤其是处于青春期的孩子，朋友间吃的、穿的、玩的都越来越相似。

心理学家哈特·布兰顿（Hart Blanton）和梅莉莎·伯克利（Melissa Burkley）的同伴规范影响理论指出，随着同伴关系的稳固，他们越来越能塑造彼此的行为、态度甚至价值观。这甚至会变成一种无形的压力，促使"小圈子"里的孩子不得不对同伴忠诚，包括不得不玩网络游戏。

案 例

"不玩，他们就不理我"

王女士某天忽然发现自己的账户里少了 500 元，她以为自己遭遇了电信诈骗。通过查询账户发现，钱原来是被充值到了一个游戏公司里。思来想去，可能是自己的儿子做的，因为他最近在玩一款讲究策略和团队协作的游戏。孩子还因为在学校玩手机游戏，被老师批评，老师还叫了家长。

王女士的儿子今年 14 岁，刚上初一。他从小性格内向敏感，而且自制能力比较差，小学时期成绩一般。由于父亲在外地忙着打工挣钱，没有太多时间教育孩子，妈妈自己也要工作，所以基本都是由奶奶带着孩子。

上初中之后，孩子本就一般的成绩更是一落千丈，并且经常到放学时间也不回家。孩子到家就把自己锁在屋里，完全不跟奶奶和妈妈交流。

王女士很愤怒，不敢相信自己的孩子竟然为了玩游戏充那么多钱。

她特别想好好"修理"孩子一顿，但还是控制住了情绪，耐心向孩子询问情况。

孩子哭着说："其他同学都玩手机游戏，我不玩，他们就不理我，还笑话我什么都不会。我充最多的钱，买最好的装备，看他们还说不说我！"

王妈妈听完，内心对孩子产生了一点愧疚感。

孩子还说，从小学三年级开始，同班就有几个同学经常欺负自己，跟自己"借钱"，一直到小学毕业。孩子因为爸妈不怎么在身边就从未对他们说过这件事，告诉老师后，老师让他和那些欺负他的孩子一起罚站，他感到非常受侮辱。

后来升到初中，好不容易逃离了原来的地方，但小伙伴都在讨论游戏怎么玩，孩子知道妈妈不让他玩游戏，内心十分纠结。他说："如果我不玩游戏，就融入不了同学和集体。他们都给游戏充值，如果我不充，我不知道他们会不会像小学时候的那群同学一样欺负我。"

有个同学家里有两部旧手机，从家"拿"来后，就借给了他一部，他很感谢这个同学，是他让自己有了跟大家一起玩的可能。

王妈妈知道事情的来龙去脉后非常难过，也非常欣慰孩子能够坦诚相告，但同时感到很疑惑，小伙伴的力量怎么就那么大呢？其实，王女士的遭遇并非个案，那我们该如何理解这样的事情呢？

案例解读

打游戏才能靠近你们

网络游戏对于孩子来说，除了消遣、娱乐，另一个重要的功能就是具有社交属性。而上文案例中的孩子就在用网络游戏和同学建立社交关系。

作为父母的我们，小时候也会用游戏、玩具、动画片等进行社交，只是现在孩子的游戏更多地变为电子类。游戏玩得好，自然在群体里就更有话语权，玩得不好或不会玩的，就会因变成群体中多余的旁观者而被排斥，很多孩子甚至有"离开游戏我就一文不值"的想法。

许多玩家都是被身边朋友"带入坑"的，不玩游戏就会有一种被孤立的感觉。同伴压力在这时候对孩子的行为起主要作用，同伴是否遵守同伴间的"规范"、是否对同伴忠诚至关重要。一句"别跟他玩"对于孩子来说，比天塌了还严重。心理学研究表明，那些不知如何应对同伴压力的孩子，更容易改变自己以前不玩游戏的行为、态度和价值观，来迎合团体的需要。这表现在网络游戏里，同伴在邀请他加入游戏时，他会放下自己手里的事情来配合，以及延长自己的游戏时间。

另外，案例中的孩子在小学时有被霸凌的经历，又没有及时获得来自家庭和教师的支持，自然担心再次被排斥。研究发现，当孩子早期经历来自同伴的侵害时，如被打骂、嘲笑或被孤立等，孩子的安全感、自信心和关系需要会受到极大的损害，进而使孩子产生压力和负面情绪，甚至有可能发展出消极的应对方式，如回避社交、攻击他人、物质上瘾或游戏过度，在人际交往方面也会变得讨好和依从。

案例中的孩子恰逢从小学升入中学这一转折时期，人际关系的小圈子并没有定型，孩子正在形成自己的关系网络，而这给团体外的同伴侵害和团体内的同伴认同提供了天然的条件。进入青春期，孩子和父母的互动会逐渐减少，同伴接触的影响会越来越大。在这期间，父母对孩子的生活、心理和交友状态知情，用一种信任的态度进行亲子交往和支持，是极其重要的。

给家长支招

不阻止孩子交友，但告诉孩子如何交友

面对"被拖下水"的孩子，家长该如何应对呢？

❀ 强制是最坏的选择

现实中的各种案例都告诉我们，最愚蠢的方法就是强制要求孩子不能交"坏朋友"、不让孩子玩游戏。事实上，父母强制处理事情的行为也会被孩子模仿。试想，父母都那么冲动，孩子怎么能学会理性处理事情呢？孩子会通过观察、学习和模仿，用同样的方式对待父母和他人。

父母这个时候要做的，就是把自己焦躁甚至愤怒的情绪，转化成理智的情绪，为孩子树立一个榜样。比如，当孩子再玩游戏的时候，不再暴躁地夺过手机，而是先了解游戏内容，并和孩子一起讨论，与他建立共同话题。然后父母可以迂回地培养孩子的其他爱好，比如，父母可以和孩子一起登山、打网球、踢足球、绘画，等等。总之，智慧的教育永远胜过强制的力量。

❀ 建立良好的家庭关系是前提

孩子沉迷网游的核心原因是人际关系问题。孩子玩游戏，很多时候是

一种宣泄情绪和拉近同伴关系的策略。若孩子在学业、人际关系等方面遇到挫折，他会需要一个宣泄口，同时也需要一个依靠。如果这个时候家庭没有提供解决危机的策略和必要的情感支持，那么孩子必然会自行寻找外界的资源。一个稳固的家庭关系具有多重功能，既能促进家庭成员之间情感和信息的交流，又能解决实际问题，能为孩子有效地应对外界压力提供有力支持，让孩子相信家庭的力量而避免"病急乱投医"式的交友。家长可以在每周挑出一天或半天作为"家庭时间"，通过郊游、游戏及谈话等形式，来拉近彼此的关系。

尊重孩子的朋友

父母对孩子的交友问题都比较谨慎，有时又略显焦虑，生怕自己的孩子跟"坏孩子"学"坏"，就像案例里的孩子，就是因为小伙伴才喜欢上网游的。

但我们可以换一个角度看这个问题，父母可以坦诚地和孩子聊一聊，问孩子："你为什么喜欢×××啊？""×××是不是很有礼貌又很爱帮助人？""妈妈也喜欢×××，因为他……"在这个过程中，孩子不仅能感受到自己和自己的好朋友被尊重，同时也学习到如何交友。其实没有哪个孩子完全是"坏孩子"，当然也没有哪个孩子身上全是优点。父母要做的不是阻止"坏朋友"接近自己的孩子，而是引导孩子进行多角度观察和评价，并且不能武断地否定别人，让孩子学会选择自己的朋友。

（孟祥寒 撰写）

看得见的问题，看不见的创伤

——孩子行为问题的解读和处理

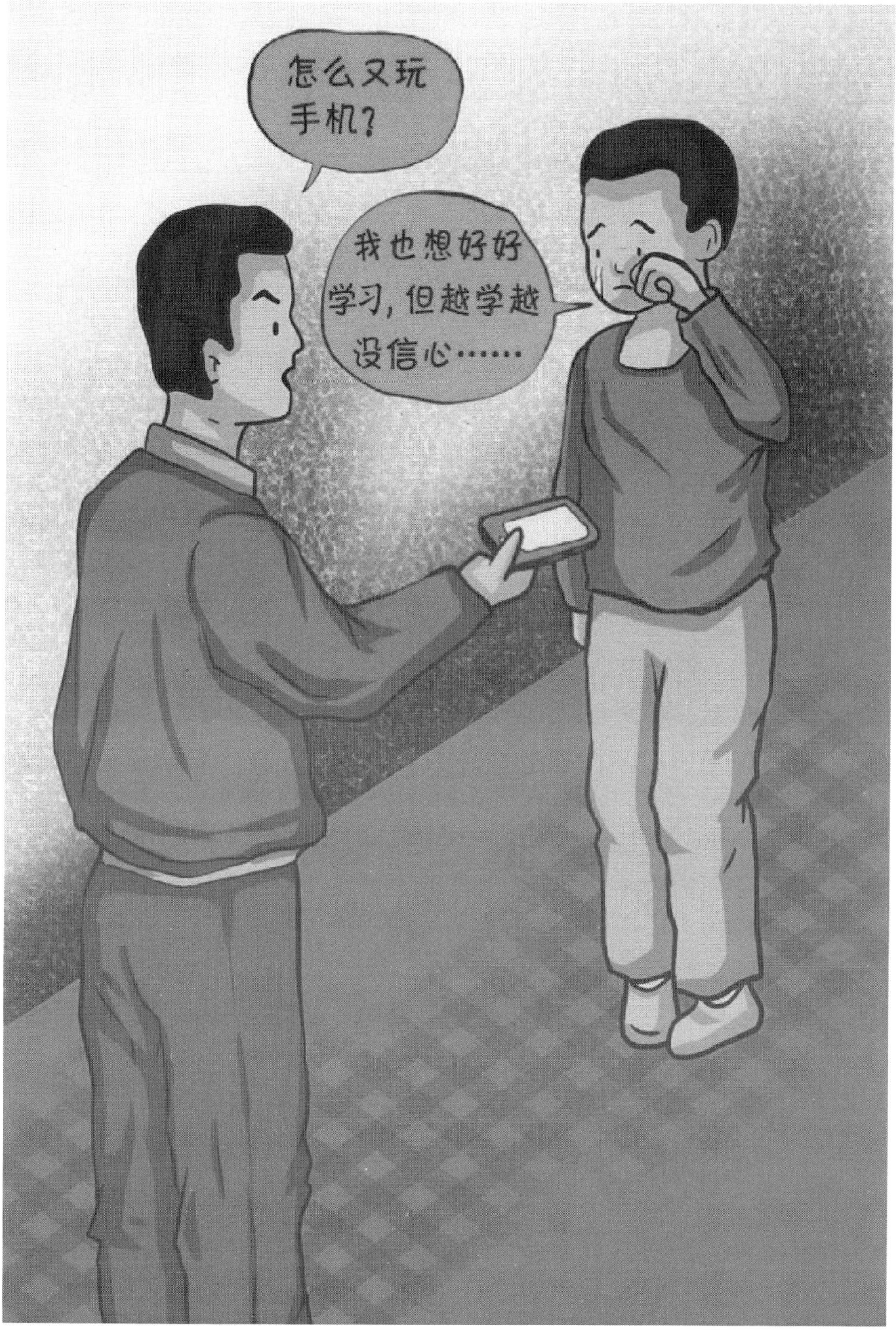
怎么又玩手机?
我也想好好学习,但越学越没信心……

汽车的仪表盘上通常装有故障灯，用于提示汽车内部出现的问题。当故障灯亮起时，我们都知道正确的做法是检查汽车，看看哪个部件出现了问题，然后及时修理、更换部件。如果司机不去修理汽车，而是急着把故障灯按灭，以为灯不亮就代表汽车没问题了，我们多半会笑他没常识。然而，在孩子出现问题时，家长却常常忽略了这个常识层面上显而易见的逻辑，忙着去"灭灯"而不是"检修"。让我们通过下面的案例，谈谈这种"误入歧途"的干预方式，并探讨一下如何更好地处理孩子的问题。

案 例

越管越差的孩子

小赵从小就是个内向、听话的孩子，很有理科头脑，学数学、物理、化学从不费劲，但文科成绩一直不理想，尤其是英语，单纯背单词、记语法还勉强可以，涉及阅读、写作等综合能力时，表现就不太好。进入高中以后，英语课特别考验读写能力，小赵的短板暴露无遗。作为班里的优等生，英语成绩却一直垫底，付出的努力也都收效甚微，小赵觉得很受挫，在英语方面投入的精力越来越少，连平时的英语作业也不做了。小赵的英语老师是他的班主任，班主任看到小赵测验成绩不好，作业也不完成，又急又气，为了让他重视英语学习，就在课堂上经常提问小赵，还给小赵安排额外的抄写作业，如果上课的提问小赵答不出来，或者写不完作业，就要加倍抄写。

老师额外的"关照"没能提高小赵的成绩，相反，因为经常熬夜抄课文，小赵白天的状态越来越差，上课时开始走神、打瞌睡，跟不上课堂的节奏，作业更加完不成，只能借同学的作业胡乱抄抄应付了事。小赵的学业越落越多，成绩一落千丈。因为对学习感到恐惧和厌倦，小赵开始玩网络游戏。他坦言自己并不是特别喜欢玩网络游戏，玩久了感觉挺没意思的，但他觉得每天只有在玩网络游戏的几个小时里才能暂时逃离让自己懊恼的现实世界，找到属于自己的一点空间。

父母见小赵的学习退步得如此厉害，还玩起了网络游戏，自然急在心头。他们没收了小赵的手机，每天晚上轮流监督小赵学习，还经常给他灌输要好好学习的大道理，可成绩仍然不见起色。有一天，父母又在强调学习的重要性，责备小赵不努力，小赵终于忍不住了，又生气又委屈地向父母哭诉：自己也想好好学，但白天听不懂课，越学越没信心，现在学业落下这么多，想学也不知道从哪里补起，自己也很焦虑，不知该怎么办才好。

案例解读

别拿表现当"靶子"

孩子的种种令人不满意的表现，最容易引起家长和老师的担忧和关注，进而想方设法进行干预，想把孩子纠正回来。当小赵出现不完成作业、成绩下降、上课睡觉、过度玩游戏等"表现"时，老师和家长的介入都是针对"表现"进行的。看到英语成绩不行，就安排额外的任务；看到不完成作业，就父母轮流监督；看到玩游戏，就没收手机。

借用本文开头的比喻，孩子的不良"表现"，相当于汽车的故障灯，故障灯亮起并不代表故障灯出了故障，真正的故障出现在汽车内部。但现实中常常发生的却是，家长因为"灯亮了"而感到烦恼，就一心扑在"灭灯"上，这无异于头痛医头、脚痛医脚，就算能暂时减少孩子的不良表现，但根本的问题并没有得到解决，同时，问题出在哪里的重要线索也就此断掉。从长期来看，这很容易导致孩子越管越差，问题越累积越严重。如果家长能退一步，不急于强行扭转孩子的行为，就可以将不良的行为表现当作一种"资源"，帮助我们找到孩子出问题的根源。不良表现其实是孩子发出的"求救信号"，这是孩子在用自己的方式提醒我们，他的世界出现了困难和问题，需要我们伸出援手。

给家长支招

"深入"与"浅出"

"深入"：通过表现看成因

为了能真正帮到孩子，而不是好心办坏事，我们首先要了解孩子的问题是什么时候出现的、怎样出现的。拿本文的案例来说，小赵的问题出现的时间比较明确，问题也很集中，就是在上高中以后，在英语学习上屡屡受挫。我们不要以为这只是个小挫折，不会有很大的影响，对于孩子而言，反复、长期地在同一个地方遭遇挫折，已经足以使他的内心产生创伤。"不写作业""成绩下降"只是创伤的外在表现，背后隐藏着的是孩子的无力感和羞耻感，以及随之而来的对学习的恐惧。老师和父母没有看到孩子内心受到的创伤，以为是孩子不重视、不努力，进而采取了一系列"高压"措施，导致孩子的挫败感进一步加剧。虽然老师和家长做这些是出于好意，但客观上却给孩子带来了更大的创伤。

学业困难、身体疾病、家庭矛盾、同学间的冲突及老师和家长的教育方式不当，都有可能给孩子的内心带来创伤。心理上的创伤常常是肉眼不可见的，但会通过种种症状、行为问题表现出来。因此，家长在采取行动之前，首先要多问几个"为什么"，搞清楚问题的成因，然后根据成因寻找对策。案例中小赵的困难主要来自学习带来的挫败感、无力感和恐惧感。英语本来就是小赵的短板，在学习的过程中小赵还时时背负着这些负面情绪，对他来说无疑是雪上加霜，使得他一想到英语就头疼，更谈不上思考解决办法了。

"浅出"：通过成因找对策

家长要怎么做才能帮助小赵从创伤中走出来呢？在"深入"地找到问题的成因后，在行动层面最好能"浅出"，也就是以孩子能够理解、容易接受的方式，结合孩子的认知、感受和性格特点，循序渐进地做工作。有很多教育方式是非常不"浅出"的，其中最具代表性的莫过于讲大道理。大道理包含的"道理"本身通常都是积极、正面的，但大道理往往太过空洞、宽泛，其中的目标也过于远大和长久，孩子对此没有直观的感受，很难受到触动，也很难从大道理中获得具体的行动策略。以小赵的情况为例，家长可以尝试从以下两个具体方面入手。

（1）理解并回应孩子的感觉

小赵的问题是由学英语的困难引发的，但要想帮助他，当务之急并不是提供关于学英语的建议。因为无力、挫败、恐惧和不自信已经成为小赵学习时的常态，当内心被这些感受占据时，小赵根本没有能力接受和采纳建议。就好比一个极度愤怒的人很难听进去别人讲的道理，一个具有极度恐惧情绪的人即使前方没有危险，也不会再向前走一步。因此，我们首先要做的是帮助小赵处理消极的感受。

处理感受，并不是劝说小赵不要害怕、不要羞愧。恰恰相反，家长要接纳孩子存在的这些感觉，并且让孩子知道他有充分的理由产生这些感觉。"一点小事有什么，不要气馁，再加把劲一定能解决"，这样的话听起来像是鼓励，实际上很容易让小赵觉得自己不被理解、更加挫败，因为对他而言，这其实并不是"一点小事"，也不是"加把劲"就能解决的。别人的"鼓励"很容易让小赵更加羞愧，因为他连这"一点小事"都做不好。但如果家长能够理解孩子的感受，就会这样表达："爸爸知道这件事对你来说很难，无论你怎么努力好像都找不到办法，你可能对自己失去信心了，所以一想到这件事就害怕。"或者对孩子说："爸爸知道你其实并不是真的喜欢玩游戏，只是玩游戏的时候能暂时忘记烦恼。"父母还可以把自己的感受和经历分享给孩子："妈妈也有过学不明白的时候，跟你现在很像，当时妈妈也觉得很挫败，很懊恼。"这样的表达能让孩子感到父母能理解自己的感觉，自己并不是一个人在面对问题。

（2）接纳现状，小步改变

当孩子的情绪得到了一定程度的安抚，家长就可以与孩子一起商量解决办法。任何问题的解决都要以事实为基础，不能脱离孩子的实际情况，提一些不切实际的要求。对于小赵而言，目前的状态确实相当糟糕，课堂内容基本听不懂，想学也不知道从何学起，只有玩游戏才能让他暂时忘记烦恼。想让小赵在短期内恢复之前优等生的状态是不现实的，更为合情合理的做法是帮助小赵设定力所能及的小目标，让他先做出小的改变，然后一步步积少成多。比如每天少玩半小时游戏，或是从小赵最感兴趣、最擅长的科目开始，先打起精神听一次课、完成一次作业。如果能做到，家长要及时给予积极反馈，并和孩子共同设定下一个目标。家长不仅要善于体察孩子的问题和内心的创伤，也要看到孩子的进步，用实际行动帮助孩子逐步重建自信。

（李凌 撰写）

扛不住的挫折,背得起的乌龟壳

——父母教育孩子应对挫折的有效措施

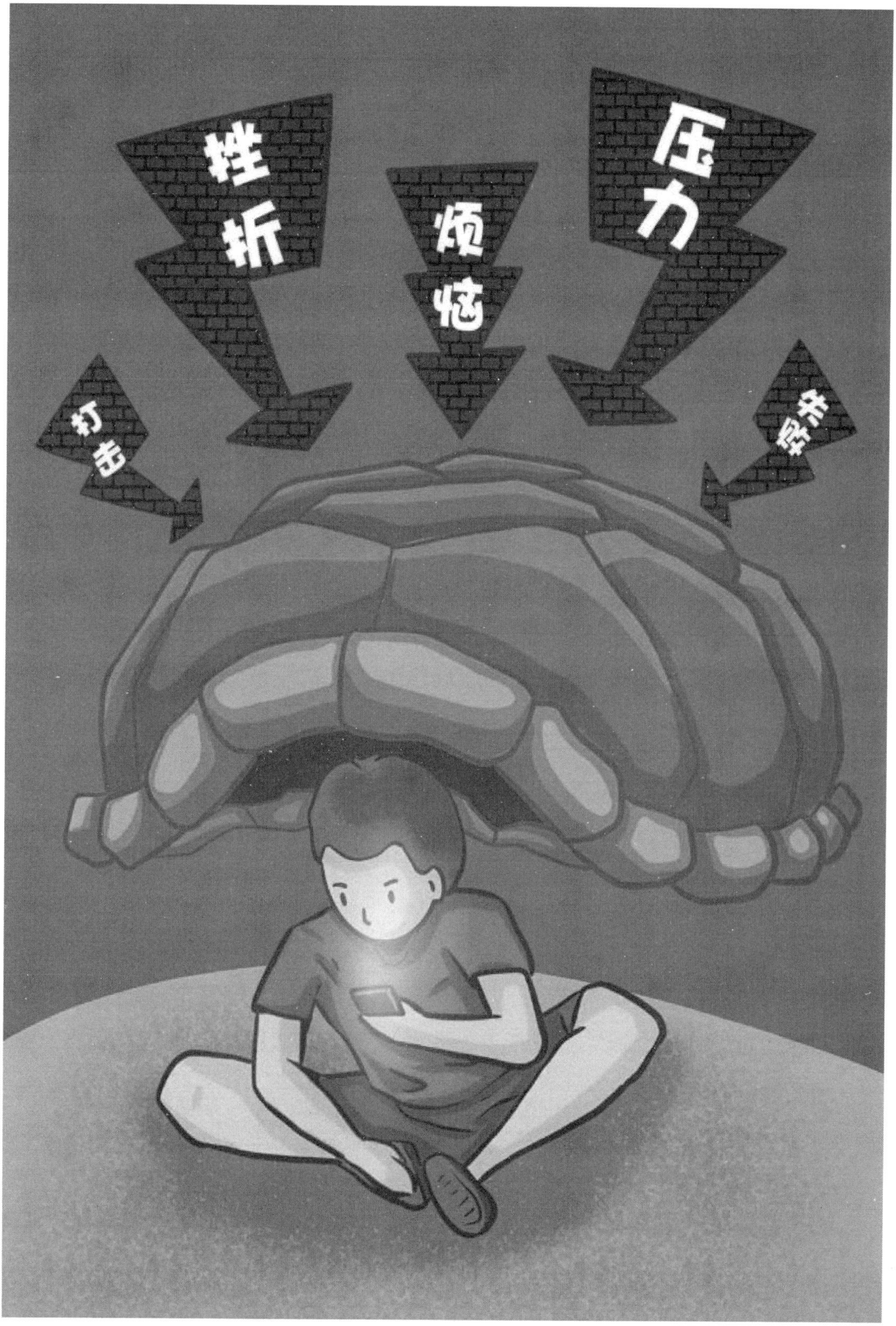
挫折
烦恼
压力
打击

经常有家长这样说:"现在的孩子,生活太幸福了,简直是在蜜罐里泡大的,根本不知道什么是挫折。这样发展下去,将来怎么能适应社会呢?"

家长会担心孩子不够坚强,不能独立,无法在社会上立足。所以哪怕家长心里再疼爱孩子,表面上也是严厉的样子。很多家长以为表扬会让孩子骄傲,批评才能让孩子进步。因此,很多家长喜欢在孩子面前批评孩子,在孩子背后夸奖孩子。这种现象的背后,是很多人追捧的"挫折教育"。

但是,批评真的比夸奖更有利于孩子的成长吗?家长用批评的方式表达的爱,真的可以传递给孩子吗?

我们先来看看沉迷手机游戏的三位青少年的故事。

案 例

"挫折无处不在"

小林是一个 16 岁的男孩,本该坐在高中教室里努力学习的他,却已经休学在家半年了。他是独生子,从小性格就很要强,事事都喜欢争第一,初中以前学习成绩也不错,可以说没有经历过什么挫折。可是,自从考上重点高中后,他就逐渐变了。从高一开始他就过得不开心,学习成绩不断下滑。被班主任当作"重点关注对象"后,他的厌学情绪更加明显,不仅反感班主任,还越来越沉迷游戏,他告诉父母,只有游戏才能让自己快乐。

小丁只是个 13 岁的男孩,却已经离家出走不止一次了,最近一次离家出走的原因是父亲强硬地夺走了他的手机。其实他上小学的时候成绩很好,顺利考上了重点初中,可第一个学期,他的数学只考了五十几分。父母一问老师才知道,小丁上课的时候总是精神恍惚。小丁说,他遭到了校园霸凌,宿舍里一个成绩不好的同学总是跟他"借钱",有一次他不想给,就遭到对方殴打。被欺负后,他不敢反抗也无处诉说,心理压力很大,只有靠打游戏让自己轻松一些。

小罗今年 14 岁,从小性格内向、不善言辞,因为家里经济条件一般,在吃、穿方面不如同学,他常受到同学的嘲笑,也没有要好的朋友。他非常自卑,甚至有些自闭,只能在游戏中获得一些快乐。有一次,老师发现他上课玩游戏,严厉地批评了他,自此他对老师产生了抵触情绪,从此休学在家。现在他整天抱着手机,昼夜颠倒,谁不让他玩,他就跟谁动手。

案例解读

游戏成了逃避挫折的城堡

在以上三个案例中,小林的问题是学习成绩下滑,小丁是遭受了校园霸凌,小罗则是面临严重的人际关系困扰,虽然遭遇挫折的原因不同,但他们都通过玩手机游戏来逃避烦恼,让自己活在虚拟世界里。

他们的父母非常担心,担心孩子的身体、担心孩子的学习、担心孩子意志消沉……可劝也劝了,骂也骂了,打也打了,都没有用,孩子还是沉迷在游戏中。

一开始是孩子遇到挫折而无力应对,后来家长也因教育问题而产生烦恼,孩子和家长都陷入一个怪圈,不知如何是好。

那么,当孩子遇到挫折,不知道该怎么办,只能整天玩游戏时,家长该怎么帮助他们呢?

社会心理学认为,如果一个人在追求目标的过程中,受到了干扰或破坏，使得他的需求无法得到满足，就会形成挫折，挫折会让个体产生烦恼和痛苦，个体则会寻找一些方法让自己摆脱烦恼。

有些方法，如玩手机游戏，可以让孩子暂时摆脱烦恼，但代价也是很大的，它容易让孩子更加无法适应社会，逐渐失去对生活的信心。这时候，如果父母能够帮助孩子找到好的方法，让孩子解决生活中遇到的困难，就能帮助孩子找回信心，不至于沉迷于手机游戏。

可见，帮孩子找到对的方法，让他们能继续完成个人目标，找回信心和勇气，就是最好的"挫折教育"。具体应该怎么做呢？

著名心理学家科胡特（Heinz kohut）提出了一个很好的概念，即"恰到好处的挫折"，当孩子遇到挫折的时候，最需要的是父母的陪伴和鼓励，让孩子慢慢学会忍耐，面对挫折可以有勇气站起来，学会自我安慰，学会坚持不懈，直到实现目标。

相反，当孩子遇到挫折的时候，如果父母没有注意到，没有给孩子必要的支持和鼓励，就会让孩子感到孤立无援，不知该如何应对，那么挫折，可能就会给孩子造成伤害。比如案例中的小丁，他在校园里被欺负了，不知道该如何反抗；小林的学习成绩严重下滑，老师的"特殊关注"伤害了他的自尊心，他不知道如何面对。小丁和小林所遇到的挫折，都在一定程度上给他们造成了心理上的创伤。

可能有的家长会说，我只是希望孩子学会自己解决问题。父母相信自己的孩子，这本身是好的，但是不能高估孩子解决问题的能力。当孩子遇到问题的时候，父母可以问一句："这个问题你会怎么处理呢？"如果孩子给出的解决方法很好，就让他们自己解决，如果孩子不知道该怎么办，父母就可以教给他们正确的方法。

还有一种容易产生挫折的情况，就是孩子在成长过程中过于顺利，几乎没有遇到过挫折，那么一旦遇到挫折，他就容易被击倒。案例中的小林原本成绩很好，几乎没受过什么挫折，可是一旦成绩下滑，他马上就被挫折击垮了。

那么，当孩子遇到挫折、无法应对的时候，父母应该怎么帮助他们呢？

给家长支招

安抚情绪、细化目标、看见优点

❀ 不要急着给孩子支招，先安抚孩子的情绪

当孩子遇到挫折时，父母可能会着急，想尽快帮孩子解决问题，于是给他们讲很多道理。这些道理是父母自己的经验，也是正确的，但对于烦恼中的孩子来说，可能不容易听得进去。

所以，在孩子遇到问题时，家长要保持冷静，先安抚一下孩子的情绪。可以询问他的感受，比如，"你能说说发生了什么吗？""你需要妈妈陪你一会儿吗？"……先给他一定的时间冷静，等坏情绪过去后，再试着将你的人生经验传递给他，这时候孩子就可以听得进去了。

案例中小丁的家长去找了心理咨询师，先解决了自己的负面情绪问题，并且听从心理咨询师的意见，尽可能关心小丁，给他提供一个温暖的家庭氛围。与此同时，家长跟小丁沟通对于校园霸凌的解决办法，并亲自出面去找老师。此后小丁的情绪有了很大的改善，玩游戏的时间减少了，愿意回到学校上课了。

❀ 从小目标开始，让孩子每次进步一点点

案例中的小罗是一个内向、自卑的孩子，他在人际交往中存在困难。

要想让他和同学建立良好关系，成功融入班级，不是一下子就能做到的。小罗的家长要有耐心，在训练他的人际交往技巧时，要从小目标开始，让孩子一点点进步。

比如，要想和他人建立关系，主动打招呼是很重要的。在训练小罗主动和人打招呼时，第一个小目标就是主动和同桌打招呼，坚持一周；做到后，再和前后桌主动打招呼，坚持一周；做到后，再和其他同学主动打招呼。

经过一个月的训练，他就能做到和周围的同学主动打招呼，接下来可以训练他的表达能力和其他技巧，同样采用树立小目标的方法。通过一个一个小目标的完成，逐步帮助他建立自信。

善于发现孩子学习之外的优点

案例中的小林，进入高中后学习成绩下滑，学习压力很大，父母如果直接从学习成绩上劝导他，效果不会很好，但如果从其他方面找到他的优点，可能更容易帮他建立自信，减少负面情绪。

比如，小林虽然学习成绩下滑，但是和同学相处得不错，所以小林父亲邀请小林的朋友来家里陪小林一起住，小林的情绪明显好多了，愿意按时完成作业了，游戏时间也减少了。

这个策略在心理学上叫作"打开行李箱"，该理论认为，每个人都有很多优点，只是可能没有被看到。如果父母能先看到孩子的闪光点，孩子就可以通过父母的赞美发现自己的闪光点，从而建立自信，更有勇气面对遇到的困难。

（王进 撰写）

距离遥远，爱不缺位

——建立远距离亲子互动的良性模式

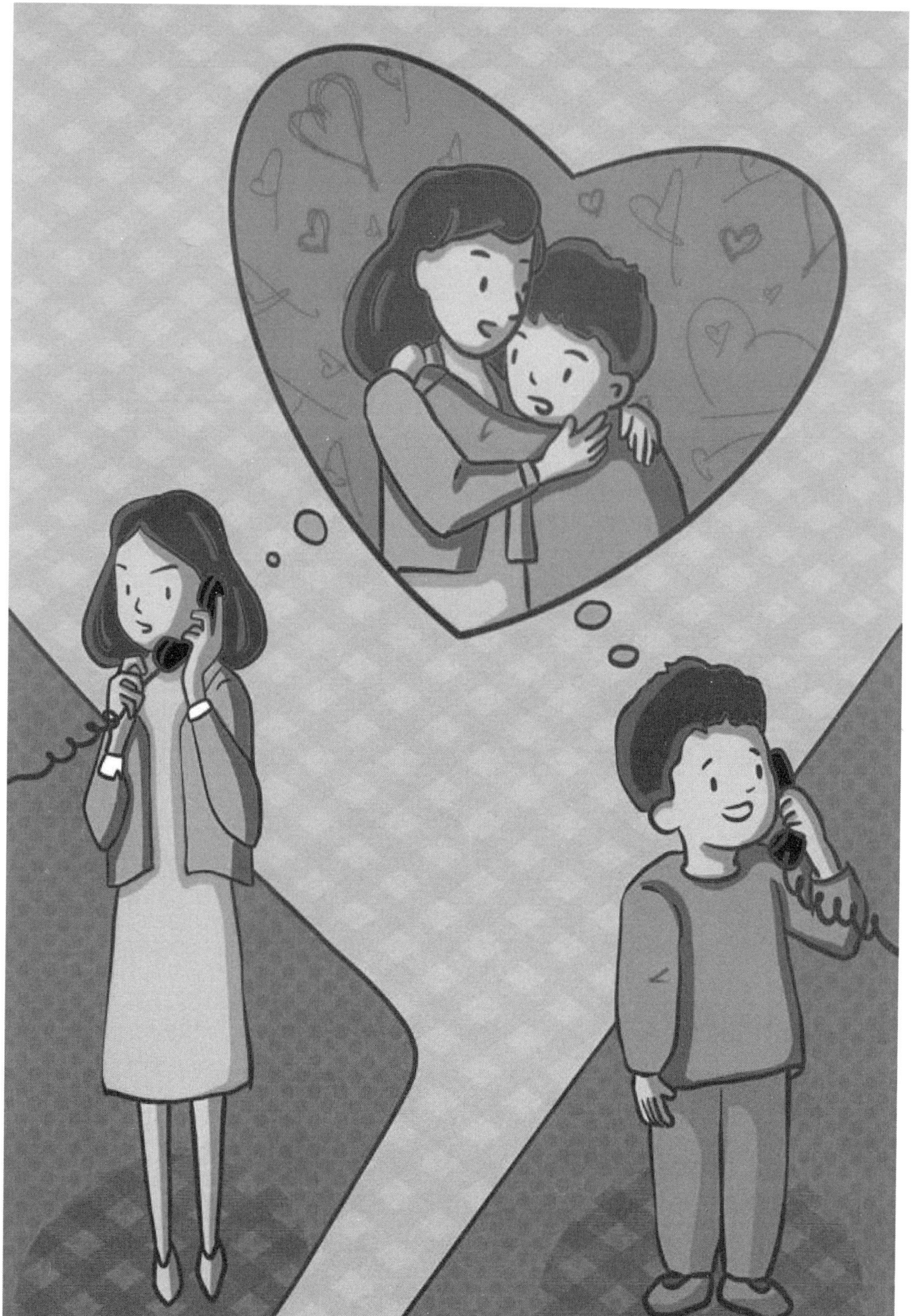

家，是一个人心中最温暖的港湾。但是现在，或因为生活压力，或因为工作，很多家庭选择了一家人分散而居的生活方式——父母离开家乡在外地工作，孩子留在老家，成为"留守儿童""留守学生"。

无论现实经验还是一些科学调查的数据都显示，这些被留在家里的孩子很容易遇到各种各样的成长问题，沉迷网络就是其中很普遍的一个问题。

许多家长面对这样的情况都会觉得既辛酸又无奈，如果可以，哪一位家长不想陪伴自己的孩子成长？但是，如果家长无法实现这样的陪伴，难道只能眼睁睁看着孩子沉迷网络、意志消沉下去吗？广州的张先生最近就遇到了这样的麻烦。

案 例

"你不懂我，凭什么管我"

张先生正忙前忙后照顾生意，突然接到孩子班主任打来的电话，老师告诉张先生，他的儿子最近经常不做作业，上课睡觉，学习成绩明显下降，今天还没有来上课，老师希望张先生能重视孩子的教育问题。

张先生听了又急又气，立即给远在老家的儿子打电话，问他是不是又在玩手机，为什么不去上学。只听儿子在电话里大喊："你就知道说我，怎么不问问老师是怎么对我的！"然后就"砰"地挂了电话。

张先生再打过去，照顾儿子的爷爷奶奶对他说，孩子怎么也不肯接电话了，这段时间孩子总是没日没夜地玩手机，昨天玩到半夜，今早也没起床。

张先生和妻子赶回老家，和孩子平心静气地长谈了一次，孩子才向父母坦言最近因为成绩有波动，老师总针对他、批评他，和同学也闹了矛盾，他现在很讨厌学校。张先生和妻子温言劝说，又和老师沟通了几次，孩子才表示愿意回去上学。孩子返校后，张先生和妻子又和孩子约定好让奶奶管理手机，才放心地回到外地继续工作。

然而好景不长，张先生走后，孩子常把自己关在屋里，依旧沉浸在手机的世界里。张先生和妻子提出让奶奶没收手机，遭到了孩子的极力反抗："你们以前都不管我，现在凭什么管我？"几个月下来，张先生和家人身心俱疲，他们想不通，孩子的问题到底出在哪儿？

案例解读

爱的纽带才是救赎

要理解孩子为什么会沉迷虚幻的网络世界，除了要分析其个人存在的问题，如自控力差、贪图享乐，还需要分析家庭环境的影响。

原因1：分离式家庭缺乏情感支持功能。家庭承载着丰富的社会功能，除了经济生产、抚养和赡养等工具性职能，也包括情感交流、娱乐等非工具性的职能。对一个未成年人来说，家庭承载着他重要的情感需要。张先生和妻子在外地打工，让爷爷奶奶照顾儿子，很好地完成了家庭的经济生产职能和抚养职能。然而，很明显张先生的儿子很难在家庭中体验到与父母的情感交流，很难感受到父母对他的理解和关爱。那一句"怎么不问问……"，除了表达极度的委屈和愤怒，更展示了他内心的空虚和不被理解。

原因2：留守儿童的情感需要很容易被忽视。许多在外地工作的父母因为工作繁忙，很少和孩子在一起，他们关心的通常是孩子有没有缺钱、缺东西，学习如何，这很难满足孩子的情感需要。有些父母认为孩子只要吃饱穿暖，不缺钱花，家里也有人照顾孩子，孩子就会平安长大，这就是没有认识到孩子的情感需求。

原因3：隔代抚养/亲属抚养代沟大，孩子容易陷入负面情绪。祖父母和孩子有巨大的代沟，很多老人不会使用网络设备，这让孩子很难与他们讲述自己的生活。其他亲属抚养则容易让孩子感到寄人篱下。无论哪种情境，都会让孩子陷入一种不安全的、无法掌控的焦虑情绪中。

原因4：因缺乏情感纽带，孩子在遭遇负面情绪或现实挫折时，易沉迷网络。"留守儿童"如果在学校无法获得老师和同学的认可与关注，就很容易通过其他方式去追求刺激、冒险的感觉，来舒缓在现实世界里的不安与空虚。网络世界充满幻想，新奇有趣，且规则明确，很容易让人体验到掌控感与安全感，因此孩子极易沉迷。

了解了孩子的需要，就很好理解"奶奶的管理""没收手机"为什么不起作用了。孩子在网络和游戏中获得了家庭没能给予的快乐，如果家庭不能给予孩子快乐，仅要求孩子改掉坏习惯，多半是徒劳的。

张先生的儿子暴躁地向父母表示"你们凭什么管我"，正说明他还没有与父母建立起亲密的情感交流关系，只能感受到父母对他的要求、对他的不理解，因此他当然无法接受父母的管教。这就像不给饥饿之人食物，还告诫他要遵纪守法一样，必然会遭到强烈反抗。

在生活中，我们会自然而然地用大众看法去评判玩网络游戏的行为，批判性地要求孩子改正，这通常会激起孩子强烈的反抗情绪。其实，如果先分析一下孩子的错误行为是由什么导致的，再有的放矢地想办法解决问题，常常能起到事半功倍的效果。

给家长支招

远距离建立亲密的亲子关系

根据以上分析,与孩子建立亲密的情感交流关系、加强家庭的娱乐功能是至关重要的。但家长该怎么做呢?这就需要家长善于在远距离和孩子建立情感联系。

❀ 学会倾听

建立情感联系的基础要素是尊重和理解,而这些是建立在有效的倾听之上的。当孩子向家长诉说自己生活上的趣事和烦恼时,家长要成为反应式倾听者,而不要总想着指导孩子。

反应式倾听的技巧包括:(1)保持兴趣;(2)简单回应,告诉对方你的注意力在他那里;(3)简单重复对方的话,如"你说你在学校认识了一个新朋友""你是说老师在全班表扬你了吗";(4)简单描述对方的情绪,如"我猜你一定很开心""那真挺遗憾的""看把你给气的";(5)尽量不要在情绪描述后对孩子进行指点,除非他主动问你解决办法。

去倾听而不是去指导,对于青少年而言尤为重要。作为父母,我们很容易不自觉地想用我们的经验帮孩子避免挫折。但当青少年正处于成长叛逆期时,父母的干预和指导会让他们感到自尊心受挫,更不愿意接纳父母的建议,也很容易感到自己无能或不被重视,进而缺乏继续表达的动力,让亲子的情感联系遭到破坏。

其实,青春期的孩子已经有能力承受一些不良情绪了,他们也需要学习被负面情绪推动着解决问题。不断向他人倾诉,也能帮助他们整合思维,找到解决问题的办法。

建立生活关联

距离所带来的亲子情感疏离主要源于生活缺乏交集。这时候就需要家长主动与孩子的生活建立联系，同时教育孩子主动表达。

建立生活联系需要互相了解对方的生活环境和状态。多通过视频聊天，关注孩子在家的变化，也让孩子知道父母的生活现状。

另外要告诉对方，自己生活中的哪些方面可能和对方有关。例如，我们可以告诉孩子："今天我在路上看到一个孩子，和你年龄相仿，让我想起了你""今天我看到一件漂亮衣服，你又长高了吗？我想给你买一件"，等等。

也可以和孩子讲讲自己的见闻、遇到的事。很多父母会认为"孩子还小，什么都不懂"，从而不知道该和孩子说什么。其实，日常的人情世故、家长里短，孩子是完全能够理解的。但是，切忌向孩子抱怨亲近的人，如妈妈向孩子抱怨爸爸，这会让孩子对爸爸产生矛盾的情感，不利于家庭和谐。

同时，将自己的见闻与孩子的见闻关联起来也很重要，如孩子说了一件学校里发生的搞笑的事，你可以接着说："我也遇到了一件很好玩的事……"或者你也可以说："我身边也有这样的人。"

适时恰当地表达爱和关心

理解孩子、建立联系是和孩子进行情感交流的基础，但要想让孩子获得情感满足，还需要父母能适时地表达爱和关心。

在日常生活中，父母需要经常向孩子表达"我想你""我爱你"，这样孩子才能感到自己被关爱。表达爱和关心要选择恰当的时机，当我们为孩子做了一件事时，如买了礼物，就可以告诉他，爸爸妈妈很爱你，愿意为你付出；当孩子情绪沮丧时，我们也可以告诉他，也许爸爸妈妈没办法帮你解决问题，但是我们爱你，会支持你。回家见到孩子的那一刻，给他一个亲密的拥抱，会让他的心理获得很大的安慰。

很多家长虽然对孩子有满满的爱，却习惯以指导、教育的方式表达，如对孩子说"不许熬夜，早点睡觉""好好学习，快去写作业"等。这种表达会让孩子感觉自己和父母只是管理和被管理的关系，难以体会到关心和爱。如果确实需要指导孩子做一些事，可以先表达自己的情绪和感受，再提出想法，如对于孩子熬夜的问题，你可以这样说："你这样熬夜我会很担心，我希望我不在家时，你能照顾好自己，早点睡觉。"

此外，在远方的父母还要注重仪式感。每逢孩子的生日及过年过节，都要和孩子联系，并为孩子准备礼物或表达思念。父母在过生日时，也要鼓励孩子为父母尽孝心。这不是无聊的繁文缛节，而是为情感表达创造合适的机会，是建立心理联系的重要方式。

（汪娜 撰写）

用心交流，用爱沟通

——如何进行有效的亲子沟通

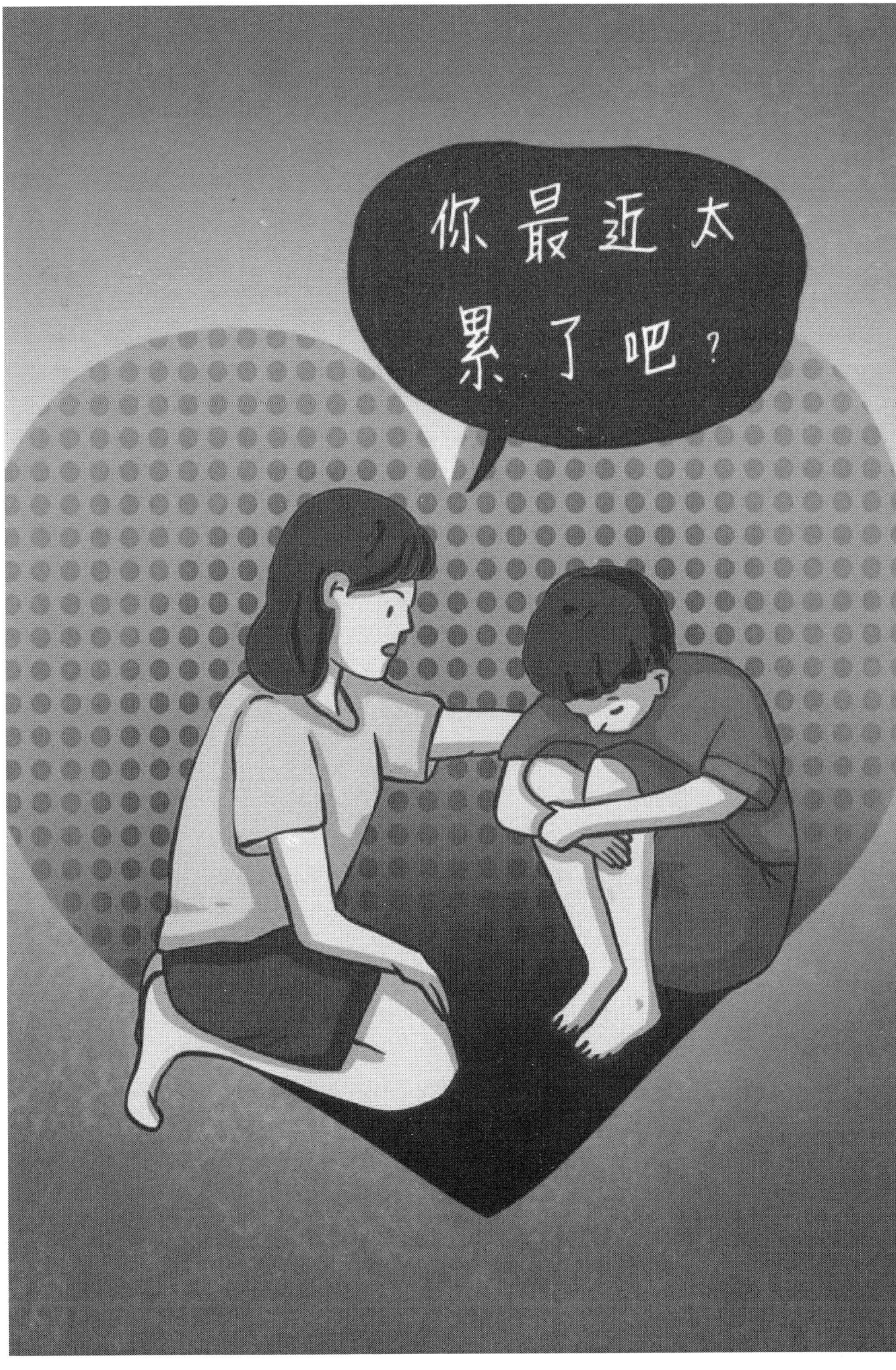
你最近太累了吧？

交流，应该是我们日常生活中最简单、最普通的活动之一了。工作需要和别人交流，买菜需要和别人交流，哪怕没有什么具体的事，见到老邻居、老朋友聊聊天，也是交流。

在社会中，我们需要和其他人沟通交流，在家庭中更是如此。父母和孩子能通过沟通更加了解彼此，增进双方的感情。但与此同时，也有很多家长发现，自己和孩子之间的交流越来越少，沟通的质量也越来越差。家长想和孩子认真地谈谈心，孩子似乎不怎么领情，甚至拒绝沟通。这到底是怎么回事儿呢？我们又该怎么办呢？

── 案 例 ──

和孩子之间那堵无形的"墙"

最近黄先生和儿子的关系仿佛陷入了一种恶性循环。黄先生一直以工作为重，除了偶尔问问孩子的学习成绩，两个人平时很少说话。直到前一阵妻子向他抱怨孩子除了玩手机什么都不干，他才发现儿子沉迷游戏的情况已经很严重了。和儿子关系本来就疏远的黄先生不知道该用什么方法和孩子沟通这件事，总是一聊就吵架，一吵架黄先生就动手，还没收过好几部手机。结果这种沟通不但没有达到管教儿子的效果，他和孩子间的关系也变得更差了。现在孩子看他不顺眼，甚至不愿意和他一起吃饭，只有在给零花钱时才会和他说话。黄先生很难过，觉得自己没有得到儿子的理解。

曾女士最近也在为孩子的事情头疼。由于夫妻双方工作都很忙，他们就把17岁的孩子送进了寄宿学校。孩子手里有一部手机，和曾女士的手机相绑定，最近她的手机频繁收到某游戏平台的提醒消息，曾女士才知道孩子玩游戏的情况已经很严重了。但自己每次给孩子打电话，孩子总是很不耐烦，有时甚至还不承认自己在玩游戏。有一天，曾女士又因为玩游戏的事情打电话批评孩子，却得到了孩子这样的回答："你总是打电话来数落我，却从来没有关心过我上了一天课累不累，每天过得好不好。"这让曾女士很受触动，她开始反思自己和孩子之间的交流是不是出了什么问题。

案例解读

沟通不是用嘴说话，而是用心交流

在这两个案例中，我们能够看到，因为亲子之间无法很好地进行沟通与交流，家长虽然发现了孩子有网络使用过度的情况，却没有任何办法去解决这个问题。我们在前面的章节里讲过，青少年正处在由孩子转变成大人的重要时期，这时他们开始有了自己的主见，非常期望能够摆脱父母对自己的管教，按照自己的方式来做事。因此当我们和青春期的孩子进行沟通时需要特别留意沟通的方式和方法。什么叫作"沟通"呢？很多家长会认为，和孩子说话就是在沟通。

心理学家认为，人与人之间沟通的主要目的有两个：交流信息和增进感情。通过和邻居聊天知道了小区东边开了个新市场，叫作交流信息；而和朋友聊聊生活里的烦心事，则叫作增进感情。从这两个功能里，我们就能看到，沟通是需要和他人有交流的，你一言我一语地说话才叫沟通。因此，在和孩子交流的时候，如果家长只是一味地把自己的想法灌输给孩子，这不能叫作沟通。家长除了表达自己的看法，也能够倾听和理解孩子的想法，这才是真正的沟通。

美国家庭治疗师维琴尼亚·萨提亚（Virginia Satir）提出，在人与人

沟通的过程中，一共包含三个因素，"我""对方"和"情境"。在沟通过程中，只有"我"考虑到"对方"和"情境"，找到适合"我""对方"和"情境"的沟通方式，才能叫作好的沟通。

下面就来介绍一下，什么是"我""对方"和"情境"。"我"自然不用说，指的就是家长自己。在和孩子沟通的过程中，这个"对方"则指的是孩子。因为每个人的性格、脾气都不一样，因此每个人都有一套和他人沟通的方式，例如，有的孩子内向、不爱说话，有的孩子自尊心强，有的孩子说话直来直去。作为家长，应该考虑到孩子的脾气和性格，找到适合孩子的沟通方式。此外，孩子的生活背景、以往的生活经历、青春期的心理特点等，都是家长在和孩子沟通时需要考虑的。

有些家长总是打着"我是为你好"的幌子，给孩子强加很多家长的想法，却不关心孩子想要做什么。这就属于在沟通的时候只想到了"我"——我需要做这些我觉得对的事情，却没有考虑到"对方"——这种做法孩子是否能够接受，这样的沟通就不会有效果。案例中的黄先生采用强势的态度与青春期的孩子沟通，就是不合适的。而有些家长在沟通的时候虽然让孩子表达自己的想法，却听不进去，甚至打断或无视孩子的话，这其实也属于没有为"对方"考虑的做法。只有真正倾听孩子的心声、了解孩子的想法、从孩子的角度考虑问题，才是考虑了"对方"的沟通，也才能达到比较好的沟通效果。

第三个因素"情境"指的则是"我"和"对方"以外的其他因素，如家长和孩子之间的关系、沟通时的气氛、环境等。曾女士和儿子因为游戏的事情打电话沟通是没有问题的，但考虑到这种沟通所处的"情境"是母子二人已经很长时间没有见面，那么这样的沟通就是不合适的。

总体来说，在适当的"情境"下，采用适合"对方"的方式进行沟通，才是好的沟通。有了好的沟通，才能把自己的想法顺畅地传递给孩子，也能够更好地明白孩子的想法，然后才能够和孩子一起解决沉迷网络游戏的问题。

给家长支招

掌握沟通技巧，打破沟通障碍

❀ 以尊重孩子为基础，平等沟通

上文我们讲到，在沟通的时候考虑"对方"的想法和态度，是良好沟通的基础。然而"我是你的爹妈，你就得听我的"是很多家长都有的一种想法。因此，很多家长会采用比较极端的方式，如指责、暴力等，来试图纠正孩子的不良行为。但青春期的孩子独立意识越来越强，他们希望自己能够像成人一样被尊重，这种粗暴的教育方式反而可能引起他们的逆反心理，让问题变得更加严重。因此当家长朋友们发现孩子出现了沉迷游戏的现象时，一定要切记，在沟通的时候要以尊重孩子为基础，从平等的角度出发，和孩子一起商讨问题的解决办法，不要因为一时冲动就采取一些简单粗暴的方法来教育孩子。

❀ 倾听孩子的心声，注重情感交流

在和孩子进行交流沟通时，很多家长都很喜欢说一句话："难受有什么用，重要的是把问题解决好！"这句话如果放在工作的单位、公司里是没有错的，但我们面对的是家庭中与孩子之间的沟通。在和孩子进行交流的时候，除了要解决一些具体的问题，更重要的是通过交流增强亲子间的信任。因此，父母在和孩子沟通时，"解决问题"是次要目的，"接受孩子的感受"才是首要目的。

例如，黄女士就因为过于注重"解决问题"，而忘记了与亲人沟通的最重要目的——增进情感。因此正确的沟通方式应该如下。

先倾听，给孩子足够多的说话机会，让沟通成为"你一言我一语"的过程。在倾听的过程中，抓住孩子的主要感受，比如"我很疲惫，什么都不想干""学习压力好大"。然后采用重复或反问的方式，确认你是否理解了孩子的感受，比如"嗯，你最近太累了是吧？""我明白，你这学期学习压力确实变大了"，或者就通过简单的"嗯""哦"来回应孩子，让他感受到父母对他的关心与接纳。

善用"非语言沟通"

心理学家发现，在人们进行日常沟通的时候，语言所传递的信息其实只占总信息量的一部分，大部分信息是通过语言之外的方式传递出去的，这些方式就被称为"非语言沟通"。像我们日常说话时的语气、语调、眼神、身体姿态等都被称为"非语言沟通"。在和孩子进行沟通交流时，我们可以通过使用"非语言沟通"的方式来拉进亲子间的距离，提升沟通效率。比如在语气、语调上尽量柔和，语速不要太快；多给孩子一些肯定的眼神；身体姿势尽量放松，不要采用弯腰并用手指直指孩子这种让孩子感到有压力的姿势；还可以在适当的时候多和孩子进行亲密接触，如轻拍肩膀、拥抱等。

使用开放式提问，给孩子选择空间

什么是开放式提问呢？就是那些没有任何预设答案的提问方式，比如"今天晚上吃什么""您对我们的服务有什么意见"等等。

当我们采用了"非语言沟通"，并理解了孩子的感受之后，就要通过沟通解决孩子遇到的问题了。在这个阶段，家长先不要为孩子定具体的规矩或办法，而是先通过开放式提问征求孩子的意见。比如，在和孩子商讨如何减少游戏时间的时候，可以这么问："你看，现在玩游戏已经影响到学习成绩了，该怎么办呢？"然后帮助、引导他找到适合自己的方法。在这个过程中，家长要做的仅仅是提供建议，而不是下命令。开放式提问一方面能让孩子感受到被尊重；另一方面，因为问题的解决方法是由孩子自己提出来的，孩子执行起来的可能性和积极性也会更高。

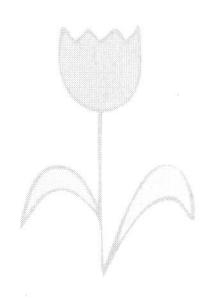

（徐玮　撰写）

> 知识扩展

非语言沟通

一直以来，人们都认为，人与人之间的沟通主要依赖语言。但心理学家发现，除了语言，非语言的沟通方式在沟通中也具有重要的作用。

非语言沟通是指利用动作、表情、实物和环境等来进行的人际沟通。它能够补充、调整、强调、甚至替代人们在沟通中所使用的语言。良好的非语言沟通可以提升沟通效率，增强沟通效果。例如，服务员在为顾客服务时，不仅要使用规范、礼貌的语言，还要面带微笑，并适时地向顾客鞠躬示意。

非语言沟通一般分为无声的非语言沟通和有声的非语言沟通。无声的非语言沟通包括面部表情和肢体语言。面部表情能够让对方感受到你的情绪状态。在各种面部表情中，目光接触的使用最为广泛，温柔的眼神能够让人感到真诚与热情，而目光闪躲则可能代表逃避或另有隐情。此外，肢体语言也能表达很多语言之外的信息。如眉毛上扬代表怀疑、双手交叉于胸前代表抗拒等。

有声的非语言沟通则包括音调、音量、语速、节奏等。例如，人们在说谎时总会不自觉地提高音调，说话速度快则可能代表着兴奋的情绪或较强的表现力。

网游"填补"不完整的心

——家庭不完整所带来的网络过度使用问题

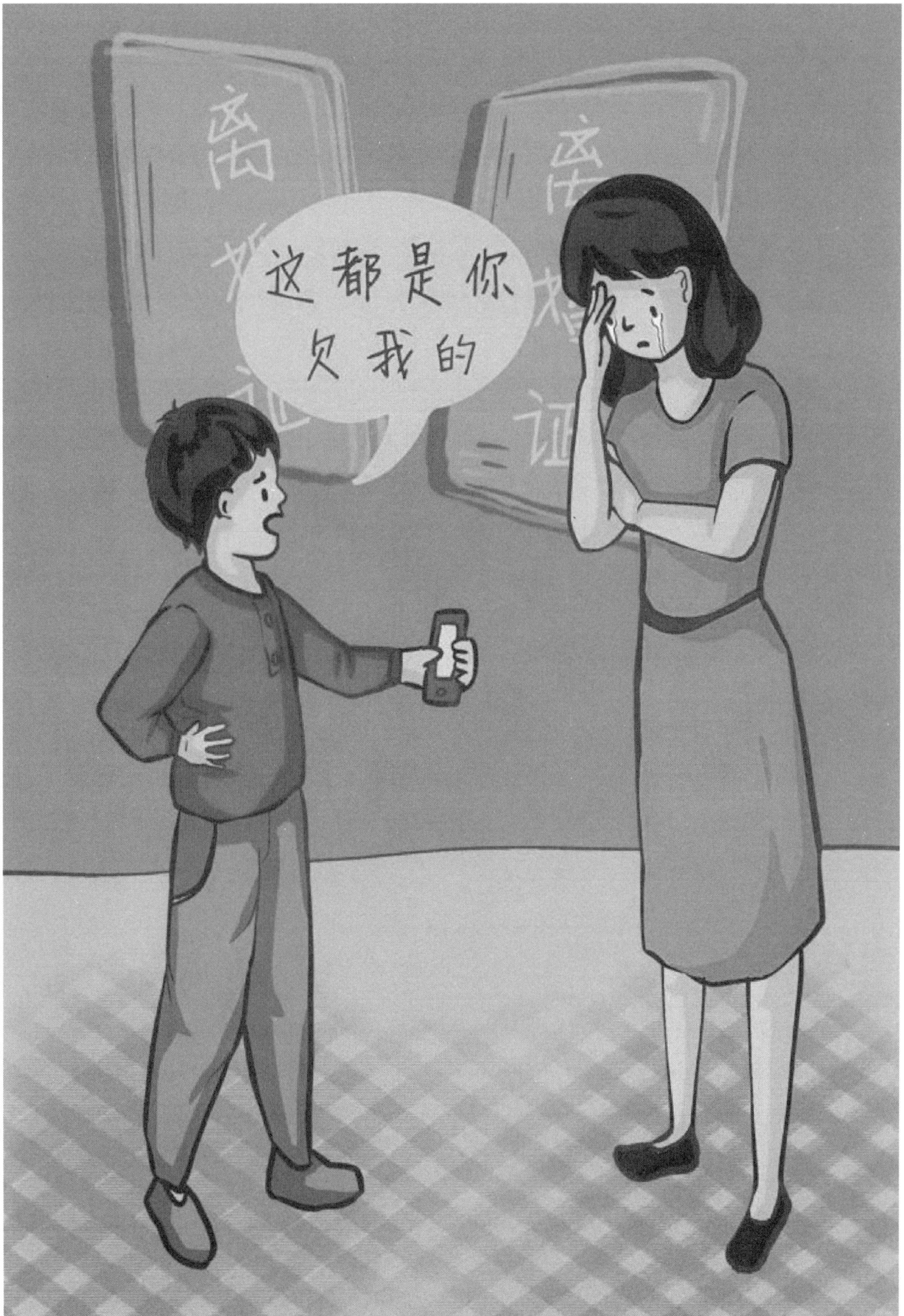
这都是你欠我的

人生在世，有 1/3 以上的时间是在家庭中与亲人共同度过的。家庭健全，对孩子的身心发展至关重要，这是心理学、教育学、社会学研究得出的共识。但在现实中，有这样一群孩子，他们由于父母离婚、分居或其中一方的死亡，而变成了单亲家庭中的一员。

近些年，我国单亲家庭以每年 50 万～60 万个的速度增加。虽然单亲家庭孩子的心理健康状况不及双亲家庭，但也有许多单亲子女由于家庭条件不太优越，在成长过程中培养了良好韧性与耐力，适应能力反而更强。

单亲家庭的家长十分不易，除了要承担现实生活中的压力，还要承受周围人异样的目光。

家庭的不完整，还给孩子带来了内心的空缺。单亲家庭的氛围有时也会让孩子产生"我不如别人"的想法，这种想法让孩子不敢自信地大笑，不敢勇往直前。他们还会对自己家庭的真实状况遮遮掩掩，生怕被别人发现自己家庭的"缺陷"。

此外，当孩子感觉为家庭帮不上忙，又怀疑是自己导致了父母的离婚时，他们的内心会越发苦闷，如果这个时候家长指责孩子不努力学习，他们可能就直接躲进网络游戏的世界了。这也是很多单亲家庭的孩子沉迷网游无法自拔的原因之一。

—— 案 例 ——

"这都是你欠我的"

晓晓今年 12 岁了，读初一的她本该在学校学习，现在却待在家里哪都不去，只是玩手机。更出格的是，最近一个月，她往手机游戏里充值了近5000元。

妈妈很愤怒，但又觉得对孩子心存愧疚。因为在晓晓四年级的时候，她和丈夫离婚了。因为自己没有收入来源，离异后晓晓一直跟着父亲生活，但父亲不怎么管孩子，发现问题就直接打骂孩子，后来很长一段时间，孩子只能跟着辅导班老师一起生活。

后来妈妈开了一个小餐馆维持生计，近一年来，晓晓回到了母亲身边生活。

父母离异以前，晓晓非常依赖母亲，但自从父母离异后，她变得不爱跟母亲交流、不爱读书，每天在家玩手机游戏，甚至偷刷母亲的银行卡给游戏充值。

"妈妈所做的一切都是为了你，可是你……"

"这都是你欠我的。"

这是家庭里对话的常态，每到这里，妈妈都不禁泪如雨下。

其实妈妈总觉得自己对于孩子是有亏欠的，所以在接来的这一年，她大部分时候会顺着孩子，孩子的需求也会一一满足，即使餐馆再忙碌，也不会让孩子做任何家务事。之前，妈妈对晓晓玩手机也是睁一只眼闭一只眼，后来妈妈发现晓晓经常凌晨一两点睡觉，一直在看小说和玩游戏，导致第二天根本起不来床，因此最近一个月基本没去学校。晓晓也在无意中说过，自己家的情况不好，让她不好意思再见同学了。

> 案例解读

这个家只有网络游戏懂我

无论哪一种形式的单亲家庭，都或多或少会给未成年孩子的身心健康带来一定影响，同时也给独自带孩子的父亲或母亲带来很大的压力。正如列夫·托尔斯泰在他的著作《安娜·卡列尼娜》的开篇所讲的："幸福的家庭都是相似的，不幸的家庭各有各的不幸。"晓晓的家庭是许多单亲家庭的一个缩影。

单亲家庭的孩子容易有以下想法。

"我是自卑的"

"我讨厌爸妈离婚，他们不离婚我就不会在别人面前抬不起头了。""自从他们离婚，我妈走了之后，我就经常被人欺负，别人说我是个没妈的孩子。每当这个时候，我真想打人，但是我又打不过他们……"

爸爸或妈妈的缺席，往往会让孩子产生"我不如别人"的想法。这种想法的产生是由于孩子的自卑心理，这种自卑心理会使孩子觉得自己哪都不如别人。即使现实中的同学、老师并没有瞧不起孩子，孩子也会自认为别人都瞧不起自己。如果现实中真的有同学歧视、侮辱孩子，那就会加深孩子的这一想法，但又不得不压抑自己的愤怒和委屈。这很可能导致孩子缺乏自信，性格孤僻，不愿与人交往。

"他们肯定不爱我了"

父母离婚，包括离婚之前的争吵，会让孩子很困惑。

研究发现，儿童常倾向于把事情的原因，本能地归结到自己身上。比如爸妈关系好，肯定是因为自己很可爱；小伙伴哭了，即使跟自己没有关系，他也会想"会不会是我弄的"；父母争吵甚至离婚，肯定是因为自己不可爱了，是自己导致了父母离婚。

这种想法，会让孩子很自责又很愤怒。他会想："我到底做了什么，把你们给拆散了？""我是个坏孩子。"

这个时候的孩子十分需要来自长辈的安慰，如"这与你无关，爸妈还是爱你的"。但现实中，很少有父母会在婚姻破裂的时候考虑到孩子的心理需求。

如果在离异后的家庭中，父亲、母亲，或者继父、继母忽视孩子，甚至虐待孩子，那么就会加深孩子的这种想法。

"只有游戏能懂我"

网络游戏有三个特点，匿名、便捷和虚幻。而这三个特点恰恰是单亲家庭孩子的"救命稻草"。

在网络游戏里，孩子可以不用以真名出现，可以用虚拟的身份"为所欲为"，一下子就摆脱了现实中的烦恼。随着科技的进步，手机操作越来越方便，也让孩子能随时随地进入这样一个"温柔乡"。孩子在这个世界里的行为，不会或者很少受到限制。"打打杀杀"都是被允许甚至被鼓励的，孩子可以发泄现实中不能表达的情绪。可以说，在整个家里，只有游戏才能使孩子忘记现实的烦忧。

给家长支招

亲子关系是条救命绳

当孩子陷进游戏的沼泽中时,好的亲子关系就像一条坚固的绳索,能把孩子从里面拉出来。单亲家庭的父母时间、精力有限,可能没有那么多的心思去考虑孩子的心理诉求,下面就是我们给这类父母提供的一些可用的解决方案。

❀ 彼此倾听

研究发现,大部分孩子都不知道自己父母离异的真正原因。这个时候,父母首先要做的,就是客观地告知孩子,究竟发生了什么。因为隐瞒真相不但不能保护孩子,还会让孩子感觉自己是"外人",不被家庭所接受。

父母可以选择孩子心情放松的时候,抽出一小时,客观地向孩子诉说离婚前后究竟发生了什么。

表达时要注意以下两点:

(1)避免情绪化。

(2)强调父母离婚不是孩子的错。

父母表达完后,要让孩子表达,倾听孩子在父母离婚的过程中,内心经历了什么。切记,在孩子表达的时候,家长无论如何都不要打断,并且要表示理解。只有这样,孩子才会觉得家长真的在倾听自己,并且理解自己。

如果家长觉得在这个过程中存在困难,也可以寻求心理咨询师的帮助。有他们在场,沟通会变得更高效。

❀ 增加与孩子接触的机会

建议家长多与孩子互动。比如共同做家务、共同购买物品、共同旅行、共同讨论时事等。总之，找机会与孩子一起做事。虽然孩子一开始对家长提出的建议不会很有热情，但只要孩子愿意和家长在一起，久而久之就会有利于增进亲子关系和加强亲子之间的沟通。

❀ 了解孩子的现状

当沟通和互动多起来以后，多去了解孩子的现状，包括玩的游戏、要好的伙伴等。甚至可以试着玩一下孩子喜欢的游戏。这一举动，并不是为了去批评和控制孩子，而是为了进一步了解孩子。

如果孩子封闭自己较久，家长可以真诚地对孩子说："孩子，我过去太不了解你了，我知道你并不是我想的那个样子，我很想了解你，也知道你很需要帮助，你可以告诉我一些你的情况吗？"

想要改变孩子，首先要做的就是了解孩子，而不是批评、指责孩子。

❀ 与孩子商量玩游戏的时间

研究发现，当孩子与父母的关系有所缓和后，玩游戏的时间自然就会减少。因为很多时候，游戏只是现实中亲子关系的一种替代品。当亲子关系缓和后，家长可以顺势而为，与孩子商量玩游戏的时间，而不是自己决定。

你们需要商量好平时玩游戏的时间，周末玩游戏的时间，以及奖励和惩罚措施。这些要求越具体，可操作性越强，最后的效果就会越好。

（孟祥寒 撰写）

家庭有效环境：孩子成长的保护伞

——建立家庭有效环境的方法和措施

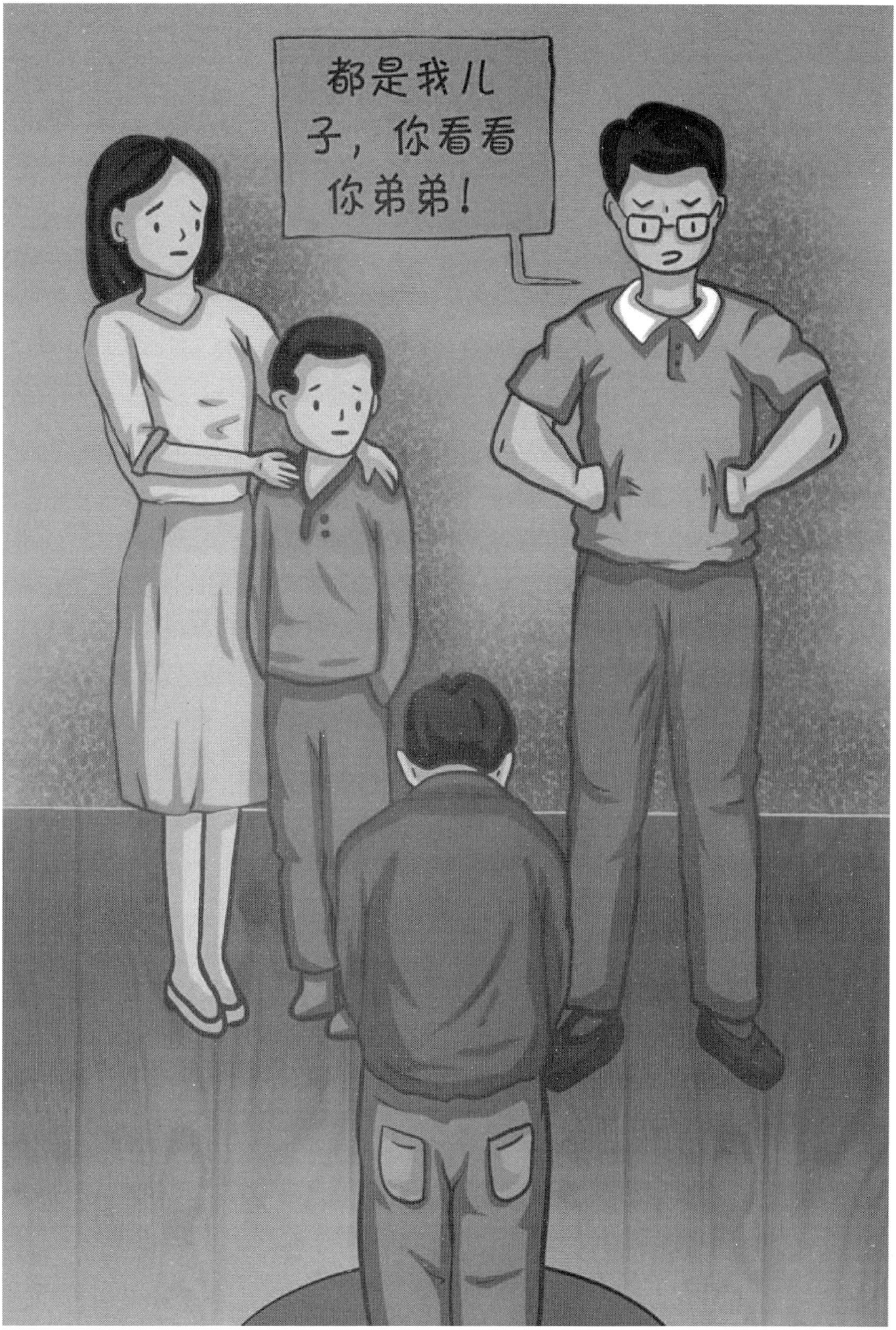
都是我儿子，你看看你弟弟！

有这样一句话，人生不过是离家、回家的过程。

家，对每个孩子来说都是最重要的，很多人终其一生，都只是想获得父母的认可，听父母说一句："你已经做得很棒了！"

欣赏孩子的父母及其营造出的家庭有效环境，可以帮助孩子更好地成长。

可是在现实生活中，很多家庭环境对孩子来说都是无效的，父母对孩子的忽视、否定和责罚，造就了父母眼中"一无是处"的孩子。

让我们先看一下下面的案例。

案 例

"爸妈，我在你们眼里是否一无是处？"

小林是一个12岁的男孩，性格内向，学习成绩一般，不喜欢和父母沟通，也不怎么与人交往，就喜欢待在无人注意的角落里，曾经有过拿零食和钱讨好别人的行为。他有个比他小两岁的弟弟，弟弟与他性格完全相反，弟弟成绩比较好，性格开朗，敢于表达自己的见解。小林和弟弟的关系很好，平时一起上下学，一起洗澡，和弟弟在一起时小林也会更开心。

小林的父母都是公务员，在物质上不会委屈孩子，甚至比较溺爱，但前提是学习成绩必须好。他们从小就给小林和弟弟报各种培训班，结果弟弟学习成绩很好，小林却成绩一般。因此，从小到大，小林经常被父母打骂，小林喜欢的其他事情，如唱歌、游戏等，也得不到父母的支持，父母总是批评他不务正业。父亲甚至会当着弟弟的面大声批评小林，拿他和弟弟做比较。小林的父亲常说："都是我的儿子，你看看你弟弟……"

小时候被父母批评时，小林大多时候不吭声，最近一两年，他开始顶嘴，甚至用行为去反抗父母。父母越让他学习，他就越不学习，每天都在玩手机。父亲没收他的手机，他就生气地推搡妈妈。有一次，小林偷拿家里的钱去买手机，还给游戏充值了1万多元。父母觉得小林的行为属于偷窃，如果放任下去，将来很可能会危害社会，所以想带小林去看心理医生。

案例解读

小林处于"家庭无效环境"中

在家庭无效环境中，对于孩子的想法或情感，父母通常采取忽视、否定或责罚的反应。家庭无效环境会给孩子带来一系列的消极影响。让我们回到小林的案例中，看一看小林的家庭环境中有哪些需要改变的地方。

首先，小林的父母会忽视和否定他的兴趣爱好。小林很喜欢唱歌和游戏，但是父母不支持他，认为这是不务正业。可以想象当小林的爱好不被父母支持时，他那种挫败的心情，这或许是他不喜欢和父母沟通的原因之一。

其次，父母会在身体上惩罚小林，会因为成绩不好而打骂他，也会在心理上惩罚他，即拿小林和弟弟对比，当着弟弟的面打骂小林。这些惩罚行为的反复发生，会激起孩子的羞耻感，产生"我什么事情都做不好，做什么事情都比不上别人"的想法。

如果小林能"知耻而后勇"，从此努力学习，可能会因为遭受耻辱而提高学习成绩；但如果小林从此自暴自弃，一蹶不振，则会造成一系列问题。即使是第一种结果，小林通过努力取得了好成绩，也会因为自尊感较低，或者担心下一次考不好，而无法享受好成绩带来的喜悦感。

再次，孩子的发展应该是各项能力的全面发展，学习成绩只是衡量因素之一。但小林的父母却把对小林物质条件的满足建立在学习成绩好的前提下，片面地强调学习成绩的重要性，忽视和否定小林的其他兴趣爱好。这样很容易引发小林的厌学情绪，认为自己是在给父母学习，从而失去学习的兴趣和动力。

最后，小林的父母可能不是对孩子情绪敏感的父母。案例中对小林性格的描述是，性格内向、不喜欢和父母沟通、不怎么与人交往，喜欢待在无人注意的角落里的孩子。表面看起来，小林不喜欢和人交往是性格使然，但案例中提到小林曾经拿零食和钱讨好别人，这种讨好行为意味着小林其实很想和大家一起玩，很想融入集体。而且，即使被父母拿来比较，小林还是喜欢和弟弟一起玩耍、上学，由此也可以看出小林很渴望与他人交往。如果小林的父母可以觉察到孩子在人际交往上的困难，及时给予他帮助，或许小林的性格就会大不一样。

综上所述，小林的确生活在家庭无效环境中，而且出现了一些心理、行为方面的问题，如对学习没有兴趣、自我封闭、网络使用过度、偷拿家里的钱、推搡母亲等，这些问题是一个信号，提示小林的父母，需要在养育方式上做出一些改变。

给家长支招

帮助孩子培养自信，回归现实生活

案例中小林的父母，在小林"偷"钱买手机、给游戏充值后，终于意识到问题的严重性，决定求助心理医生，这就迈出了非常重要的一步。如果父母能和小林一起参加家庭咨询，共同改变，相信会有更好的效果。如果我是小林和小林父母的咨询师，可能会给他们以下建议。

❀ 处理好小林学习成绩与兴趣爱好的关系

过于重视学习成绩，忽略孩子在其他方面的发展，是很多中国父母在教育孩子的过程中遇到的共性问题。诚然，学习成绩是非常重要的，获取生存技能，考上好的大学，是许多望子成龙、望女成凤父母的共同心愿。可更好的方式是，允许孩子有学习以外的兴趣爱好，并引导他们正确处理学习和业余爱好的关系。

心理学中有一条原理，叫作普雷马克原理，也被称为祖母原则。简单来说就是，如果有一件你喜欢的事情等着你去做，你就会很快完成另一件自己不喜欢的事情。案例中，小林的兴趣爱好是唱歌和游戏，小林的父母不一定要把唱歌、游戏和学习对立起来，可以响应甚至鼓励小林的爱好，但是要设置一个前提，那就是努力完成学习任务。只要能学会、学好，就可以去发展兴趣爱好。

这样做的好处是，一方面父母理解了小林对唱歌、游戏的喜爱之情，还可以将其作为孩子努力学习的一种奖励，让孩子的学习更有动力；另一方面让小林意识到学习成绩虽然很重要，但不是生活的全部，他可以更全面地发展自己。

❀ 以鼓励代替惩罚，培养孩子的自信心

案例中小林父母教育小林的主要手段是打骂、批评并和优秀的弟弟做比较，让小林意识到自己的不足，从而更加努力。这样的教育方式，出发点可能是好的。但孩子未必能理解父母的良苦用心，反而容易误解父母—

——"父母不喜欢我""父母只喜欢弟弟",并由此产生"我什么都做不好"的消极心态。

如果小林产生了这样的想法和感受,就意味着父母的惩罚手段是无效的,甚至起了反作用。这时不如在教育方式上做一点改变,采用理解和鼓励的方式教育孩子。当孩子考试成绩不理想,或者某件事情做得不好的时候,他自己本身会既生气又害怕,生气是因为自己做得不够好,害怕则来源于不希望看到父母失望的眼神。

因此,父母在和孩子讨论改进措施之前,可以先花一点时间去理解和安抚孩子的情绪,之后再一起讨论改进的方法,借此逐步培养他的自信心。

引导小林多参与现实中的人际交往活动

案例中小林的表面问题是沉迷游戏,而问题背后的真实原因却是现实生活中父母对自己的打骂和不认可,自身对人际交往的恐惧等。小林父母除了应自省打骂的教育方式,也应该重视小林的人际交往问题。父母可以给小林提供一些人际交往上的指导,帮助他改善现实中的人际关系,将小林的注意力从游戏世界拉回现实世界。

(王进 撰写)

知识扩展

家庭无效环境

家庭无效环境，由林内翰（Linehan M.M）于 1993 年首次提出，指父母对儿童个体体验的表达，做出不恰当的和极端的反应，儿童对自己情绪体验的表达，被父母忽视、否定。家庭无效环境意味着儿童和养育者之间的关系很差，儿童情绪表达受到父母的阻碍。

家庭无效环境包括三个要素：

（1）儿童的主要照料者，通常是父母，对儿童的一系列表达的反应；

（2）儿童个人体验的表达，包括儿童的情绪、需求、感觉、知觉的表达，最主要的是个人情绪体验的表达；

（3）照料者的无效反应。通常是父母对儿童个人体验的审判性反应，即不尊重、批评、惩罚或轻视。出现无效反应的父母，通常自身的情绪功能较差，如父母本身处于焦虑情绪中，或父母情绪敏感性较低，便无法觉察儿童的需要。

家庭无效环境会给儿童的成长带来一系列消极的影响，如个体不能准确识别、理解和表达自己的情绪，不相信自己的情绪体验，对消极情绪更加敏感；还会使个体的自尊感减少，使个体的自尊过分依赖他人评价，以及产生一系列心理行为障碍，如个体自伤、边缘型人格障碍、儿童孤独症、多动症，甚至还与精神分裂症存在高度相关性。

"成"也亲子关系,"败"也亲子关系

——从父母那里得不到的爱,就去网络中寻找

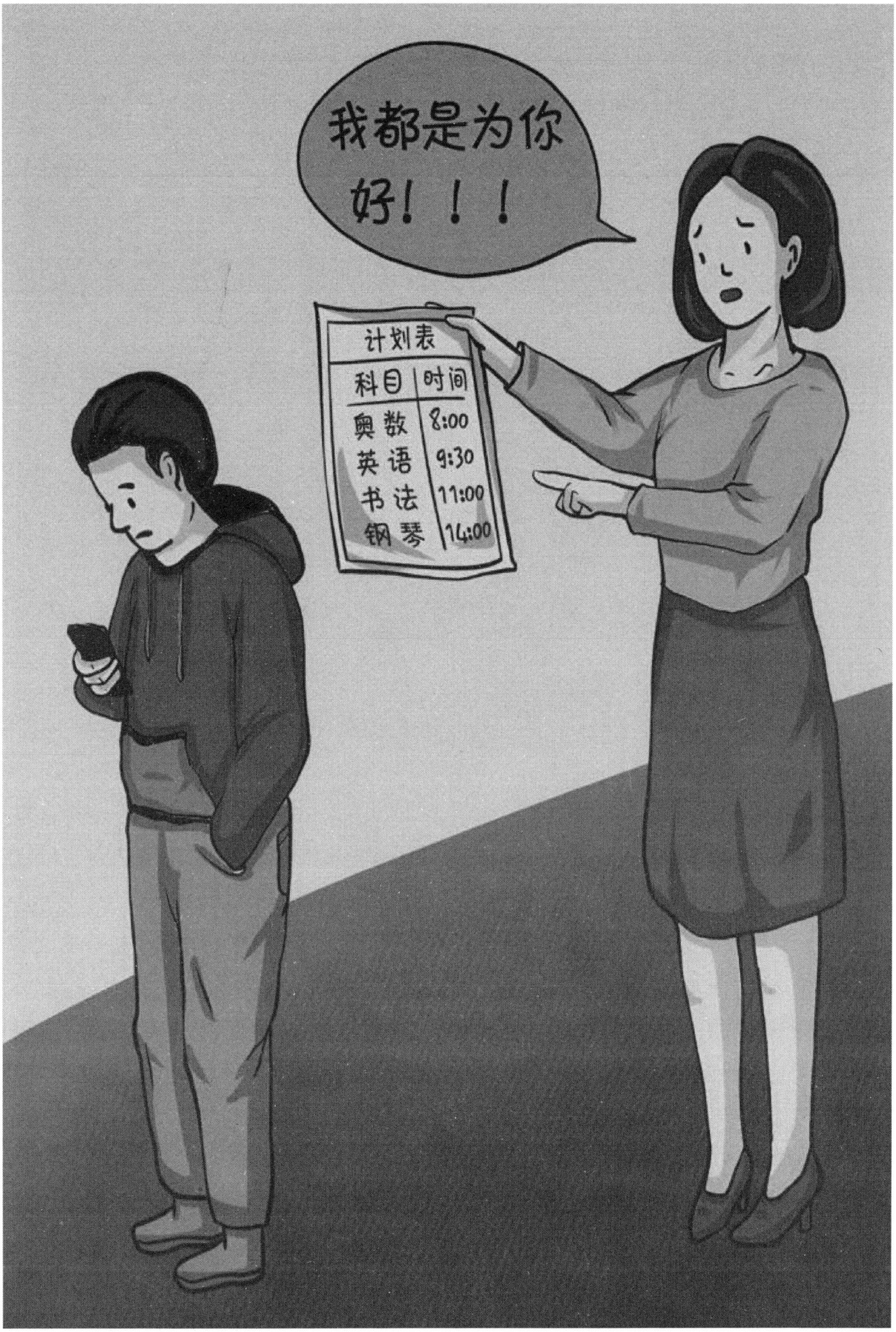
我都是为你好！！！
计划表
科目 时间
奥数 8:00
英语 9:30
书法 11:00
钢琴 14:00

良好的亲子关系，是我们每个人得以成长和发展的根本力量，对于孩子日后的人格塑造和社会适应，都有着重要的作用。在好的亲子关系中，孩子是被滋养、被爱、被认可、被鼓励、被欣赏、被信任的，孩子的成长需要得到了满足，无须在网络中寻求慰藉。反之，亲子关系不好或缺失，则会使孩子从小就处于发展的劣势。

当无法从亲子关系中获得最基本的情感需要时，有一些孩子就选择逃进网络世界，在那里他们无须面对来自父母的控制和指责，网络世界里有来自游戏的奖励和肯定，有来自游戏伙伴的陪伴、鼓励和支持。网络世界比现实世界更了解孩子的需要。可谓"成"也亲子关系，"败"也亲子关系。

案 例

我以自己的方式爱着孩子

王女士情绪低落、一筹莫展地走进咨询室。她经常被14岁儿子小新的班主任找，班主任说小新上课不专心、经常不交作业、早上迟到较多、不爱与人交往、上课和课间常常睡觉。虽然学校每天会收手机，到放学才还给学生，但是小新有时候会以有急事儿要找家长这类借口向老师要回手机，目的就是玩游戏。在家的绝大部分时间，他都躲在房间里面玩游戏，很多时候到后半夜还有游戏的声音。在玩游戏的时候，为了不让父母的电话"打扰"到自己，他甚至会拉黑父母的电话号码，在游戏结束后再从黑名单中放出来。父母不敢说，也不敢问，说轻了，小新根本不理会，说重了，他就和父母大吵一架，要么就离家出走。父母现在实在不知道该怎么办了，这样下去孩子就毁了。

说起孩子为什么变成现在这样，王女士也很困惑。王女士本以为自己给孩子规划了一条捷径，从小培养孩子的一些能力，以后上学就能保持优势，未来可以有好的前途。孩子在4岁时就开始上英语班、游泳班，后来又先后上了奥数班、钢琴班、围棋班等课外班。孩子小时候性格活泼，也很乖巧听话，五年级以前一直都按父母的安排去上课和练习。然而从小学五年级开始，小新变得拖拉，有时候因为去上课的事折腾半天。从那个时候开始，小新变得爱玩手机游戏了。小学六年级，他退掉了大部分课外班，只剩英语班和奥数班。小新的脾气开始变得急躁，常常和家长争吵，上初中后更是变本加厉，成绩下滑，放学和节假日期间完全泡在游戏里，与父母的沟通越来越少。

父母以前总想着为小新的以后考虑，便对他严格要求，有时候也会打骂他。爸爸工作忙，很少在家陪伴孩子，而且性格强势没有耐心，管理孩子更多是用一刀切的方法。爸爸曾经没收、摔坏孩子的手机，孩子惧怕爸爸，但并不认可他的管理方式。一提到游戏问题，小新就会翻脸，也不愿意跟爸爸沟通。他曾对爸爸说："你从来没有陪过我、管过我，现在凭什么说我？"

案例解读

别用"爱"推开孩子

美国科学家哈利·哈洛（Harry F. Harlow）曾做了一系列恒河猴实验。哈洛用铁丝缠制了一个"铁丝妈妈"，在"她"的胸前放了一个可以提供奶水的装置；同时又制作了一个缠上绒布并塞满棉花，但是无法满足小猴饥饿需求的"绒布妈妈"。随后，他将这两位"妈妈"和一群小恒河猴关在一个笼子里，观察这些小猴子的行为。经过一段时间的观察，他发现了令人惊讶的现象：小猴子大部分时候都愿意和"绒布妈妈"共处，只有在饿了的时候才会去有奶水的"铁丝妈妈"那里，在吃饱喝足后又会回到绒布妈妈的怀抱中，紧紧抓住不放。而且一旦受到惊吓或者发生紧急事件，小猴子会第一时间奔向"绒布妈妈"的怀抱，从"绒布妈妈"温暖的触感中得到安慰。

实验并未结束，虽然"绒布妈妈"相比"铁丝妈妈"可以给小猴子更多的温暖和安慰，但是和真正的猴妈妈相比又缺少了亲子间的交流、互动、关爱。哈洛发现那些由"绒布妈妈"抚养长大的小猴子之后出现了类似孤独症的现象，不能融入种群，也不能繁育后代。后来即便通过人工方式生出小猴子，这些猴妈妈对自己的孩子也异常冷漠，甚至会杀死自己的孩子。哈洛通过一系列的实验说明：良好的亲子关系是促使一个人正常且健康成长的重要因素。

良好的亲子关系是父母都会期待的，然而面对我们最亲爱的孩子，我们总是想尽所能，给他这个世界上最好的一切。于是有些家长会像案例中的王女士一样为孩子规划了理想的成长蓝图，期待孩子能够按照自己想象的样子成长，一旦孩子有自己的想法或者不能按所期待的要求去做，就会激起内心的焦虑感，愤怒的指责和各种成人世界的道理就会涌向孩子。我们不妨闭上眼睛想象一下，面对这个画面，孩子的感受是什么呢？虽然家长常说"还不都是为你好"，可是孩子如何从家长愤怒的指责和无休止的道理中感受到爱呢？对孩子来说，只怕他们更多的感受是失望、难过、害怕和无助，而这些体验让孩子越来越无法理解父母的爱，让孩子觉得自己不够好，不能让父母满意，于是选择越来越远离父母，其实他们并非真的想远离父母，他们只是想远离那些负面的情绪。

我们想要表达对孩子的爱，可是我们有没有想过孩子想要的爱是什么样的？小新对爸爸说的那句"你从来没有陪过我、管过我，现在凭什么说我"，虽然是对爸爸的指责，但我们可以从中感受到孩子对爸爸的陪伴的强烈渴望。孩子到底想要什么呢？也许只是用心陪伴、用心支持、鼓励的眼神，这些很难吗？难也不难，难在家长心里装的是自己的期待，常常用自己的期待去衡量孩子的所言所行，在这种情况下，怎么可能看到孩子的努力、孩子的进步、孩子的可爱？说不难，是因为如果家长愿意放下自己的期待，去了解孩子，去倾听他们的想法、他们的需要，也许走近孩子、理解孩子，建立良好的亲子关系并没有那么难。

给家长支招

爱孩子从"看见"孩子的需要开始

我们总想通过自以为是为孩子好的教育方式来让孩子更独立、更优秀，让孩子拥有美好的未来，却忽略了孩子是人，不是机器，不是设定好程序就可以自动运行。我们与孩子之间是一个生命与另一个生命的亲密关系，双方之间先有关系，后有教育。孩子通过与父母的关系，感受到自己的存在，感受到爸爸妈妈的爱，感受到一种稳定的安全感，才能够放心地感受自己的内在需要，安心地去探索世界。良好的亲子关系是孩子自我发展的源头，孩子天生渴望被父母"看见"。

❀ 孩子最大的成长力量是感受到父母的爱

如果孩子能感受到父母的爱，他就有勇气去体验那些让他感到恐惧、焦虑和担心的事情。那份情感联结和信任对他来讲是一种力量，是一种支持。当父母与孩子建立好亲子关系时，孩子不用花很多的时间去找父母，孩子能够从父母那里获得成长的力量，能够完全地建构自己，释放自己的生命力。一个孩子的生命力展开了，想不优秀都难。社会学研究表明，决定一个孩子未来发展的最关键因素，不是学校教育，而是家庭教育，而家庭教育的基础是爱的教育。

最好的爱是看得见孩子的需要

走进孩子的内心世界，了解孩子真正的渴望与需求。学习什么是他所需要的爱，以及如何将爱传递，使孩子获得爱的滋养。当孩子宁可沉迷网络也不愿意与家长交流的时候，作为家长应该反思，我们是否给予了孩子足够的人类普遍需要的爱、欣赏、自由和价值？作为父母，如何才能看得见孩子的需要？

（1）学会按暂停键。当孩子的行为不符合我们的期待时，我们不要急于去批评、指责、表达不满，而是先给自己的行为按一下暂停键，去理解孩子到底为什么那么做，他想要的是什么。

（2）给孩子说话的机会。当孩子犯错误或情绪不稳定的时候，我们要先耐心地倾听孩子所想，而不是责骂在先。很多时候家长会带着自己的价值信念去评判孩子的行为，想当然地就给孩子的行为下结论，连听孩子解释的耐心都没有。即使孩子的行为是不被家长所允许的，但是背后很可能有一份美好的意图，只有给孩子说话的机会，才能让孩子对父母敞开心扉，父母也才能够了解孩子的真实想法，走进孩子的内心。

（3）好奇地提问。当孩子遇到难题的时候，不要愤怒地指责，不要讲铺天盖地的道理，而是带着好奇心去问问孩子的想法，相信孩子自己也知道玩游戏过度不是一件好事。帮助孩子进行反思，比我们讲一箩筐的道理都管用。

❀ 好的亲子关系建立在尊重和信任的基础上

好的亲子关系是一种相对自由、和谐、彼此尊重的关系，在这个过程中，父母应该更多去引导、教育孩子，而不是去批评指责、唠叨说教、对孩子进行主观控制。

孩子需要父母把他当成独立的个体，而非父母的附属物。孩子的思想、感受、所有物都需要得到尊重。在孩子专注于一件事情时，不去打扰他，便是一种尊重；在呼唤他时，口气轻柔些，也是一种尊重。这些点点滴滴的尊重带给孩子的自我价值感，对孩子的一生非常重要。尊重是一种平等相待的心态及言行，有时候家长需要暂时抛开长辈的身份，与孩子平等相处。

孩子在成长中必然会犯错，没有谁可以从不犯错。家长要允许孩子犯错，要给孩子在错误中成长的空间，要相信孩子同样希望成为更好的自己，要相信孩子愿意主动解决问题。当我们真的相信这一切时，我们的心态就可以更平和、更稳定，就可以给孩子更多的空间，就能慢下来倾听孩子的想法。孩子也可以从我们的信任中收获鼓励，提升自我价值。

儿童时期的亲子关系对孩子性格的养成、与人交往的模式及表达爱和感受爱的能力，都起到决定性的作用。良好的亲子关系也会让孩子更有安全感，成为充满爱与能量的人，这是预防孩子沉迷网络最好的方法。就像日本作家品川孝子先生所说："孩子与家长的关系是孩子一生转变的关键，也是将来他们踏入社会，待人接物的基本依据，关心你的孩子，别忘了重视你与孩子的关系。"

案例追踪

  在本案例的咨询中，妈妈咨询三次，爸爸妈妈一起咨询一次，咨询工作主要围绕改善亲子关系的议题。一个月后妈妈反馈，自己已经可以控制自己了，在看到孩子玩游戏时也不去说他，更多关注孩子需要什么而不是盯着他的作业和手机，爸爸妈妈之间也减少了争吵。同时孩子也有了变化，虽然玩游戏的时间没有明显减少，但是开始和爸爸妈妈一起吃饭了，虽然说话不多，但能感受到孩子眼神中的敌意减少了。妈妈说希望关系进一步改善的时候，孩子能和自己沟通一下，看看他遇到了什么困难，需要家长提供什么帮助和支持。

（宋飞　撰写）

重压家庭下逃进游戏的孩子

——生活的压力,让父母无暇顾及孩子

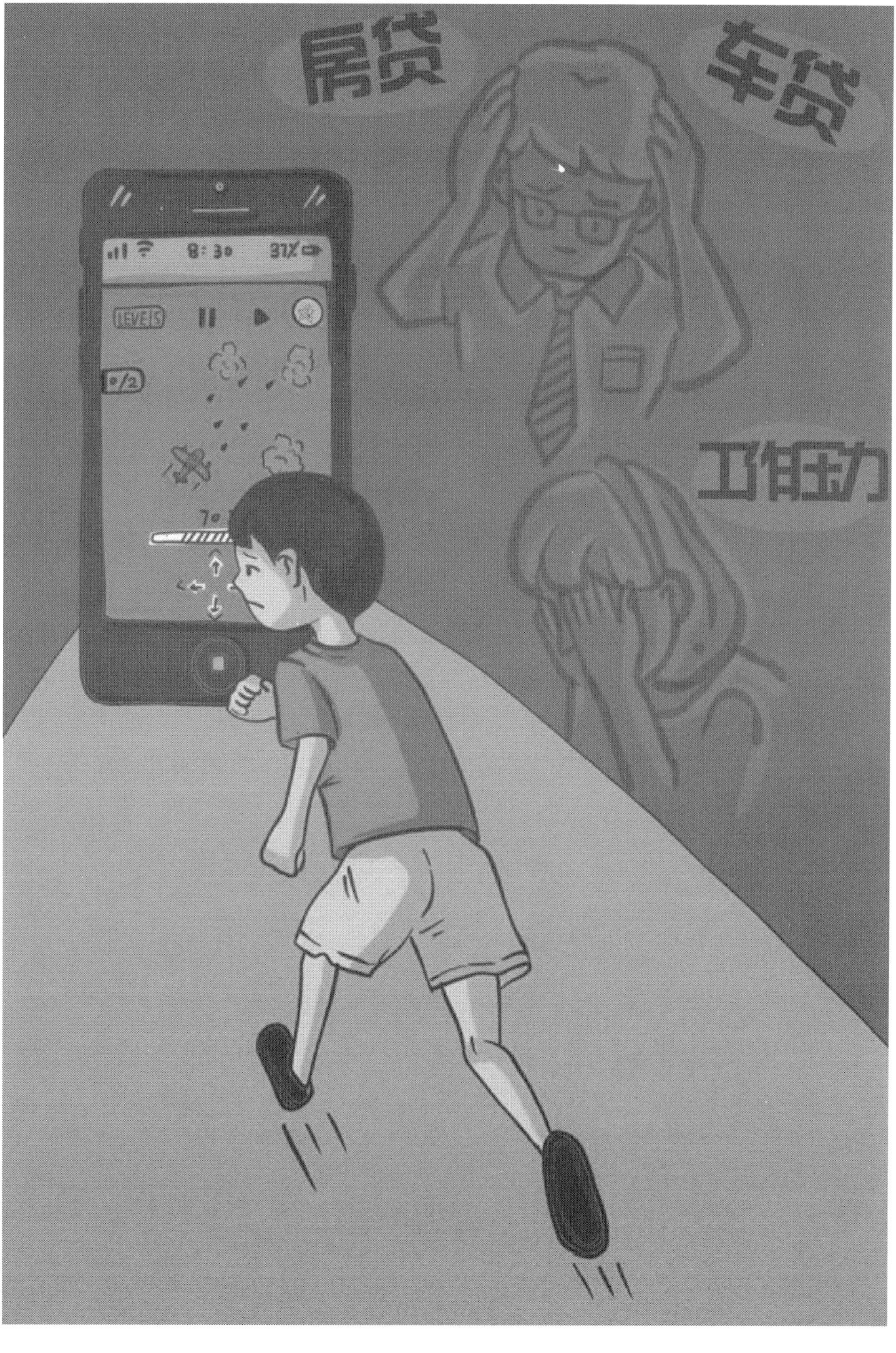
房贷
车贷
工作压力

作为父母的我们，承担着家庭内外的压力。其实适当的压力不仅无害，还能激励我们前进，所谓人无压力轻飘飘。而过量的压力会对我们造成什么影响呢？

其中一个危险的后果就是，来自父母的压力，会在无形之中渗入孩子的内心。压力大的家长，脾气会变得暴躁，因为忙碌，在家的时间也会变少。从孩子的角度来看，他们会感到家长对自己是排斥的，甚至会想"爸妈是不是不爱我了"。孩子产生这样的情绪后，自己没办法排解时，他们会选择用不合理方法去处理，比如玩游戏，毕竟进了网络游戏的世界，就不用再去想现实中的那些糟心事了。

或许你会说，做父母的累了也不会去玩网络游戏啊。其实，父母也有自己排解压力的方法，比如有些成人会在劳累之余喝酒。这也是一种物质过度使用行为，与网游过度使用的内核是相似的，是在用一种逃避的方式处理压力。

── 案 例 ──

"我担负了爸妈的一些压力"

刘女士在镇上的皮鞋厂工作，收入微薄。最近她可遇到了糟心事，自己的银行账户的钱莫名其妙地少了两万元，让本来就经济困难的家庭雪上加霜。经过查询，刘女士发现，这笔钱全都转到了一个游戏公司的账户里，她跟游戏公司一联系才得知，是自己13岁的儿子干的。并且这笔钱被转到了五六个游戏中，很多还不是儿子自己的游戏账户。

刘女士当场差点气昏过去，她跟丈夫说了这个情况后，丈夫执意要去学校教训教训孩子，刘女士劝丈夫先等孩子回来好好问问情况。另外，家里还有病重的老人，不能刺激到老人，得瞒着老人去问。

刘女士很错愕，这一年来孩子的变化特别大。本来爱聊天的孩子变得不苟言笑，虽说之前成绩没有那么好，但现在几乎已经是一落千丈。刘女士和丈夫忙于工作和照看病重的老人，每天都焦头烂额，没时间管孩子。他们偶尔看到孩子玩游戏，只会批评两句，但没想到孩子竟然会花那么多钱在游戏上。孩子到底怎么了？

孩子放学回来后，父母把孩子拉到另一个房间里去质问。孩子一开始只是哭，质问后才知道，因为一年前爷爷病了，爸爸妈妈不再像以前一样照顾自己，而且明显脾气大了好多。孩子不知道自己能做什么，感觉压力很大，于是就控制不住地想玩游戏，欲罢不能。

孩子知道妈妈的手机密码后，经常趁妈妈不注意偷偷玩游戏，先后划走了妈妈卡里近几万元的积蓄，还给跟自己一起玩游戏的小伙伴充了钱。被父母质问后，孩子非常内疚，崩溃、大哭，执意要离家出走去打工，说要把转走的钱挣回来。经过父母的劝说，孩子暂时稳定了情绪。但父母依然困惑不已，游戏的魔力为什么这么大？

案例解读

重压下逃进游戏的孩子

通过案例，我们了解到，因为父母在工作、家庭和经济上遭受较大的压力，从而产生了烦闷情绪。

这种烦闷，让父母开始忽视孩子，甚至开始指责孩子。孩子面对父母态度的变化，也很困惑，不知道父母到底怎么了，转而寻求网络游戏的安慰，毕竟网络游戏可以使他暂时忘却现实中的烦恼。

研究发现，处在巨大压力下的家庭中的孩子，对压力和焦虑的感受比普通人更敏感。这种家庭中的孩子其实很懂事，他们为了不给父母更多的压力，会压抑自己被父母忽视的愤怒和自身的情感需求，而这种情感需求的不断涌现又会转化成一种内疚感，加重其心理压力。

就像案例中的刘女士一家，父母感受到生活带来的重压，没办法处理好这种压力带给自己的心理影响，心烦意乱的父母在和孩子交流的时候，会无意间采用更多批评的方式。

例如，有一次爷爷眩晕，父母带爷爷去了医院挂了急诊，父亲让孩子从家里带些生活用品过去，结果孩子忘了拿水杯，父亲一时气急，说道："你怎么这么没用，这点事都做不好。"这样的表达，让孩子很难过、内疚。

实际上，这种表达，是一种父亲将自己的无力感投射到孩子身上的表达。当这种表达频率较高时，父母自身的压力就会在无意间转嫁到孩子身上。这将导致孩子产生怯懦和退缩的行为方式，更容易采取网游过度的行为来应对内心的痛苦和挣扎。

给家长支招

给自己减压就是给孩子减压

❀ 生气了？先等等再说话

当父母意识到自己的压力较大，并且孩子又做了一些让父母生气的举动时，如玩网络游戏、交代的任务未完成等，父母先别急着训孩子。因为在这个时候训斥孩子，多半只是想发泄自己的情绪和控制孩子。

要知道，发泄情绪的方式有很多种，控制孩子的方式也有很多种，而训斥孩子只是其中最简单粗暴但又最伤害亲子关系的一种，并且不一定有效。因此，当下次想要发火时，可以试试这种方式。

深呼吸，默数10个数。

研究表明，这是一种非常有效的情绪管理方法。在情绪特别强烈的时候，尝试让自己停下来，深呼吸，然后默数10个数，或者暗示自己"我有些生气了，但是我不能随便发火，我能用自己的方式放松自己"。

在缓解了自己的情绪后，父母可以邀请孩子参与家庭事务，比如做一些力所能及的家务。刘女士在家庭里，就可以邀请孩子在时间、精力允许的情况下，照顾患病的爷爷。父母可以这么说："孩子，现在爸妈需要你的帮助，你可以完成这项任务吗？"在孩子做完任务之后，父母要及时给予鼓励，可以说："有了你的帮忙，爸妈感觉轻松多了！"这种表达不仅给了孩子信心，也能拉近亲子关系。随着家庭关系的缓和，孩子参与感的增强，网络游戏在孩子心中的地位也会逐渐被其他的东西所取代。

父母的压力缓解很重要

父母自身压力的解决，对于解决孩子网游过度的问题具有决定性作用。

（1）健壮的身体带来强大的心理

研究发现，当一个人能较好地控制自己的身体时，就能较好地增强自己承受压力的能力。因此，为了让自己在面对压力时可以更加从容，父母需要在平时多进行体育锻炼，增强对自己身体的控制感，最常见的项目有快步走、慢跑、羽毛球、太极拳、游泳，等等。

（2）父母哭吧哭吧不是罪

谁说成年人就不能轻易流眼泪呢？哭泣是人们缓解压力的最佳方式

之一，但是中国早有"男儿有泪不轻弹"的文化传统，这也造就了我们坚毅勇敢的民族性格。然而在压力大到无法平静时，哭泣是一种良好的缓解方式。有研究表明，哭泣能降低 40% 的情绪强度。因此，偷偷哭一哭，又有何不可呢？

（3）给自己的家庭找帮手

成年人会承担许多压力，但往往不会把压力带回家，而是理性地解决问题，努力给家庭营造成一个温暖的氛围。现实中，当父母面临众多压力时需要清楚，有哪些是可以自己解决的，有哪些是需要他人帮忙的，毕竟一个人的力量有限。他人的帮助可以很好地缓解家庭的压力，这种帮助包括能解决现实问题的帮助和能帮你释放情绪的帮助。这些人或组织就像一张网，当压力来临时，能帮你"兜底"。

比如在家庭缺钱时，有亲朋好友能借钱给你，或者也可以求助自己的同乡、找银行等合法组织解决燃眉之急。再如，当孩子教育出了问题时，可以找老师、熟人或妇联等组织进行咨询。此外，你的朋友、亲人可以在你心情烦闷的时候，陪你聊聊天，甚至聚聚餐，喝点小酒。这种亲友带来的情绪疏导、认可和尊重，可以很好地帮你缓解压力带来的不良情绪。

案例追踪

经过一段时间的调整，刘女士一家依然面对着来自家庭和工作的重压，但不同的是，他们的内心变得更加坦然，也抽出了一部分时间陪孩子。孩子转到游戏公司的钱追回了一部分，但还是损失了几千元。本就对父母心存愧疚的孩子变得更乐意帮助家人，经过这段时间，刘女士明显感觉孩子长大了，玩游戏也变得有了节制。"压力还是很大，但是我们不怕了！"这是刘女士和丈夫最大的感触。

（孟祥寒 撰写）

> 知识扩展

一种神奇的无意识交流方式——投射性认同

你知道吗？我们人类的交流，除了意识层面可以接收到的语言、表情和肢体动作等，还有一部分是无意识的沟通，而投射性认同就是其中最为神秘的一种。

投射性认同发源于西格蒙德·弗洛伊德（Sigmund Freud）提出的投射概念，后来由精神分析学家克莱因在1946年正式提出，主要用于描述早年母婴关系的交流模式。经过后继学者的阐释，现在它的内涵非常丰富。

首先什么是投射呢？

比如，有一个胖子，血压、血脂和胆固醇都很高，医生告诉他："你不能吃肥肉了，不然有生命危险。"可是他自己看到肥肉就想吃，怎么办？

有一天一个朋友去拜访他，他非常开心，就不自觉地说："哎呀，你来了我得好好招待你，你不是爱吃猪蹄吗，我给你买来了！"那个朋友困惑地说："我什么时候爱吃猪蹄了，是你想吃吧！"

看，这个胖子就是把自己的需求投射到了别人身上，其实是他自己想吃猪蹄。

那什么是投射性认同呢？

如果这个人还是很想吃肥肉，但朋友不能经常来，怎么办呢？他发现自己的孩子偶尔也会吃肥肉，但并不经常吃。他便和孩子说："孩子，你可真爱吃肥肉啊，我明天再给你买。"时间一长，这个孩子真的喜欢吃肥肉了。

如果把上述的肥肉换成其他元素，比如，父母觉得很焦虑或者觉得自己很没本事等，也会投射给孩子，孩子也会接收到这种信息而变成和父母类似的状态。

这样的交流，在人际间不断呈现着，在亲子沟通之间更为突出。如果父母能有所察觉，并及时解决自己的焦虑问题，就不会将其传递给自己的孩子，将为彼此的关系改善和孩子的成长带来极大的益处。

谁是一家之主

——隔代抚养对青少年网络使用的影响和应对建议

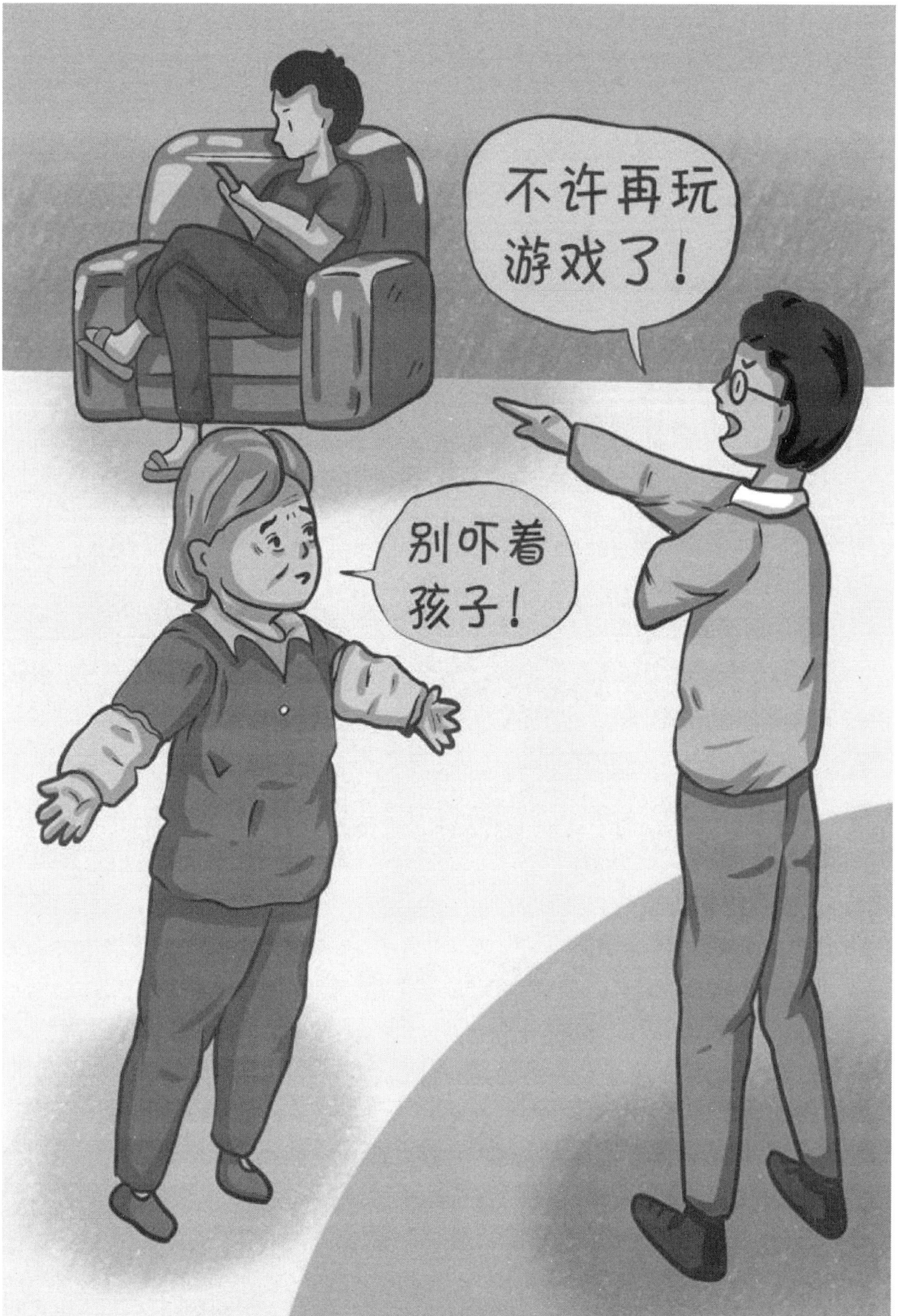
不许再玩游戏了！
别吓着孩子！

在我国，隔代抚养的现象非常普遍。根据中国老龄事业发展中心 2014 年的调查，我国有 66.47% 的老年人在生活中帮助子女照顾孙辈。在 2 岁半以下儿童中，有 60%～70% 的儿童主要由祖父母或外祖父母照顾，其中有 30% 的儿童生活在祖父母或外祖父母家里。由祖辈参与孙辈的抚养有很多显而易见的好处，既能让孩子享受更多的关爱，也能让爷爷奶奶、外公外婆充实晚年生活，共享天伦之乐，还能为工作繁忙的父母减轻育儿压力，为家庭减轻经济负担，可谓一举多得。但隔代抚养的很多弊端也让年轻父母感到头疼，老人重养轻教、包办代替、过度保护，导致孩子容易出现任性、自理能力差、发展滞后及各种行为问题，网络的过度使用问题也包含其中。

当网络过度使用遭遇隔代抚养，父母就要面临更加严峻和复杂的挑战。很多父母与老人在抚养孩子方面本来就存在分歧，棘手的现实问题很容易使矛盾白热化，不仅无益于解决孩子的问题，还会影响家人关系和家庭氛围。那么，如何在管理孩子的同时，平衡好与老人的关系？我们先从父母缺位、老人溺爱、孩子沉迷游戏的一个典型的隔代抚养案例说起。

—— 案 例 ——

缺位的父母，溺爱的老人

小王今年 16 岁。在家人的印象里，小王从小性格倔强执拗，有种不达目的誓不罢休的劲头。这一方面是天性使然，另一方面也和小王的成长环境有关。由于爸爸妈妈工作较忙，小王从小跟乡下的爷爷奶奶生活在一起，生活起居由奶奶照顾，爸爸妈妈只有逢年过节才来探望，和孩子住上几天后又回城工作。奶奶对小王生活上的照顾可谓无微不至，但和很多隔代抚养的家庭一样，奶奶重养育而轻教导，对孩子言听计从，事事满足，导致小王在生活习惯、行为规范等方面都缺乏约束。

小王 7 岁上小学时搬到城里与父母同住，奶奶舍不得孙子，也一起搬进了父母家，小王的日常生活仍然是由奶奶一手包办。小学 4 年级时，班里不少同学开始有了自己的手机，小王看着眼红，缠着家长给自己买。在得到手机后，小王很快就开始无节制地玩游戏，尤其在寒暑假，玩得更凶。父母一开始好言相劝，小王表面答应着，实际上并没有任何改变。后来父母强制干涉，没收手机，小王就大吵大闹，甚至以跳楼自杀来威胁父母。

小王的行为表现让父母意识到，在孩子小时候，他们没有投入足够的精力去养育和教导孩子，与孩子之间缺乏亲密、信任的关系，导致孩子现在对他们的意见置若罔闻。他们试着与孩子沟通、培养感情，同时也试图约束孩子的行为，但是奶奶却成了一个意想不到的阻碍。

看着从小带到大的宝贝孙子，奶奶当然从心底里希望小王做个好孩子，但是每当遇到具体的事情时，孙子一撒娇哭闹，奶奶就不由自主地心软、妥协。奶奶最看不得小王受委屈、被批评，每次父母教育孩子，奶奶总是出面干预，哪怕孙子做得再不对，也是指责家长，维护孩子。父母碍于奶奶是长辈，而且多年来照顾孩子不易，因此大部分时候也就不再坚持。于是，小王很快就摸透了与家里人相处的规律，父母不给自己手机、不给自己钱，他就去找奶奶，做错了事情也因为有奶奶的庇护而有恃无恐。

眼看孩子越来越难沟通，小王的父母只能求助于心理咨询师。在心理咨询师的建议下，小王的父母和奶奶平心静气地沟通了几次，希望老人能配合父母的管理方式，对孩子有限制、有要求，不能无底线地包庇、纵容。经过多次严肃对话，奶奶虽然还是看不得父母教育孩子，但可以尽量做到不插手，或是在看不下去的时候选择出去走走。父母也有意识地多参与家庭生活，树立家长应有的形象。在长辈做出调整和改变后，小王动不动就威胁父母的行为有所收敛，在手机的使用上也逐渐愿意和父母协商了。

> **案例解读**

谁是真正的家长？

结构式家庭治疗将家庭看作一个系统。家庭的整体功能运行如何，取决于其结构正常与否；当家庭因结构失序而无法发挥正常的功能，出现的问题往往会在家庭成员身上反映出来。在小王的案例中，家庭结构出现了明显的问题。作为家庭核心的父母长期缺位，奶奶取代了父母的位置，成为小王实际上的家长，类似的现象在隔代抚养的家庭中非常常见。很多人像小王的父母一样，因为工作繁忙等客观原因不能有效地参与家庭生活，只能让老人取而代之；也有些家长因为自身的原因，心理上还未成人，无法承担为人父母的责任，因此将父母的位置拱手让给老人。

事实上，"老人家长"没有办法完全代替父母的角色。一方面，老人带孙辈时已经上了年纪，身体状况、认知能力等都在衰退，对孩子在运动、情感等方面的需求或是不够重视，或是心有余而力不足；另一方面，很多老人在养育自己的子女时留有很多遗憾，有了孙辈后，就一心扑在孙辈身上，很容易出现过度补偿和过度满足的现象。因此，老人更容易扮演一个生活上的照顾者，而帮助孩子建立规则、约束行为、树立榜样的作用相对较弱，难以树立一个强大的、权威的家长形象。

在一个家庭中，权威的角色通常是由父母扮演的，孩子会通过与父母的互动，学会遵从权威。如果父母缺位，那么在孩子心里，自己是奶奶带大的，父亲也是奶奶带大的，父亲和自己一样都是孩子，自己凭什么要听从父亲的管教？没有位置，就意味着没有权利，父母有再好的教育理念、方法，也得不到孩子的尊重和认同，教育孩子的效果就会大打折扣。

给家长支招

找到位置，才能发挥作用

❀ 父母演主角，老人是代理

父母要意识到，养育孩子的义务和教导孩子的权利是分不开的。如果将孩子丢给老人，让老人承担所有养育的义务，也就意味着出让了教导孩子的权利。等到发现孩子没有按父母期待的样子发展，出现了问题，这时父母再想行使为人父母的权利，提出各种要求，对老人和孩子而言都是不公平的。

如果父母因为种种原因，必须要请老人参与孩子的养育，那么首先要摆正每个人在家庭中的位置。父母作为成年人，不仅是家庭的经济支柱，而且是家庭的主人。这就意味着父母要对家庭事务掌握话语权，不仅要了解孩子的生活、情感和行为，还需要参与日常的家庭事务，而不是等出了问题才来兴师问罪。要让孩子明白，父母才是养育孩子的主角，老人是父母请来的帮手。

❀ 循序渐进地找回位置

对于孩子发展早期较少参与养育的父母而言，在发现孩子出现问题时，特别容易感到焦虑和后悔，怪自己没有早点关注孩子，于是迫不及待地采用自己的方式想把孩子"拧"过来。这样做的效果往往不好，因为老人和孩子经过长期的互动，已经形成了相对稳定的关系模式，父母的突然出现好像一个"第三者"插入了原本稳定的关系系统，很容易带来更大的冲突。比如当父母坚持原则时，老人仍然对孩子事事满足，这就很容易给孩子造成分裂的感觉，认为父母是坏的，老人是好的，进而更加抵触父母而依赖老人，或是利用老人对抗父母。

想要找回父母的位置，比较好的方式是先观察孩子的问题出在哪里，然后与老人就如何教导孩子、如何相互配合等问题进行沟通。老人和父母的观点能达成一致是最好的情况，如此形成的"统一战线"能够让孩子有章可循，不会无所适从，也不会让孩子钻空子。如果无法达成一致，那么协商一个至少能维持一方权威的方案，也是一个可行的办法。比如在小王的案例中，奶奶可以在父母教育孩子时选择暂时克制、出去走走，而不是直接批评父母、维护孙子，导致父母的形象进一步受损。

隔代抚养需要互利共赢

在很多隔代抚养的家庭中，父母都觉得和老人沟通子女的教育问题很难。"老人帮自己带孩子含辛茹苦，付出了那么多，就算出了问题，怎么好意思说呢？"要想解决这个心理上的难题，需要我们在一开始就明确：隔代抚养需要两相情愿，而不是父母硬生生把孩子"甩"给老人。老人帮忙照顾孩子不是单向的奉献，而是在与孩子互动的过程中，老人能获得更多乐趣，增进幸福感和价值感；父母能从老人的帮助中得到支持，节省精力，获得更好的个人发展，也为家庭争取更多的资源。当孩子出现网络使用过度一类的现实问题时，家长不必一味关注孩子的行为，不妨跳出来看看家庭结构、家族关系是否出现了问题，然后通过调整关系去改变孩子。只有父母回归到父母的位置上，孩子才更可能回归到孩子的位置上。

（李凌 撰写）

到处寻找教育专家的父母

——给在教育上无所适从的父母提出的一些建议

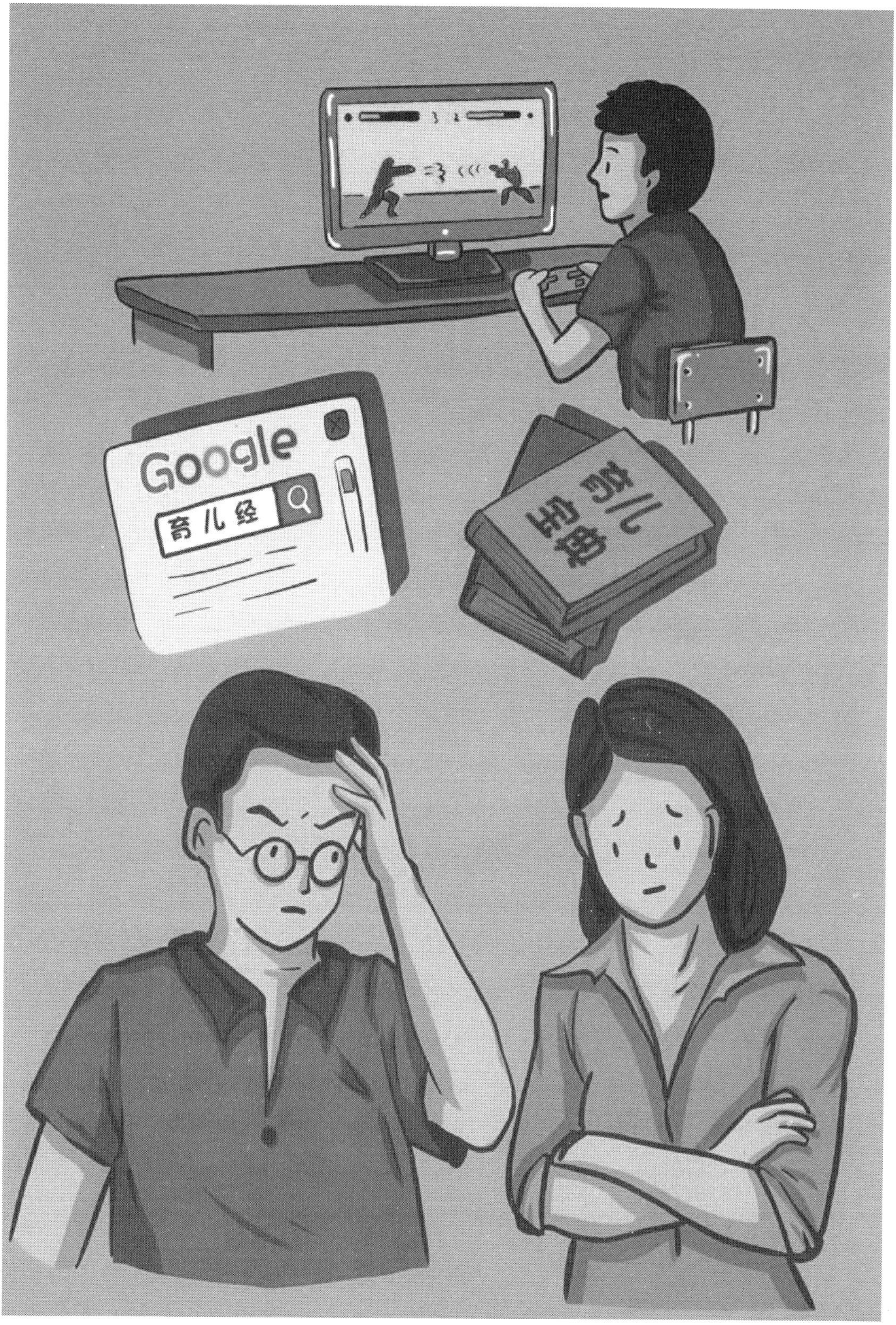
Google
育儿经
育儿宝典

当下，作为独生子女成长起来的 80 后、90 后，大多都"升级"做了爸妈，可能因为老人不在身边，也可能因为不喜欢上一代的"老经验"，他们成了"看书育儿"的一代。育儿科普读物和网络育儿论坛，都是 80 后、90 后父母学习育儿经验的地方。

可是，每个孩子都是独特的，在成长中会遇到各种各样的问题，只靠书本和论坛是不够的。所以，求助教育专家和心理咨询专家，也成为很多父母的选择。下面案例中的父母，就在孩子遇到问题时，通过求助心理专家来获得帮助。

案 例

"到底该听哪位专家的？"

小李今年 17 岁，已经是一名高中生了。从去年春节开始，小李整天就待在家里玩手机，不愿意出门，不和父母交流，也不和同学来往，有时通宵玩游戏起不来床，就不去学校了。最近，他干脆直接不去学校了，还说是"父母害了自己"。刚开始，父母采取强硬措施，将他的手机锁起来，将家里的 Wi-Fi 断掉，结果小李表示不让玩他就去死，父母就不敢强制管理了。

可是小李父母又无法真的对孩子放任不管。他们到处咨询心理辅导老师，在当地就找了好几个。又去济南、南京等地找了两个很有名的教育专家。本来是想让老师给小李做咨询的，但小李死活不愿意，父母只好自己先找老师咨询。

按照咨询师的建议，父母在教育方法上做了一些改变，孩子的情绪很快有所好转，不会随意发脾气了，偶尔也从房间出来，到客厅活动一下，和父母交谈两句。父母在感到欣慰的同时，又开始着急孩子上学的事情，但是一提到上学，孩子就不高兴了，又变回了原来的样子。

案例解读

无所适从的父母

在上面的案例中，小李和父母都遇到了难以解决的问题，小李陷入游戏世界，不愿面对现实中的学习和人际交往，小李的父母则不知道该如何帮助孩子。让我们再仔细地回顾一下案例，看看父母和小李到底面临着什么问题。

1. 快速变化的时代，教育上无所适从的父母

有一本书，叫作《10倍速时代》。书中指出，现在是一个机会和威胁都以10倍速度来临的时代。随着信息化和全球化的推进，世界每天都处于快速变化中。生活在其中的人们，总是犹豫不决，仿佛永远都没有做好准备。

如果说以前养育孩子是一个家族的事情，父母只是其中的一个环节，那么现在，养育孩子的重担直接落在了父母身上。过去有什么问题，问一问家里的老人，甚至同村、同社区的老人就可以了，而现在的父母却很少能从上一辈那里吸取成功经验，为了当一位"称职的家长"，一切都得从头学起，看育儿书、上网搜索，甚至求助专家……

可是，从书本上、讲座中学到的知识，要么过于理论化，缺乏操作性，

要么相互矛盾，不知道该听哪个，这让父母更加惊慌和不安。案例中小李的父母，面对小李游戏成瘾的问题，尝试过使用强硬的方法去解决，失败后又到处寻找心理专家，在他们忙碌寻找的背后，是对教育问题上的无所适从，在这个"10倍速"的时代，学习做父母是一门终身的学问。

2. 看到沉迷游戏背后更深层次的问题

回到案例中，小李的父母判断小李的问题在于沉迷游戏，认为是手机和网络害了孩子，只要不让孩子玩游戏，孩子的问题就能得到解决。沉迷游戏确实是一个问题，但是换个思考方式，也可以认为游戏在某种程度上是帮助孩子减压的。

有心理学家说过，游戏和虚拟现实，是这一代人暂时喘息的空间。那么，让孩子喘不过气的真正原因是什么呢？小李选择休学，选择不与人交往，选择不和父母说话，学习压力、人际交往压力和亲子关系，可能就是他沉迷游戏背后的更深层次的问题。

所以，父母和孩子的沟通，不要只局限在"要不要玩游戏"上，可以问一问孩子：为什么你只想玩游戏，不想做其他事情？

给家长支招

修复关系、真诚沟通

❀ **修复与孩子的亲子关系，需要耐心和长期坚持**

回到案例中，小李的父母为了孩子到处奔波，在小李不愿意接受心理咨询的情况下，自己主动接受咨询，先从解决自己的问题开始，显示了他们作为父母足够的诚意。

在他们的努力下，小李的情况得到了改善，他的情绪好转了，不随意发脾气了，也愿意从房间出来和父母交谈。这应该是一个好的开始，父母也非常开心。但父母似乎过于乐观了，认为孩子这样就算好了，立刻对他提出学习的要求，这可能让小李觉得，父母并没有真正改变，于是他又缩回"壳"里去了。

"冰冻三尺，非一日之寒"，小李的情绪和行为问题，并不是一下子形成的，而是成长过程中长时间的积累；"水滴石穿，非一日之功"，父母想要修复和孩子的亲子关系，也不是马上就能做到的。父母要有耐心，要让孩子看到并相信，自己真的改变了。

先解决孩子更深层次的问题，才能解决孩子的游戏沉迷问题

爱，应该是在孩子的需求上，看到父母的责任。父母爱孩子的心意是没有错的，但是如果爱孩子的方式错了，就会产生南辕北辙的效果。做得越多，效果越不好，最终伤害孩子，也伤害自己。

所以，父母在表达对孩子的爱时，首先要贴近孩子、理解孩子。继续回到案例中，小李的父母看到小李在不停地玩游戏，该如何去贴近和理解小李呢？他们可以这样思考：小李现在似乎很烦恼，只能靠打游戏来逃避。那他为什么这么烦恼呢？是不是学习压力太大？是不是和同学之间发生了什么摩擦？

带着这些疑问，小李的父母可以坐下来跟小李好好谈谈。问问小李："你为什么整天玩游戏呢？""是不是学习上不顺利？""是不是和同学之间发生了摩擦？"询问的时候，切记不要批评指责，要抱着想了解孩子的态度。

当小李说出自己的问题后，父母可以问问小李"有没有好的解决办

法？"并利用自己的人生经验,给孩子一些好的建议。如有必要,可以询问孩子"你希望爸爸妈妈怎么帮助你"或"你觉得父母怎么做可以帮到你"。

相信经过这样一段心平气和的谈话,小李可以讲出自己的问题,并从父母那里得到一些情感支持和建议;而父母知道了小李沉迷游戏的具体原因,也就不会那么焦虑,可以有针对性地帮助孩子解决问题。

(王进 撰写)

被游戏"收养"的孩子

——父母无暇陪伴孩子所导致的网络使用过度问题

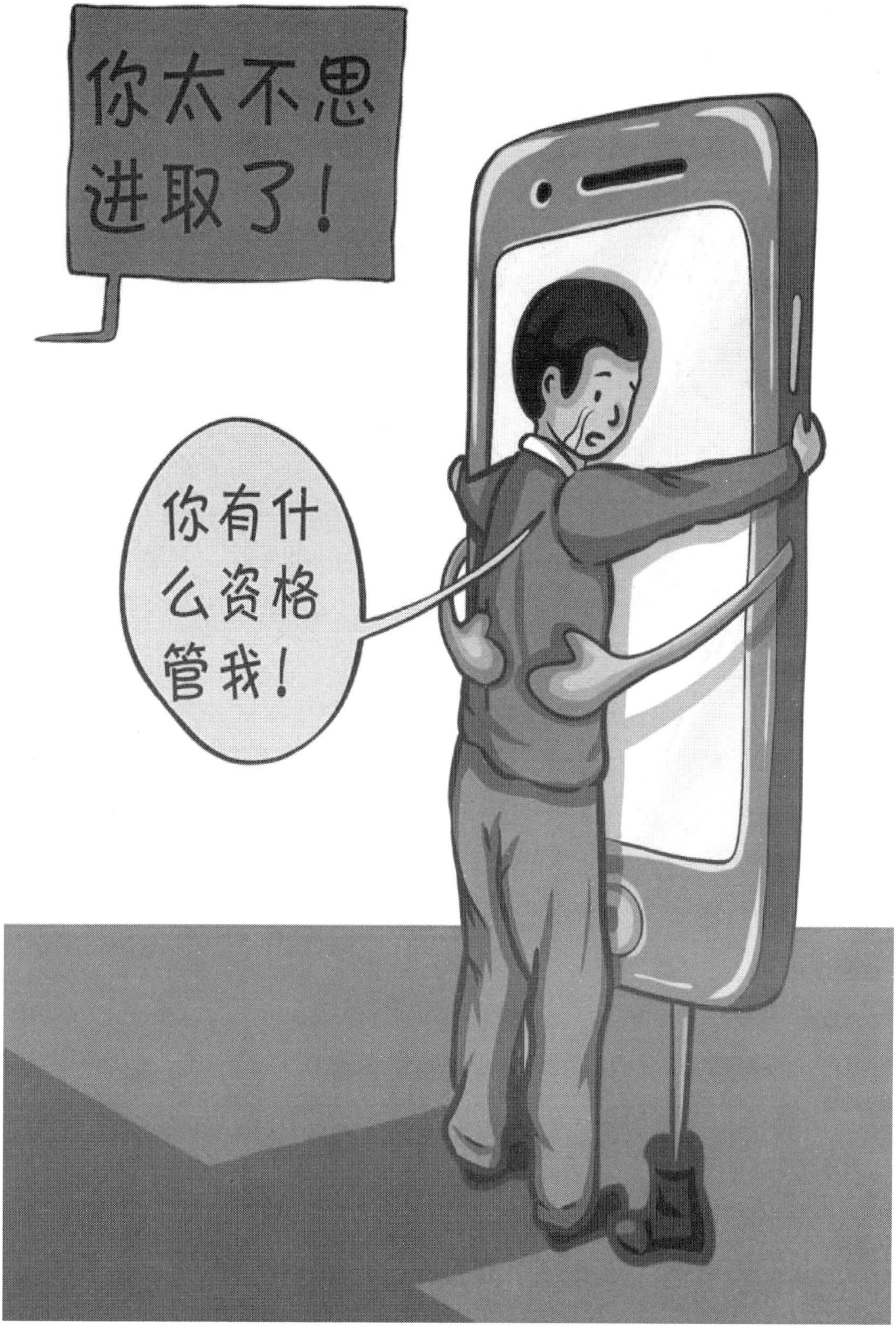
你太不思进取了！
你有什么资格管我！

我们常说，孩子生下来，我们就要对他负责，但现实中并非所有父母都是如此。在当代社会，抛弃孩子的行为并不多见，但不可否认的是，有些父母的内心深处觉得孩子是自己的负担。

我们发现，当家庭关系糟糕，或父母没有准备好做父母，再或者孩子是因意外怀孕出生的时候，父母会更容易觉得孩子是负担。这个时候，虽然父母不会真正的抛弃孩子，但在内心深处会对孩子有一丝嫌弃。这种嫌弃，再加上现实生活的压力，就可能会导致父母对孩子各方面的忽视。有时候，是有意对孩子不管不顾，有时候，是找一些理由去逃避自己养育的责任，比如有些父母会觉得自己时间不够用，觉得要多挣钱孩子才会幸福，却并没有给孩子最想要的陪伴。

不可否认，物质生活是家庭生活的基础，没有丰富的物质作为基础，家庭生活会非常拮据和困难，孩子也许还会因为没有享受到优质教育资源而在学业上落后于人。可是，从儿童心理的角度来看，孩子最大的必需品是父母的陪伴。如果缺少陪伴，一辈子都难以弥补。举个极端的例子，在印度有一个著名的狼孩的故事，狼孩在七八岁之前一直跟狼一起生活，直到他16岁死的时候，也只能说40多个单词，一生无法与人正常互动。

孩子有吃饭、喝水、睡觉等用肉眼可以看到的需要，同时还有一些肉眼看不到的需要，比如来自父母的拥抱、夸赞等。这些就是精神层面的"吃饭、喝水、睡觉"，如果这方面的需要没有被满足，孩子在情感上就属于"饥饿"的状态，如果这个"饥饿"的状态发生在中小学，甚至更早，那对孩子的一生将会有巨大的影响。孩子的一生，都将会为了寻求这种情感上的满足而忙碌。

如果孩子上了中小学，刚好遇到既能给他归属感，又匿名、又好玩、又随时随地可以获得的网络游戏，那他会毫不犹豫地陷入游戏里，无法自拔。如果现实中没有亲情的纽带将他带出去，那么在整个青少年时期，游戏将承担为他提供亲密关系的功能。

案 例

"你有什么资格管我"

小辉是一名初二的学生，她的父母平时非常忙碌。父亲是工程管理者，每两三年就会换一个地方工作。妈妈在本地工作，但做的是服装批发生意，每天起早贪黑，没有什么空闲时间。

父母觉得上一代没有给自己很好的生活，因此发誓不能再让自己的孩子受委屈。他们勤劳工作，给小辉创造了一个优越的物质生活环境。在当地，小辉的家庭可以属于中上等了。

因为父母工作太过忙碌，陪伴小辉的时间非常少，于是就给孩子买了最好的手机作为补偿，平时就把孩子托付给爷爷奶奶，家里也有保姆。但是爷爷奶奶年纪大了管理不好孩子，而且孩子越长大，越叛逆、任性，每天从早到晚玩手机游戏，最严重时候连续两天两夜不睡觉。

去年6月底，母亲把孩子接到身边照顾。但她发现，小辉根本不听自己的话。父亲很久才回家一次，但自身脾气暴躁，加之工作压力大，看见孩子不思进取的状态，一回家就和孩子吵架。孩子也不甘示弱，顶撞父亲，并且对父亲说："你有什么资格管我。"小辉对父亲的态度非常恶劣。

后来夫妻两人实在管不了孩子，就商议把孩子送到寄宿制学校。说是寄宿制学校，其实是类似戒网瘾的学校。

结果小辉的问题不但没有好转，反而更严重了。孩子在寄宿制学校生活，和父母在情感方面的联络远远少于在零花钱上的沟通。过了三个月，孩子实在忍受不了寄宿制学校的高强度管理，自己逃回家，死活也不愿再去学校。现在的小辉，每天还是在家打游戏、玩手机。父母也非常无奈，但又没有时间管孩子。

案例解读

用网络游戏喂饱的心灵

其实小辉的父母心里是非常委屈的，他们在努力给孩子营造一个良好的生活环境，但孩子怎么就这么不听话呢？

如我们在本章开头所说，父母"喂饱"了孩子现实层面的需要，但孩子心理层面的需要却处在极度"饥饿"的状态，孩子内心对亲情的渴望没有被满足。所以父母对孩子的教育既需要投注物质，又需要投注情感。

父母工作忙，让孩子见到父母成为一种奢望，但如果这仅有的见面还是充满争吵的话，就会让孩子的内心很矛盾，又渴望关爱，又害怕父母归来。就像案例里的小辉，本来就对父母的缺位很不满，再加上争吵，就更加重了孩子内心对父母的失望感。

每个孩子，都需要在内心将父母当成一个完美的对象，拥有"我的父母是世界上最伟大的人"的这样一种幻想。

这种幻想，就像是一种信仰，指引着孩子向父母学习。这种感受在幼儿园以前尤为重要。

但随着孩子的成长，他们的需求越来越多，但父母却不可能随叫随到，这时孩子会产生一种不满。这种小小的不满并非有害，相反，孩子会理解，原来父母也可能"没那么好""不能光靠父母"，之后孩子就会神奇地发展出他自己的能力。现实中我们会发现，父母越懒，孩子越勤快。

但一定要注意，这种不满是有限度的。如果任何时候都让孩子不满，甚至让孩子感到自己被父母抛弃了，那就不再是不满了，而是创伤。就像小感冒可以增加孩子的抵抗力，但是如果得了重病，就会对孩子的身体造成不可逆的损伤。父母长期不在孩子身边，就是一种"重病"。

不过，孩子还是要生活下去的，那怎么办呢？他会找一切办法自救，这时候，网络游戏可能就成了他的救命稻草之一。

网络游戏的好处在于入门比较简单，不用特别费力就能学会，而且很容易就可以玩到。进入游戏之后，不但可以匿名，还有很多的小伙伴跟自己一起"出生入死"，做一些现实中不能做的事情。另外，在游戏中晋级的奖励非常丰富，而现实中的奖励却十分稀缺。所以网络游戏是这类孩子最容易想到的解决之道。

其实解决问题的方式有很多种，孩子的视野不如父母那么广阔，所以只会选择最方便的那种。那么面对像小辉这样的孩子，父母该如何做呢？

给家长支招

建立高质量陪伴

简单说来，要想把陷入虚拟游戏世界的孩子拉回现实，这个强大的力量，必然来自稳固的人际关系。对于父母工作忙碌的家庭，解决起来既困难又简单，简单来说就是多陪伴孩子。

但难就难在，父母在事业的关键期，腾不出那么多的时间和精力。家长没有时间陪孩子，网络游戏就替家长陪孩子。现代社会讲究高效解决问题，对于工作忙碌的家庭，短时间的高质量陪伴也可以达到较好的效果。

高质量的陪伴并不是以陪伴时间的长短来衡量的，而是要求父母能在有限的时间内，与孩子完成深入的互动。家长可以从以下几个方面入手。

❁ 每周固定时间，与孩子互动

对于时间紧的家长，高质量陪伴的一个原则就是，每次积累一点亲情，但要经常积累。你可以每周拿出两个小时或者每天拿出 20 分钟，作为家庭时间，陪孩子一起吃饭、活动或玩游戏。就像是银行存款一样，平时的美好互动就是在"存钱"，一旦闹矛盾就是在"取钱"。对于善于积累财富的家长来说，理财不难。亲情的银行也需要常常打理，常常"存钱"。

❁ 亲子互动时的状态很重要

首先，父母尽量不要带着亏欠的心理状态面对孩子。因为如果内心对孩子有亏欠，父母自己也会感到委屈。如果孩子没有很热情地回应父母，父母很容易恼羞成怒，因此，在面对孩子时，尽量不要带有亏欠的心理。其次，尽量在孩子完成作业之后再去和孩子互动。总之，要让双方在这段时间里保持放松愉快的心情。

❁ 倾听是最好的陪伴

不管孩子是侃侃而谈自己玩的游戏，还是说学校的一些八卦，家长都不要随意打断或反驳，而是安静地倾听孩子，并好奇地问一些问题。这不仅表示你真的关注孩子所说的话题，还可以适当地帮助孩子扩展思路，促进思考。

比如，当孩子说自己特别讨厌班主任，家长不要马上告诉孩子"不要说老师坏话，要尊重老师"，而是要放松地听他说故事，并在适当时候问他："其他同学怎么看你们班主任？"或者"既然你那么讨厌班主任，你觉得如果自己当班主任，你会怎么做？"一般被倾听的孩子，会通过沟通越来越全面地认识事物，也会更理性地看待问题。

（孟祥寒 撰写）

剪断了我的翅膀，还想要我飞翔

——从溺爱到爱，家长需要做什么改变

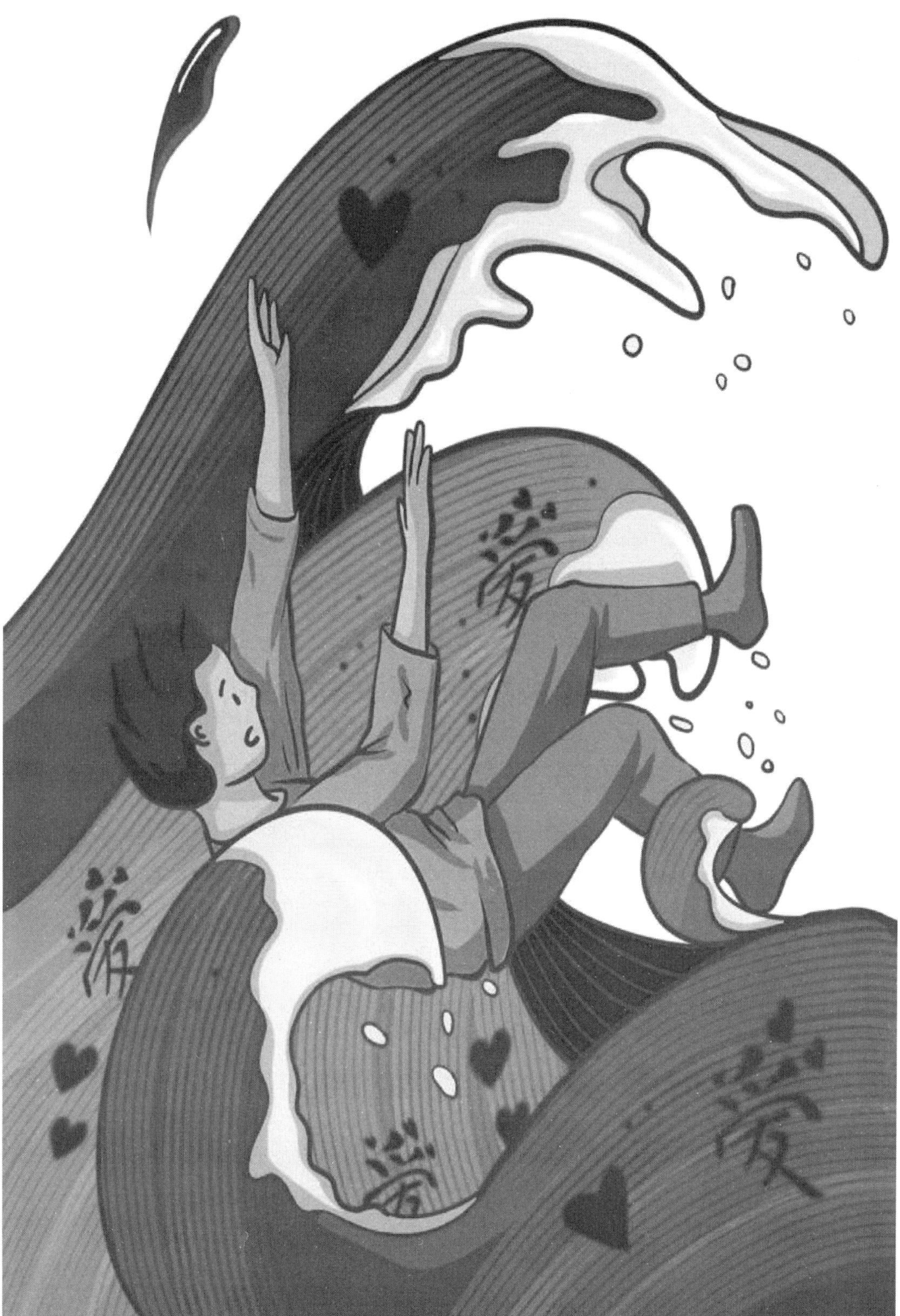
爱

天底下，没有哪个父母不爱自己的孩子，但是我们需要区分爱和溺爱。现在大部分家庭只有一个或两个孩子，许多父母有意无意地娇惯、迁就、溺爱自己的孩子。有些父母把孩子当作掌上明珠，宠成家里的"小皇帝"或"小公主"，孩子要什么就给什么，孩子想要做什么就为之代劳，可谓百依百顺。我们不曾意识到当我们无条件地满足孩子、为孩子做好一切的时候，孩子也将失去成长中该有的乐趣和能力。

溺爱不是真正的爱，过分溺爱孩子，很容易使孩子骄傲、任性、自私、虚荣、孤僻等。等孩子逐渐长大，需要独自面对学校、社会生活的时候，会无法适应，因为学校和社会这个"大家庭"，不会像自己的"小家庭"那样总有爸爸妈妈、爷爷奶奶庇护，任自己为所欲为。在社会上，没有人会溺爱你的孩子，这种现实的幻灭对孩子来说是一种致命的伤害，孩子可能会叛逆，可能会抱怨父母不能再给予、满足自己成长后的需求，这种挫败感和无助感会让孩子对自己产生怀疑。当无力应对外界的难题和压力的时候，逃进网络世界就可能成为孩子的选择。

给予孩子过度的爱，让孩子掉进溺爱的海洋，就如同剪断孩子的翅膀，没有了翅膀，你又让他如何飞翔？

案 例

剪断我的翅膀，让我如何飞翔

张先生的儿子今年 16 岁，马上读高中的他身高一米八，体重两百多斤，性格懒散，叛逆，整天不运动、不跟家人说话，平时最喜欢玩手机，又因为熬夜玩手机导致白天非常疲惫，去年一年都没有去读书，休学在家。家长尝试购买软件来控制孩子的上网时间、切断网线，但都无法阻止他，手机还被他摔坏好几个，不给他买新手机，他就以死威胁。

夫妻二人结婚较晚，有这个孩子的时候都快四十了，所以对孩子百般宠爱，生怕孩子受一点委屈。从小到大，只要不是特别过分的需求，他们基本都会满足孩子。有时候孩子的需求被父亲拒绝，孩子就会去找母亲，母亲基本都会满足。如果母亲不满足孩子的需求，孩子就会发脾气，说自己要离家出走等，吓唬母亲。母亲溺爱孩子是出了名的，周围的人都劝过母亲，但母亲听不进去。

孩子在初中之前比较听话，上初中之后开始爱攀比，看见别人有什么，就问父母要什么。为了上网、玩游戏，孩子要求父母给自己买了三台电脑，两个iPad，换了无数个好手机。但父母为孩子的付出没有换来孩子的理解，他玩得越来越久，后来干脆不去上学，无奈之下父母让孩子休学一年。在这一年中，他性格越来越叛逆，多次对父母出言不逊，甚至想要动手。家长把孩子带到徐州的一家封闭式励志学校，准备让孩子在那里待一年，但是孩子母亲舍不得孩子，不到两个月就把孩子接回来了，孩子回来后情况好转不到半个月，就反弹了。

家长表示虽然现在孩子又去上学了，但是每隔三四天就回来休息，每天说累，认为学习没有用，对未来也没有什么打算。平时一放学回家，孩子就拿手机玩，玩到晚上10点、11点才写作业。因为孩子上学还要早起，家长十分担心孩子身体。孩子之前生病做了扁桃体手术，醒来后马上抱着手机玩，如今整天熬夜，休息时间无法得到保障，只要一不舒服就要去医院，不想去读书。当孩子对家长有需求的时候就会态度好些，其他时候对父母十分不礼貌，爱答不理。家长坦言，孩子在家里发脾气的时候，他们有过想要压过孩子气势的想法，并且以情绪化的方式去回应，结果孩子反而变本加厉。

本想尽量满足孩子的需求，尽自己所能给孩子最好的，让孩子快乐幸福，没想到却让孩子变成了这样，全家人都陷入了困境。

案例解读

孩子在溺爱的海洋里失去成长的力量

溺爱孩子的父母愿意为孩子做任何事，甚至想要包办孩子的成长。在溺爱的家庭环境中长大的孩子，在他小的时候也许会觉得父母对他很好，什么都可以满足，可以由着自己任性，但这种爱会使人堕落、使人沉迷、使人依赖。当他逐渐长大，开始要独立面对自己的学业、事业、人际关系的时候，就会感到力不从心，不知所措。当然也有一些家长把手伸向孩子的学校生活：孩子不想上学，家长帮忙撒谎请假；孩子和同学闹矛盾，家长去找对方家长吵架；孩子玩手机被没收，家长再给他买新手机；甚至有些高中孩子的家长，每天打电话给班主任，让其提醒孩子好好吃饭、多喝水、多穿衣服。

家长想要为孩子遮风挡雨、承担一切，但不是所有的难题家长都可以承担和解决。家长的过度保护，不是在帮孩子，而是在剪断孩子的翅膀。当孩子体验到独自面对世界时的无力、无助、挫败时，当孩子在学校，同学、老师不能像父母一样对待他，以他为中心的时候，就会开始退缩、逃避。青春期是青少年问题的高发期，这个阶段的孩子学业负担增加，人际压力变大，就像案例中的 16 岁男孩，升入初中后变得脾气暴躁，不爱上学，沉浸在网络世界里。黑格尔的一句话用在这里比较合适：假如你将所有困难都关在门外，那么成功也将被你关在门外。

父母溺爱的抚养方式，剥夺了孩子生活中许多重要的东西。溺爱剥夺了孩子动手做事的机会，也就剥夺了孩子获得成功的喜悦，因为轻而易举就得到了，也让孩子没有办法体验到为了一个目标去努力、争取的快乐。那些本该自己去经历、体验、学习的过程都被父母代替了，孩子没有获得面对世界的态度、克服困难的勇气、解决问题的能力。溺爱剥夺了孩子自主选择的权利，父母大事小事都替孩子做主，替孩子包办，让孩子感觉自己就像父母手中的木偶，做什么都得顺应父母的意图，但由于能力不足，孩子又不敢自作主张，因此内心对父母既埋怨又依赖。溺爱也剥夺了孩子认识规则的机会。溺爱孩子的父母常无原则地满足孩子的要求，对孩子的要求让步，不能有力地约束孩子的不合理行为，孩子的内心就无法建立遵守规则的意识。在外界要求孩子遵守规则时，他会感到愤怒，并无理反抗，进而在人际关系中成为不受欢迎的人，也就享受不到友情的快乐，增加了在人际关系中受挫的可能性。

溺爱会让孩子没有感恩之心，觉得父母做的都是应该的，都是他们愿意的，所以自己无须领情、无须感激、无须回报。父母的爱甚至成为孩子控制父母的武器，孩子以自己生病、离家出走、自杀等对家长进行威胁，要求买手机、买电脑、为游戏充值等，家长担心孩子，所以一次次妥协，导致孩子一次次得逞。家长无原则和无底线的溺爱，让孩子掌握了家长的软肋。

现实总有不如意，在家长管不到的地方，如果孩子遇到困难，一系列问题就会随之出现，网络世界就成了孩子逃避现实的好地方。网络世界不但可以让孩子远离现实的烦恼，还可以满足他在现实世界无法满足的需要，溺爱孩子的家长给孩子提供了沉迷网络世界的可能性。

给家长支招

懂得孩子、信任孩子，把成长的权利还给孩子

沉迷网络世界的孩子快乐吗？那真的是他们想要的生活吗？答案是否定的，那孩子为什么陷入网络世界，无法自拔呢？因为现实无法满足他们的需要和内心的渴望，他们感到无能为力。要想帮助孩子从网络世界中走出来，需要家长真正懂得孩子，让孩子有能力应对成长中的各种问题，帮助孩子建立信心，让孩子有能力享受成就感，回归现实生活。

❀ 尊重孩子的独立人格

家长和孩子是完全独立的个体，父母和孩子之间是平等的，不要把孩子看成父母的附属品。你必须尊重孩子的选择，不要再持有"我的想法就是对的，不按我说的做就是错的；我做的一切都是为你好，你要听话"这样的思维模式。不要在任何事情上把自己的想法强加给孩子，请耐心地陪他一起慢慢获取生活的经验，请允许孩子按照自己的方式长大。请相信，你管得越少，放手越多，孩子就会越好。

❀ 把自由成长的机会还给孩子

溺爱的本质是控制，爱的本质是给予自由。要想帮助孩子重新回归正常的生活状态，需要把成长的机会还给孩子，停止对孩子的过度保护和干预，从孩子日常的生活起居到学校生活、再到人际交往，给孩子更多的空间和解决自己成长问题的机会。

❀ 温暖支持与行为管控兼顾

对待已经沉迷网络的孩子，家长一方面要给孩子温暖的支持，让孩子

感受到父母的爱，除了关心孩子的身体、生活，更要关心孩子的心理需求；另一方面要通过有效的行为管控来帮助孩子对自己的上网行为进行自主管理。行为管控不是强制性的，而是通过沟通和孩子达成一致，共同努力。任何强迫的行为都必然是无效的，家长在这个过程中起到的作用应该是引导、陪伴、监督、鼓励，同时寻找一些替代方案，帮孩子填补多出来的时间。帮助和引导孩子找到自己感兴趣的事情也是很重要的，如果不玩游戏后孩子变得更加空虚，就会使孩子继续回到网络世界。

❀ 相信孩子拥有成长的能力

家长需要对孩子有充分的信任，坚信每个孩子都是完美、独立的个体，坚信孩子早已具备了"成为他自己"的所有要素，就像一颗麦粒具备了所有成为一头麦穗的要素一样，这样家长就会安心地去做最简单的浇水、锄草工作，而不会费心安排种子何时出苗、何时开花，更不用担心它会长成一株野草。只有把成长的权利还给孩子，他才会真正成长为他该有的样子。

案例追踪

爸爸通过几次咨询，意识到自己对孩子过度溺爱，也意识到继续这样下去孩子这辈子就毁了。他回家和妈妈进行了沟通，夫妻二人意识到问题的严重性，决心为了孩子的未来，一定要改变原来的养育方式，先从改善亲子关系开始，让孩子感受到父母的爱，而不是控制孩子。在父母与孩子可以进行沟通的时候，再和孩子讨论手机管理和学习规划。关系有所改善后，孩子对于沟通不再那么抵触，只是在执行上还有一点难度。建议家长继续进行自我调整，以便更好地支持孩子的成长。

(宋飞 撰写)

"请相信我,我的孩子"

——亲子间信任度降低的原因及应对策略

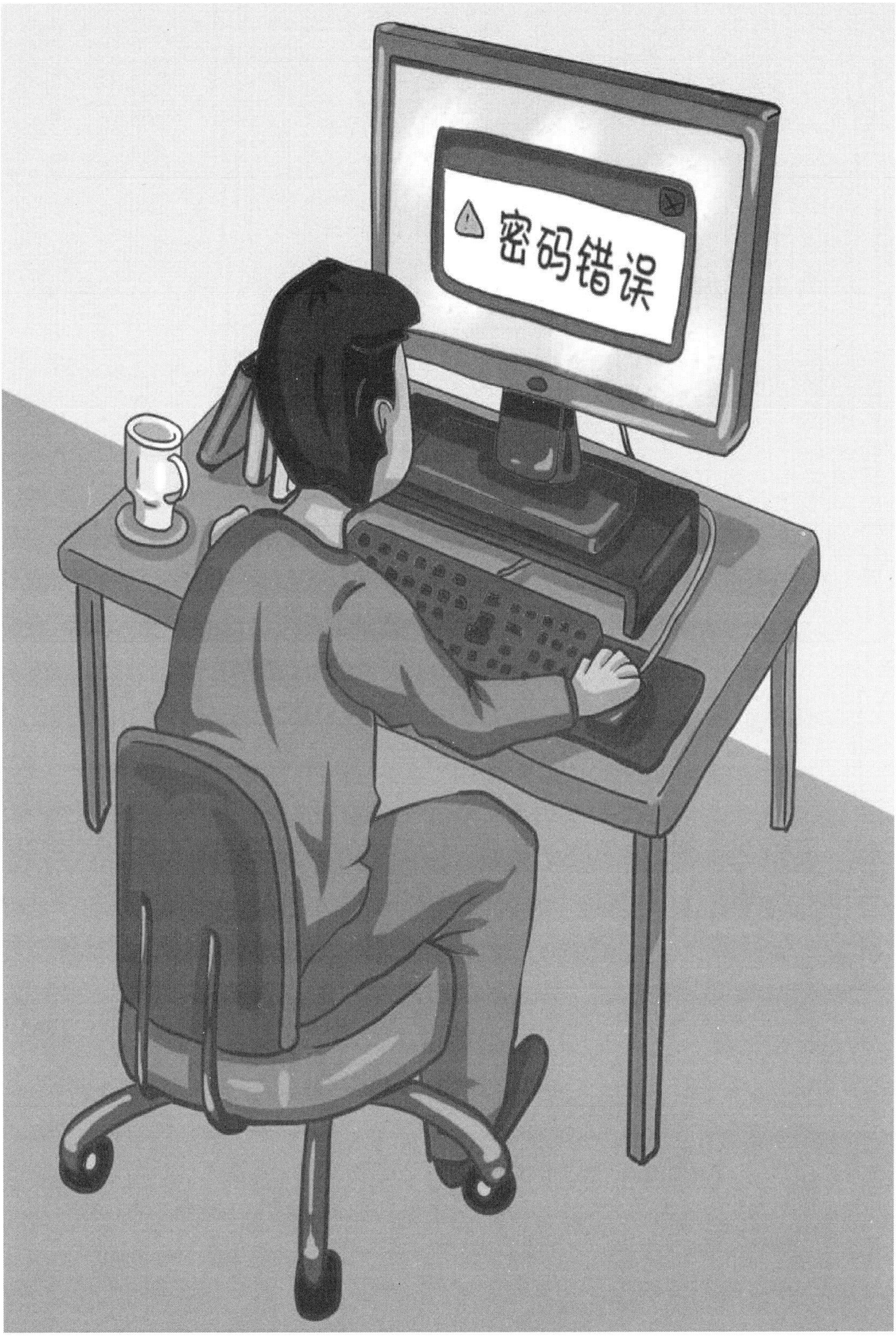
密码错误

孩子的每一次成长都能让父母欣喜不已。但随着孩子慢慢长大，在十三四岁的年纪时，很多家长发现，孩子开始有了自己的小心思。有些孩子好像总是在父母面前隐藏些什么，甚至有些孩子会对父母说谎。

渐渐地，由于亲子间的沟通日益减少，各种各样的问题也随之而来。那么，孩子为什么不再相信家长了呢？家长和孩子之间出现了什么问题呢？导致这种情况的原因又是什么呢？

人与人之间的交往建立在相互信任的基础上，父母和孩子之间的关系也是如此。由于父母与孩子的关系非常紧密，因此他们之间的信任关系也更加敏感和微妙。

心理学家经过研究发现，家长与孩子之间的信任关系对于孩子的成长十分重要，和家长关系紧张的孩子在长大后不太容易相信别人，也就很难交到朋友。

那么，我们先来看一个发生在我们身边的案例，然后再来分析青春期的孩子不那么信任父母的原因，最后再为大家提供一些相应的解决办法。

—— 案 例 ——

"叫我如何相信你？我最亲爱的人"

罗先生最近正在为孩子玩手机的问题烦恼不已。罗先生14岁的儿子小勇最近放学回家后就捧着手机不离手，还经常在周五、周六通宵玩手机。小勇在放假期间更是天天都在玩手机，不做作业，甚至不吃饭、不洗澡，对于家长的苦心劝说也是左耳进、右耳出。

但让罗先生头疼的还不只是小勇的玩手机游戏问题，而是每次他和妻子苦口婆心地向孩子讲道理时，孩子会直接甩出一句"谁还相信你们"，然后扭头便走。罗先生曾向游戏平台申请对孩子的账号进行父母监管，但由于小勇的戒备心很强，不知道小勇游戏账号的罗先生根本无法申请。

与此同时，罗先生还发现，家中的电脑不知在什么时候被小勇设置了登录密码，自己根本无法使用；并且被限制了零用钱的小勇似乎有着额外的"收入"，还在源源不断地向游戏账号充钱。罗先生猜测，小勇可能在游戏中通过交易物品的方式挣钱，但这种猜测被小勇一口否认了。

然而，14岁的小勇也有自己的烦恼：在他的心中，那个昔日为他遮挡风雨的父亲，不知何时已经慢慢变成了一个不值得信任的"骗子"。为了纠正小勇的不良行为，父亲曾答应过小勇，如果他帮父亲擦洗皮鞋，父亲就给他五元的零用钱。但当小勇拎着闪亮的鞋子向父亲"领赏"时，却换来一堆"父母挣钱不易，打工辛苦"的大道理。之后，小勇用积攒的压岁钱买的手机被父亲无故没收，自己花钱修好的电脑被父母占为己有……一次又一次的伤心经历告诉小勇——不要再相信家长。

案例解读

当青春期遇上不当的沟通方式

从这个案例中我们发现，父母与孩子之间不能好好交流，这导致双方就玩手机这一问题无法进行有效沟通，这是孩子沉迷网络不断加剧的原因之一。其中，父母和孩子之间出现了信任危机是沟通的主要障碍。解决了他们之间的信任问题，双方的沟通问题、孩子沉迷网络的问题也就能解决了。

那么，我们先来谈一下，为什么很多家庭中都出现了这种"孩子不信任家长，家长不相信孩子"的情况。

在一开始，我们先解答一个很多家长都有的困惑："孩子有了自己的秘密和想法，不再向父母倾诉，就意味着我们之间出现了信任危机吗？"答案自然是否定的。

儿童心理学家认为，在青春期，孩子的身体不断发育、成熟，已经慢慢趋近成年人，甚至有些男孩子到初三就长得和爸爸一样高。在心理上，他们开始关注自己的内心感受，思考自己的未来。一方面，他们往往将自己的内心封闭起来，不愿向家长和成年人说出自己的想法；另一方面，他们又渴望获得别人的认同与理解，因此他们更倾向于向同龄的朋友袒露心声。

心理学家认为，随着孩子年龄的增长，他们不再像小时候那样对父母无话不谈，这是孩子心理成熟的标志。因此，当家长发现自己的孩子开始有了自己的小秘密，不再是那个时刻汇报的"乖宝宝"的时候，不要过分担心，这是孩子正在慢慢成长、走向成人阶段的正常表现。

但需要注意的是，这时的青少年本身较为敏感，他们普遍认为成年人并不理解自己的真实想法。如果这时，父母采用了不适宜的沟通方式，那么就有可能出现前文中罗先生和他的儿子小勇之间的信任危机。

人际交往需要在两个人之间进行，而人与人之间的信任程度也是由交往的两个人所决定的。家长对孩子做了什么，孩子对家长做了什么，共同决定了家长与孩子之间会不会相互信任，因此我们必须从这两方面来看待亲子之间的信任关系。

在案例中我们不难发现，小勇对于父亲的不信任源自父亲的一次食言：父亲在和小勇进行人际互动的过程中没有表现出诚意，反而用各种"大道理"进行搪塞。而小勇也感受到了父亲行为背后的不诚信，因此表现出了自己对于父亲的不信任。正是这种充满着不信任的人际交往的不断产生，最终导致了亲子双方的怀疑与不信任。

并且，如果在日常生活中，父母时刻表现出对于孩子的不信任，那么这种不信任也会通过语言或行动传递给孩子，从而造成亲子之间的信任危机。例如，案例中的罗先生怀疑小勇利用游戏来赚钱就是对孩子的不信任，而这样的不信任导致了孩子对父母的防备，最终变为亲子信任的恶性循环。

与此同时，日常生活中家长对孩子的诚信与否不仅仅简单地体现在是否"相信"或"失信"于孩子，还体现在当孩子遇到了困难时，家长能否给予孩子无条件的支持。如果孩子能够随时随地感受到父母的支持与信任，那么他也会选择相信自己的父母。

给家长支招

用实际行动促进亲子互信

如果亲子间信任的桥梁已经出现了裂痕，那我们该如何修补，重塑健康的亲子关系呢？

做一个不食言的家长

信任是双向的，增强双方的信任总是要以一方的改变开始。

家长可以主动对孩子立下某些承诺，比如"周末去游乐园""这个暑假去外地旅游"等，这些承诺并没有任何前提，不需要孩子做出任何行动，其主要目的是向孩子展现父母的诚意，让孩子感受到父母是可以信任的。

及时鼓励孩子的诚信行为

父母可以与孩子商量，结合孩子的自身情况，为孩子制订一个较容易实现的短期目标，例如"这周日晚上十二点后不再玩手机"，然后在孩子实现目标后给予其相应的奖励。

心理学研究发现，父母对孩子做错事进行惩罚，虽然会在某种程度上纠正孩子的错误，但伴随惩罚而产生的批评、指责、愤怒等会使孩子与家长之间的关系恶化。相较于惩罚，对孩子做出的正确事情进行奖励，更能够帮助孩子养成良好的生活习惯。

因此，如果孩子没有实现自己之前许诺的目标，父母也不要过多批评；但如果孩子实现了目标，家长一定要及时夸奖孩子，鼓励孩子做出更多诚信的行为。

主动向孩子敞开心怀

心理学家认为，良好、亲密的人际关系总是伴随着双方适度的自我表露。自我表露是指向别人说心里话，坦率地展示自己。当一个人愿意向对方呈现出真实的自己时，对方会感受到他的真诚，并且作为回报，对方也会进行适度的自我表露。而随着双方自我表露加深，两个人之间的关系也会变得越来越亲密。

在父母与孩子的关系当中，家长对孩子进行适度的自我表露，能够让孩子体会到家长的真诚，有助于增强孩子对于家长的信任感。在这个过程中，家长要把握好表露的尺度：如果太掩饰自己，就达不到自我表露的效果；如果对孩子完全表现出自己真实的一面，就可能会让孩子觉得不舒服。

一般来说，适度地向孩子讲述自己的经历，适时地向孩子表露自己的感受，都是比较好的自我表露的方式，例如"在我读中学的时候，其实也有过暗恋的女孩""看到你因为这次考试失败了那么难过，我也很难受。虽然昨天指责了你很久，但其实我更心疼你"等。

（徐玮　撰写）

"除了摔手机,你还会做什么?"

——粗暴的教育方式所带来的问题激化

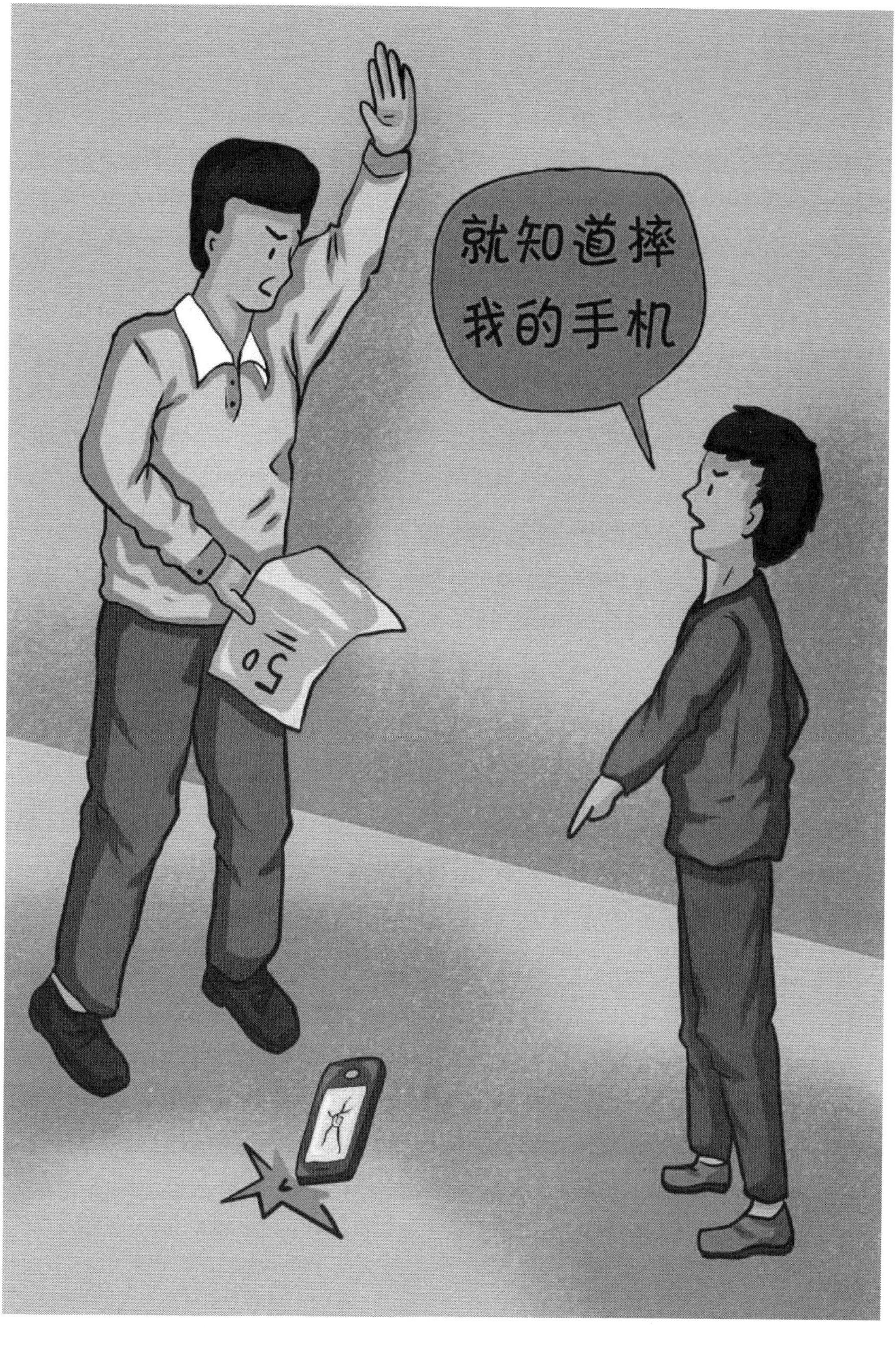
就知道摔
我的手机
50

对于初次为人父母的家长来说，当孩子做了不合规矩的事情时，我们往往都会下意识地用父母当年对待自己的方式来处理。毕竟父母是我们的第一任老师，影响深远。

这种影响，在我们自己成为父母的时候，很容易显现出来，不幸的是，如果父母在当时经常责难甚至打骂你，那这种影响更为根深蒂固。

想想看，你对待自己孩子的方式，是不是就很像你父母当年对待你的方式，或者，你的做法完全与当年你父母的做法相反，而孩子的脾气却像当年的父母？总之就像是走进了一个怪圈。很多孩子沉迷网络的家庭，更是困于这种恶性循环之中。

例如，我们发现，经历过因自己喜欢看动画片不写作业而受到父母呵斥、拔插座甚至摔遥控器的孩子，当他们为人父母时，也可能会用相似的方式对待自己孩子玩游戏的行为，比如责骂、断网、摔手机等。

如果他们没有意识到这一现象，那么这种不当的管理行为，可能会一代一代地传递下去。相信父母们意识到这一点的时候是既痛心又悔恨的，为什么自己变成了当年的父母，而孩子变成了当年的自己？究竟如何才能逃出这样的怪圈呢？

案 例

"除了摔手机，你还会做什么？"

小峰今年16岁了，读高一，平时在学校寄宿，话不多，性格比较内向。小峰高中以前的学习成绩在班级中上游。初中的时候，父母为了方便联系孩子，给孩子买了手机，他们偶尔也发现孩子抱着手机玩，但当时并没有当回事。直到高一期末时，小峰的成绩竟然从班级中等下滑到班级后10名，这可把父母气坏了。

后来，父母通过向老师了解情况才知道，小峰除了上课不玩手机，别的时候只要有机会就会偷偷玩。小峰的父母回想起来，每次周末回家后，孩子都把自己关屋里，原来他不是在学习，而是在玩手机！

小峰的爸爸小学毕业，和妻子经营着一家蔬菜铺，夫妻两人都没读过什么书，但很勤劳。他们深信棍棒底下出孝子，小峰的爷爷当年也是这么对小峰父亲的，所以小峰的爸爸对小峰一向比较严厉，妈妈性格则比较温和，但是喜欢说教孩子。

父子平时很少交流。小峰爸爸撞见过几次小峰玩手机游戏，对他都是责骂的态度，但并没有真正采取什么实际有效的措施。直到听说孩子成绩退步那么大之后，小峰爸爸非常愤怒，决定教训小峰一顿。

像往常一样，周末小峰一回来就躲进自己的屋里，父亲气呼呼地冲进小锋房间，果不其然，他正拿手机聊得起劲。父亲见状立马夺过手机，重重地砸到了墙上，然后一巴掌朝着小峰的脸扇了过去，又使劲踢了小峰一脚，骂道："考成这个样子还有脸玩手机？"

小峰捂着脸愣住了，泪水在眼眶里转了两下，然后愤怒地摔门而出。父亲吼道："走了就别回来！"

自此之后，小峰就再也不跟爸爸说话了，整天不吃、不睡、不运动，就只玩手机。成绩一降再降，最后只能休学在家。父母删过游戏，也尝试过切断网线、限制自由等，但都没能阻止小峰，手机也陆陆续续地摔坏好几个，最后发展到不给买手机小峰就以死威胁。他经常咬牙切齿地吼父亲："除了摔我手机，你还会干啥？"

小峰爸爸实在无计可施，也很困惑，一方面他想不通自己怎么就管不住孩子玩游戏？另一方面也纳闷，为什么过去他父亲用在自己身上的那一套，在小峰身上就不管用了呢？

案例解读

孩子已不是当年的孩子

中国古代也非常重视家庭教育，诞生了丰富的家庭教育理念。"修身、齐家、治国、平天下"，构成了我们基本的人生理念。但在几千年的发展过程中，中国的家庭教育思想既有精华又有糟粕。

在传统的中国家庭里，父亲一般对孩子的学业和道德行为管理非常严苛，俗话说"不打不成才""棍棒底下出孝子"，因此也就有了很多严厉的惩罚方式，例如打、骂、训斥等。

例如，《颜氏家训》中有这么一段描述："凡人不能教子女者，亦非欲陷其罪恶；但重于呵怒，伤其颜色，不忍楚挞惨其肌肤耳。当以疾病为谕，安得不用汤药针艾救之哉？又宜思勤督训者，可愿苛虐于骨肉乎？诚不得已也"。颜氏在此处拿体罚和治病来做对比，意即当子女生了病，父母怎么能不用汤药针艾去救治他们呢？父母本身也不想体罚孩子，但实在是迫不得已。因此，颜氏觉得体罚和训斥是纠正孩子行为的良方。

当代西方心理学理论也主张，父母既要严格控制孩子，又要鼓励孩子独立自主。

可是，为什么这样的方式常常不管用了呢？

原因在于，现在的孩子多为独生子女，很多独生子女在生活上被长辈过分包办、溺爱娇宠，导致以自我为中心。如果独生子女生活在传统严厉的家庭中，那么可能会默默接受和服从，并且不会表达和抒发情绪。就像案例中的小峰，虽然他对父母不满，但是不会反抗和表达，只有在实在无法承受时，才会一下子爆发出来。有些人可能还会做出伤害他人甚至自杀的行为。

这个时候家长要做的就不是严格要求和体罚了，而是应该培养孩子的独立性、增强其抗挫折的能力并帮助孩子学会分享和沟通。

给家长支招

跳出粗糙教育的怪圈

在处理孩子因为网络使用过度而导致的不良行为时，要知道一点，问题的解决不是一蹴而就的。家长必须要摒弃之前粗糙的教育方式，比如打骂、强迫、讽刺等。孩子的变化和进步，是家长和孩子共同努力的结果，家长需要及时鼓励孩子，让孩子保持良好的状态，有坚持改变的动力。下列方法，并不意味着实施一次就能完全改变孩子网络使用过度的习惯，需要实施一段时间才有效果。

❀ 父母控制情绪

控制情绪是家长要做的第一步。因为当家长热血冲脑，无法控制自己的情绪时，孩子学到的就是情绪化的处理方式。家长遇到事情时，最好先停下来，思考一下。然后运用接下来的方法进行问题解决。

❀ 培养新式关系

接下来要做的，就是培养一种新式的亲子关系，从这一代开始，切断恶性亲子关系的循环。

（1）和孩子站在一起

家长需要注意自己的说话方式，对于叛逆期的孩子，千万不能用打骂、摔手机等强硬的方式去处理问题。因为家长如果情绪化地处理问题，孩子看在眼里、学到的也是情绪化处理问题方式，而不是去理性、深入地思考。

另外，也建议家长不要一直在孩子身边念叨孩子不喜欢听甚至反感的话语，包括"逼"孩子上学，或者说"老师都是为了你好"这种站在老师那一边的话，这会让孩子觉得所有人都不理解自己，并且对父母失望；父母要主动关心除了孩子学习的方方面面，比如孩子是否在学校里遇到了不愉快的事情。当然，家长还要注意和孩子交流的时间和频率。总之，核心就是让孩子感觉爸妈是和自己是"一伙"的。

（2）鼓励孩子提出自己的解决方案

当孩子的逆反心理比较重时，一味地压制孩子，反而会激起孩子的反抗欲。当孩子不认可父母提出的解决方案时，父母应该鼓励孩子自己提出解决方案，而不是一味地发脾气。

（3）全家齐出动

新式的关系以陪伴为主，比如每周选一个时间和孩子一起出门，看电影、旅游或爬山。父母可以借此了解孩子的近况，包括所玩的游戏。交流沟通时，父母要清楚自己的底线，比如，一定要保证孩子的健康和生命安全，也要保证父母的安全，或者一定要约定孩子和父母都不准发脾气。其他方面，都可以敞开谈。

（4）发现孩子的优点

这些优点不一定要是学习方面的。比如，一家人外出郊游时，孩子能用手机导航、认识外语等，这些都是值得被家长肯定的点。其实孩子没有优缺点，只有特点，就像是火可以煮饭，也可以摧毁建筑。孩子的优缺点就像火一样，放对了地方就是优点。比如性格内向不爱说话的孩子，如果让他做不接触人的工作，他可以做得很好。

（5）夫妻关系融洽

夫妻关系就如同家庭大厦的根基，和谐的夫妻关系是最好的家庭教育，它决定着家庭的氛围。如果夫妻关系较差，建议家长首先处理好双方的关系，可以共同去接受家庭咨询。

（6）寻求专业人员帮助

如果您确实不知道如何和孩子沟通，那么寻求专业人员的帮助是一个好方法。假如孩子比较排斥，也可以自己先去进行心理咨询，一是排除困扰自己的情绪，二是在了解孩子的情况后，能更有效地与孩子交流。如果需要邀请孩子加入心理咨询，可以先和孩子交流，说心理咨询和人感冒吃药打针是一样的，可以帮助他更快地恢复身体状态，不要让孩子有心理负担。

（孟祥寒 撰写）

孩子，我该如何重新靠近你

——给重新回归家庭的父母的一些建议

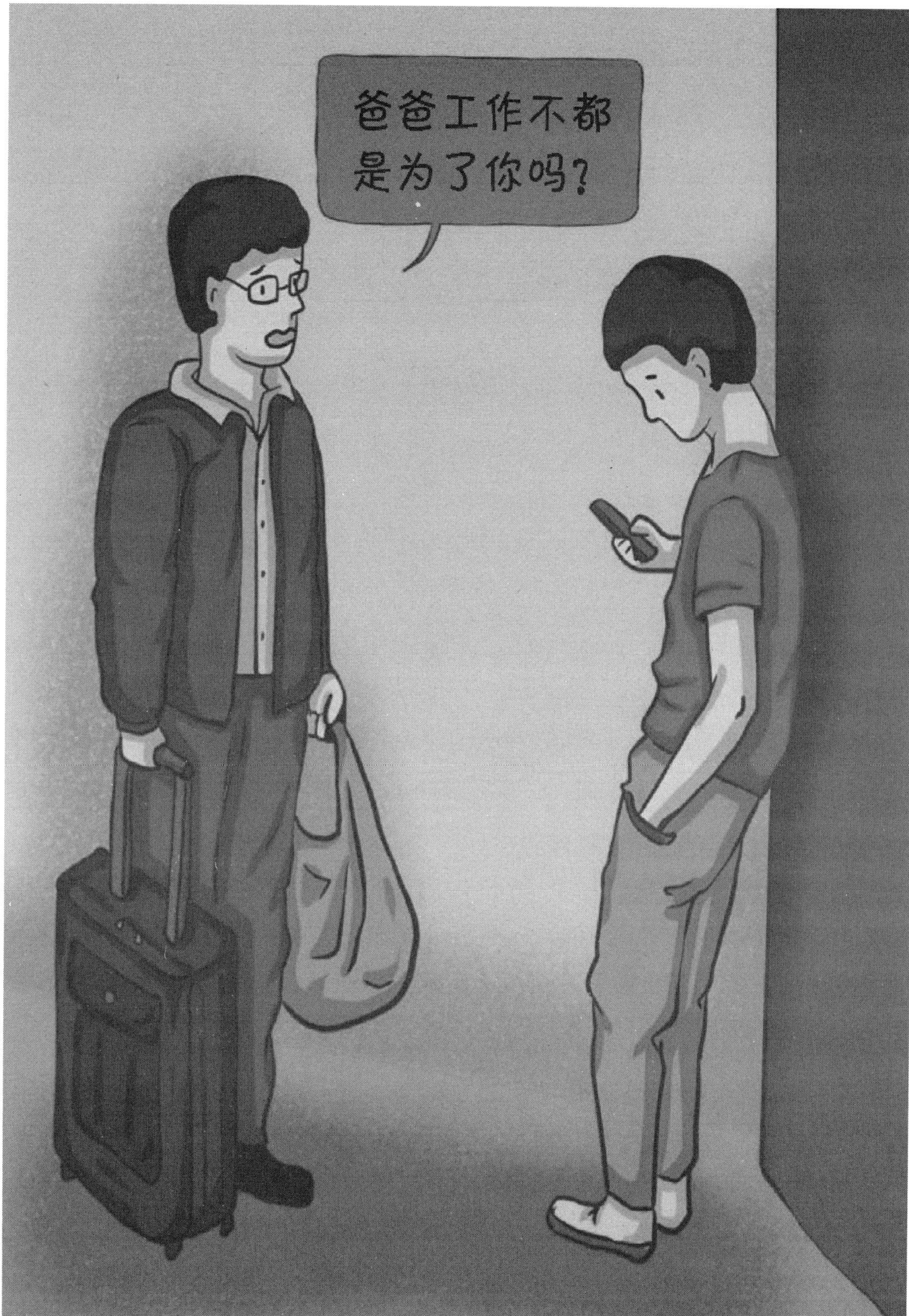
爸爸工作不都是为了你吗？

中国青少年研究中心 2015 年的调查表明，我国有 6000 多万留守儿童，他们父母回家的频率不高，22.7% 的父母一年以上才回家一次，有 26.2% 的父母半年到一年回家一次。

在远方思念孩子的父母，在家中等待父母的孩子，一年一到两次的见面，想必会非常温馨和谐，可事实呢？短暂的幸福之后，常常是越来越激烈的争吵。

好不容易回家的父母很失望，他们失望地发现孩子不是自己期望的样子，或许是没有取得应有的好成绩，或许是养成了一些"坏"习惯；而好不容易等来父母的孩子也很伤心，在孩子看来父母一回家就"教训"自己，父母真的爱自己吗？

横在父母和孩子之间的"隔阂"，究竟要如何才能消除呢？

重新回归家庭的父母，应该如何修补与孩子之间的关系呢？

让我们先来看一个案例。

—— 案 例 ——

失望的父母和乖戾的孩子

魏先生是一个要强的人，从儿子三岁起，他和妻子就先后外出打工，把孩子交给爷爷奶奶照料。这些年，夫妻俩也赚到一些钱，在家里盖起了新楼房，成为村里人人羡慕的家庭。一年前，儿子上初中了，魏先生给儿子买了一部手机，希望他能多和父母沟通，别总跑出去玩以免被社会上的人带坏了。可没想到，孩子自此接触到了手机游戏，竟然沉迷其中。

魏先生和妻子商议之后，决定辞掉外地的工作，回家陪伴、教育孩子，弥补一下这么多年来对儿子的亏欠，期待一家人可以团圆美满。可回到家后，事情并没有像原先预料的那样发展，亲子关系并没有因为距离的拉近而亲密起来，反而充满了矛盾和冲突。孩子根本不服从父母的管教，对父母的话也爱答不理，多说几句就急躁、发脾气；平时就喜欢抱着手机玩游戏，也不愿意用功读书，成绩自然是毫无起色。

孩子经常玩游戏到凌晨一两点也不睡觉，夫妻俩气得火冒三丈。有一次魏先生没忍住，就吼了孩子一句："就知道玩手机！"。孩子推了父亲一把，愤怒地喊着："你们回来干什么，天天看不惯我，还不如走得远远的呢！我讨厌你们，我有今天都是你们害得。"看着和自己一样高的儿子对自己愤怒喊叫，魏先生感到又愤怒又失望，魏先生的妻子则感到孩子已经无药可救，无助又悲伤。

夫妻二人经常在一起唉声叹气："我们外出打工、辛苦赚钱，还不是为了他，可他现在这个样子，我们还有什么奔头啊。"

案例解读

修复亲子关系需要时间

案例中的魏先生和妻子，希望通过外出打工改善家庭生活，为儿子创造更好的生活条件。通过多年的辛苦打拼，他们为家里盖了新楼房，还有能力为儿子买手机，可儿子却沉迷于手机游戏之中。关心儿子的魏先生在和妻子商量后辞掉了外地工作，希望回归家庭照顾好儿子，但在与儿子的相处中，反而困难重重。这中间究竟存在着什么问题呢？

首先，父母关爱的长期匮乏，会造成亲子之间情感淡漠。

父母外出打工后，亲子之间缺少直接的互动，造成了父母关爱的长期不足。作为父母教养方式的核心，父母关爱包括情感关爱与物质关爱。通常情况下，父母在外打工赚钱，可以保证孩子的基本物质需求，也会通过打电话等方式来关注和引导孩子成长，但对孩子情感层面的关注和接纳仍然是有所欠缺的。

父母关爱的长期不足，会造成儿童抑郁、焦虑、孤独等情绪问题，以及学习成绩下降、沉迷游戏、不遵守规矩等行为问题。这些问题会让在外打工的家长担心焦虑、无所适从，甚至像案例中的魏先生一样，想通过重新回归家庭的方式，来补偿孩子、教育孩子。

但是，长期在外的父母应该明白，良好亲子关系的建立是一个长期的过程。父母和孩子之间的关系其实有两种：一种是血缘或身份关系，这种关系是天然的、纵向的，父母是权威的一方；另一种是情感关系，这种关系是后天的、平等的，需要高质量的情感交流和陪伴才能建立。

很多父母会忽略情感关系，认为父母生了孩子，孩子应该爱父母、听父母的话，亲子关系是不需要努力经营和维系的。这样的观念是不合理的，对孩子也不公平。亲子之间的沟通，应该建立在良好、亲密的情感基础上，如果魏先生夫妻能够先着手经营和儿子的情感关系，相信他们与儿子的沟通会更加顺利。

其次，对孩子的教育，不应该是只提要求。

重新回归家庭后的魏先生，对于儿子学习成绩不佳，沉迷手机游戏，感到非常担心，急切地想要教育好儿子，这是可以理解的。但是，操之过急反而会适得其反。

孩子长期不和父母生活在一起，在情感上比较淡漠，亲子之间是"熟悉的陌生人"。如果父母一上来就对孩子提各种要求，反而会打破孩子长期以来形成的生活习惯，造成孩子的叛逆行为，在心理学上，这叫作自我价值保护——避免因为他人的否定而带来自我价值威胁。

最后，案例中的魏先生和儿子因为玩游戏发生了一次激烈的冲突，魏先生怒吼孩子，儿子对父亲大喊大叫。这次冲突让魏先生感到既愤怒又失望，让妻子感到无助又悲伤，甚至觉得儿子无药可救了。其实，在亲子关系中，冲突并不总是坏事，只要能够建设性地处理冲突，就能化危机为转机，使其成为扭转亲子关系的契机。

给家长支招

相互接纳，真诚沟通

❀ 让孩子看到父母离家背后的牺牲和付出

父母外出打工必然会导致留守儿童的问题行为吗？我们应该一分为二地看待这个问题。一方面，父母无法陪伴孩子，对孩子的关注、引导和支持的减少，会造成儿童的情绪问题；但另一方面，父母外出打工可以提升家庭的社会、经济地位，给孩子成长带来新的世界观、生活观和家庭观，孩子也会更懂事，自理能力更高。因此，应该让孩子看到父母外出打工的辛苦，父母的努力付出对家庭的意义，以及父母无法陪伴在孩子身边的无奈。

案例中的魏先生可以坦诚地跟儿子聊一聊，比如"爸妈这些年一直外出打工，陪伴你的时间很少，你一定很怨恨爸妈吧？爸妈有时候也很自责，因为错过你的童年而感到遗憾。可是，如果爸妈不出门打工，家里的条件就会很差，我们就不会有新房子住，你也不能有新手机。你一直很懂事，爸妈觉得有你这样的儿子很骄傲。你最近沉迷手机游戏，你能说说最近有什么不满和烦恼吗？"

❀ 重新回归家庭之后，父母首先要做的就是完全接纳孩子

在重新回归家庭后，在孩子教育上，父母要有足够的耐心，不宜操之过急，不要急于纠正孩子长期以来养成的生活和学习习惯，否则会让孩子没有安全感。

我们可以平心静气地思考一下，如果想让孩子养成好习惯，具体有哪些做法。事实上很多家长要么采用严厉的批评，要么进行苦口婆心地劝说，本质上都提出了很多要求。无论哪一种方式，其潜台词都是"你要变成父母期望的样子，这样父母才会爱你"。

孩子的反应可能有两种：要么试着改变一下，可因为要求太多，很难达到，所以产生畏难情绪，最终自暴自弃；要么干脆反叛，维护自我价值，觉得父母看自己不顺眼。无论孩子是哪一种反应，都意味着父母的教育是失败的。

重新回归家庭的父母，不如先放下自己急迫的心情，先去靠近孩子、理解孩子、接纳孩子，用行动告诉孩子："无论你是什么样的，父母都爱你。"其中比较好的做法是：发现孩子旧的生活习惯，并提出替代方案。如父母发现孩子放学回家习惯自己玩手机，就可以做出这样的提议："以前父母不在家，你比较无聊就习惯玩手机，现在父母回来了，能不能先和父母聊聊天，一起吃个饭，你再去玩手机？"

等孩子习惯了这种生活方式，再进一步提出新的变化方案，让孩子在现实世界也能感受到理解、安全和快乐。要明白，习惯的改变一定要源自当事人内心的认同，否则只会给人带来巨大的痛苦。

❀ 平等沟通，让孩子教会父母，怎么做才能成为好父母

父母与孩子之间的争吵，要保持平等往往是不容易的，父母很可能会想用家长的身份来压制孩子。父母要注意自己是否有这样的倾向，不要轻易评判孩子观点的对错，放下身段跟孩子平等沟通。在争吵中，应说出彼此的需要、解决的方法，以及今后改善的具体措施。

在案例中，儿子的话虽然伤人，却表达了一些内心的真实感受，父亲可以借此跟儿子平等地沟通一下，如"儿子，你刚才说父母看不惯你，你也讨厌父母，爸爸有些伤心，爸爸想知道，你为什么会这么想呢？"

儿子可能会就此说出父母重新回到家庭后自己的一些想法和感受。接下来魏先生可以继续问："儿子，你刚才说的话，爸爸之前没有想到，父母想和你好好相处，你觉得父母应该怎么做，你才会感到父母关心你呢？"

当孩子说出自己的需要和对父母的期望后，魏先生可以先给孩子做出保证，"儿子，你说的这些要求，父母会尽量做到，假如父母做到的话，你会怎么做呢？"引导孩子做出改变自己的保证。

（王进、汪娜 撰写）

"除了成绩,你还在乎什么?"

——不让成绩成为挡在父母和孩子之间的墙

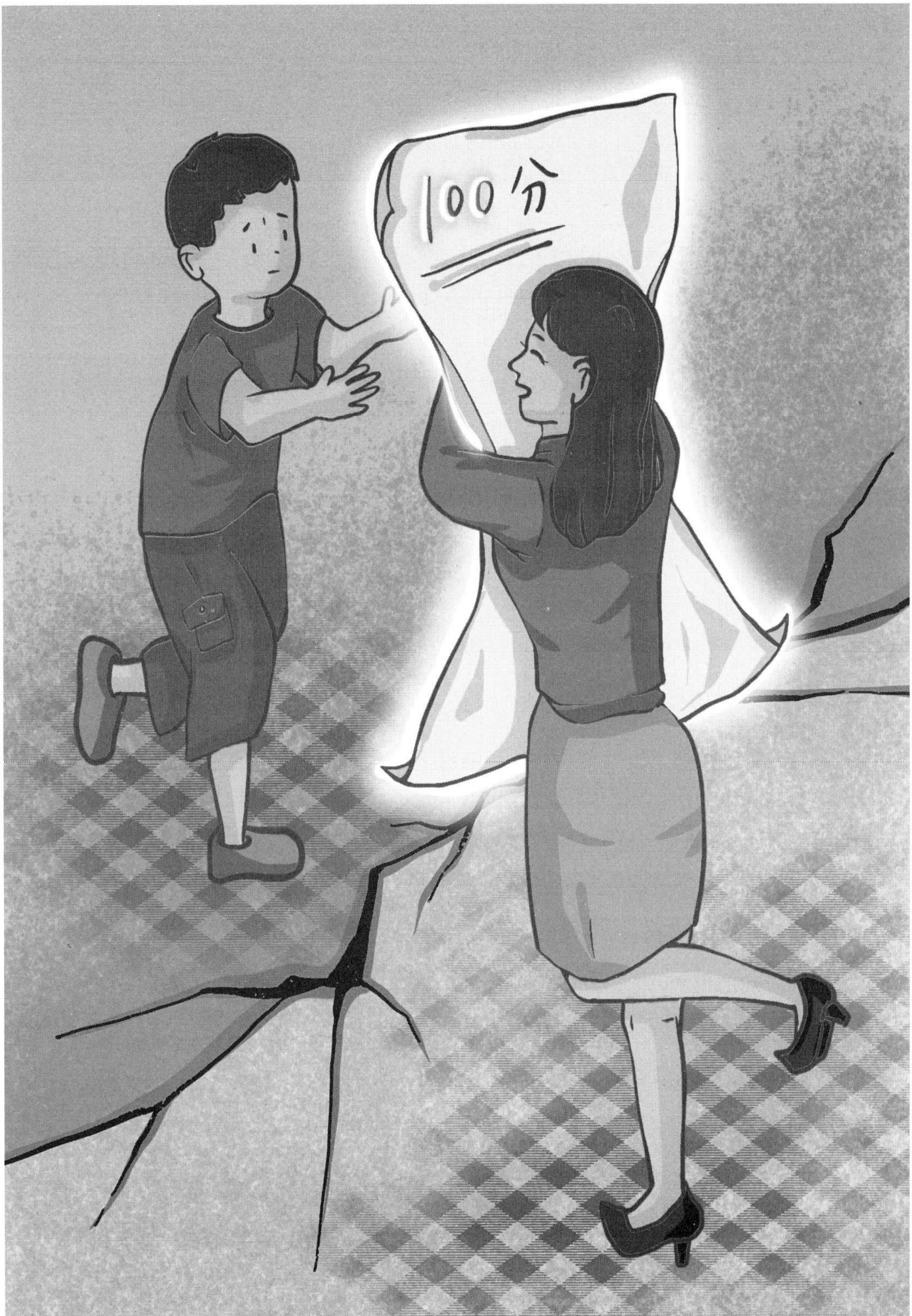
100分

虽然现在高校的招生数量越来越多，但是每个家长都希望孩子可以上更好的大学。由于优质教育资源稀缺，家长为了让孩子享受更好的教育资源，从孩子还没上学时就开始焦虑，很多家庭把孩子的成绩放在第一位，希望孩子能在激烈的竞争中脱颖而出。家长的心情可以理解，但过度强调分数、甚至以分数为标准来主导孩子的全部生活，会严重影响孩子的性格和心理，最终会危及亲子关系。我遇到过几个来自北京一些著名中学的学生，他们在班级、年级名列前茅，但来咨询的原因是自卑，觉得自己不够好。因为他们的成绩永远不能让父母满意，考好了还有更高的标准等着，没考好就没有好脸色。孩子说感觉父母只爱成绩，不爱自己。

对于"唯成绩论"的家庭，孩子和父母之间的爱的流动被成绩阻挡着。其中一部分孩子觉得自己永远也达不到父母的标准，这让自己变得越来越没自信，内心渴望被欣赏和被认可的需求无法得到满足。这时如果有机会接触游戏，他们很容易陷入其中，因为游戏的设计抓住了孩子对认可、成就和关系的需要，即时奖励、升级、战队等游戏设置让孩子在游戏中享受到游戏的快乐、不断升级和获得奖励的成就感，以及共同游戏的小伙伴之间互相支持和鼓励的感觉。这些"唯成绩论"的家庭，逐渐把自己的孩子推向游戏的世界。

案 例

家长只爱成绩，不爱孩子？

小浩妈妈说以前小浩性格十分开朗，成绩好，聪明，也很听话；现在小浩在重点中学就读，老师、家长都对他寄予厚望。小浩从小养成习惯，把作业都记在记事本上，每天晚上，家长都会陪他写作业。小浩写完作业家长会根据记事本上的作业记录给他一一检查，还有个习惯就是每次考完试和孩子一起制订学习目标和计划。小浩在小学的时候一直都是其他家长眼中的"别人家的孩子"，但是小浩妈妈觉得孩子还有潜力。小浩上初中后，对于家长陪写作业和关心成绩表示不耐烦，多次要求自己写作业，可是妈妈觉得不看着孩子写作业不放心，尤其担心孩子玩手机。在陪写作业这件事上妈妈和小浩没少吵架，妈妈感觉孩子的脾气也越来越差，有时候去洗手间半小时都不出来。后来妈妈觉得这样也不是办法，孩子大了可以给他点空间，就不在房间里陪着他了，但是要求孩子写完作业来找妈妈检查。过了大概不到一个月，孩子开始以各种理由不让妈妈检查作业，妈妈感觉孩子年龄越大、脾气越大，越来越拿他没办法。

上初二以后，小浩的成绩开始明显下降，妈妈被班主任找了几次，说孩子上课不专心，有时候还睡觉，成绩下降太快，希望家长多关注一下。妈妈一听一下就慌了，这样下去怎么能考得上好高中、好大学呀！于是就给孩子又报了几个补习班，孩子觉得都没和他商量就报班，他很生气，虽然后来还是去上课了，但是因为上课玩手机和老师产生了冲突，甚至打了起来，没办法就把课退了。

从那以后妈妈一问成绩孩子就发火，晚上一吃完饭就进房间锁门，也不知道他在房间里是写作业还是玩手机，也不知道他几点睡。后来妈妈和爸爸商量决定在他房间安装摄像头，这样就可以知道他在房间里做什么了。趁孩子上学的时候他们给孩子房间安装了摄像头，不看不知道，一看吓一跳，孩子晚上就用一点儿时间看书、写作业，大部分时间都在戴着耳机玩手机。父母看着视频监控气得直哆嗦，就这样看了一周，妈妈实在没忍住把孩子说了一顿，孩子意识到自己房间装了摄像头，像疯了一样把房间翻了个遍，东西扔得满地都是。爸爸气急了就动手打了他，孩子也反抗，把爸爸推倒在沙发就回房间锁了门。父母以为他要自己冷静一下，没想到孩子报了警。警察来到家里，孩子说父母从来都不爱他，从小到大就知道让他学习，把他当成学习的机器，对他的成绩从来就没有满意过，每天就知道问学习、问作业、问成绩，其他的都不关心……

听到孩子的控诉，爸爸妈妈都傻了，没想到在孩子眼里父母是这样的。

案例解读

成绩——挡在父母与孩子之间的墙

家长期望孩子成绩优异、考上好的大学，期望他们将来能有个好的前途，期待他们比同龄人更优秀，这都是出于对孩子的爱。但这样的爱是一把双刃剑，用正确的方式表达出来能促进孩子提升成绩、使亲子关系融洽；若用错误的方式表达出来则会害了孩子、伤了亲情。

家长关心成绩并非是不爱孩子，也不是影响亲子关系的关键。影响亲子关系的根源，在于家长重视成绩的同时忽略了孩子的内心感受与心理需要，让孩子感受不到温暖和自身价值。

小浩小时候乖巧、听话、学习好，虽然家长给孩子安排了满满的学习任务，孩子仍然听话顺从。是孩子天生就不想玩而爱学习吗？答案多半是否定的，玩耍和游戏是孩子的天性。案例虽然是从家长视角叙述的，但是我们仍然可以感受到家长给孩子带来的焦虑、压力和控制。对于一个孩子来说，也许听话是他应对压力的办法，他只有听话才能得到家长的夸奖，使家长的安心，以及为数不多的可以自由玩耍的时间和空间。而在父母的监督、陪伴、指导下学习，无论成绩如何，对孩子来说他感受到的都是"我不被信任、我不够好、我没能力独立完成学习"等信息。很多时候即使孩子成绩好，也无法得到父母的肯定，让父母满意。父母可能担心夸孩子会让孩子骄傲，但是如果考了好成绩还是得不到肯定，孩子就会越来越对自己感到失望，越来越自卑，越来越挫败。当然最重要的是孩子可能很难从学习中体验到乐趣，学习和成绩只是他和父母沟通的途径。孩子会逐渐感觉，父母爱的是有好成绩的孩子，没有好成绩父母就没有好脸色、好脾气，就没有爱。

  随着年龄的增长，尤其是到了青春期，孩子的自我意识会进一步发展并成熟，他们有了自己的人生观、价值观，并能独立评价自己和周围的事物，要求自立，要求被尊重，开始有了自己的想法。而很多家长还没有意识到，随着孩子的成长，家长的教育方式也需要进行调整。小浩的妈妈还想像小浩小时候一样陪孩子写作业，但这对初一的孩子来说已经不适合了。于是孩子开始反抗，家长无奈之下只能被动调整，但是仍然不甘心，还想通过各种方式了解和监控孩子。在亲子关系的斗争中没有赢家，孩子一直在家长的监控和压力下学习，很难真正对学习有兴趣，而一旦争取到自由的时间，就会自己想做的事，而当下最吸引孩子的就是游戏了。游戏是孩子和同学们沟通交流的话题，游戏也会使孩子忘记烦恼获得短暂的快乐，游戏还能给孩子一些在现实生活中、在家长那里无法获得的成就感和认可。而玩游戏是家长最忧虑和担心的问题，对于自己的担心，家长选择的不是相信孩子、和孩子沟通、让孩子进行自主管理，而是强硬粗暴地进行干预，甚至有的家庭会为了监控孩子在孩子的房间里安装摄像头，这些过度的干预和监控都可能成为亲子冲突的导火索。

给家长支招

找回那颗爱孩子的初心

家长往往都是在孩子出了问题，甚至问题比较严重的时候才寻求帮助，这时候解决问题的难度也比较大。在当今社会环境下，几十年前那种放养和顺其自然的家庭教育方式已不再行之有效。当下的家庭孩子少、父母有学识、社会期待高，因此在教育孩子的问题上家长需要更用心。成绩对孩子的升学之路是有助益的，但不是生命的全部，当我们要求成绩的时候，不要忘了我们的初心。所有家长的初心都是对孩子的爱，希望孩子幸福、快乐。那么作为父母，尤其是青春期孩子的父母，我们需要和孩子一起成长，这样才能给予孩子适合的教育，让孩子用自己的努力创造属于自己的幸福，也才不会把孩子推进网络的虚拟世界。

家长要把学习还给孩子

每次听到家长说起孩子的学习，透过语速、情绪和表达的内容我能感受到家长满满的焦虑。当我问家长："在学习的事情上，谁更着急？"家长往往会说："当然是家长更着急了。"谁更着急，谁就更主动，谁就会去负责。家长们就会像小浩妈妈一样陪着孩子写作业、给孩子定计划、定目标、张口闭口都是成绩，就差替孩子学习了。我们都能理解父母希望孩子成绩好的心情，但是怎么才能把学习这件事还给孩子，而不是父母自己承担呢？家长在孩子学习上应该承担的角色是什么呢？家长应该让孩子觉得学习是自己的事，这需要放手让孩子去做本该自己做的事情，在自主完成的过程中体验到学会新知识的快乐，体验到自己完成任务的成就感，并能得到适时的肯定和鼓励，这样孩子就会更愿意去学习、去体验。家长在这个过程中是陪伴者、鼓励者、支持者，家长应该给孩子充分的信任、鼓励的眼神、必要的支持，陪伴孩子成长。

家长要学习面对自己的焦虑

家长的自我焦虑，不要转嫁给孩子，将焦虑转嫁给孩子不会带来更好的结果。很多家长表示，孩子一上学，家长一加入家长群就如同进入了焦虑的海洋，其他家长夸奖他们的孩子会使自己焦虑，其他家长给他们的孩子报课外班也会使自己焦虑，听闻别人家的孩子取得了优异成绩或者获得了奖项也使自己焦虑，班主任没有在群里表扬自家孩子更使自己焦虑……如果家长自己都不够稳定那么焦虑就会无处不在。焦虑让家长忘记了自己教育孩子的初心，忘记了自己孩子的资质特点适合怎样的教育，忘记了每个孩子都有他自己成长的方向，家长们会被焦虑所牵引，除了成绩其他似乎都不重要了。

家长需要做的是面对自己的焦虑，问问自己在渴望成绩的背后，真正想要的是什么？担心的是什么？问问孩子真正想要的是什么？当我们想要给孩子的爱被成绩无情地阻隔时，我们该如何打破阻碍？

当家长认真地回答了这些问题，才会更好地理解他们自身的焦虑，当他们不再那么焦虑的时候，爱的流动就会自然而然地发生。

对于孩子使用手机家长该如何对待

手机对于孩子已经成为必需品，大部分小学生已经人手一台手机。对待手机，有强硬型家长坚持不给孩子手机，视手机如猛虎；也有监管型家长给孩子手机，家长会对手机的使用进行一定程度的要求和监管；还有自由放任型，由着孩子自己随便用。

怎样的态度是合适的呢？第一种情况，在孩子小的时候可能比较容易实现强硬管制手机，当孩子大一些，手机使用需求变大，手机的人际功能及孩子的反抗意识增强的时候，家长约束手机使用就会变得困难。即使家长做到坚决不给孩子手机，对孩子来说也会损失一些与同学沟通和交往的话题和机会。这种强制管理带来的结果是孩子一旦脱离管制，就可能失控，因为他没有学会自主管理。第二种情况可以分为两种可能，一种是父母制订使用规则，孩子在规则内有一定的使用空间和自由，另一种是与孩子沟通，表达父母的担心和期待，让孩子自己制订规则和监管方案，双方共同执行。第三种情况，很多家长没有意识到手机可能给孩子带来诱惑和影响，自我管理能力好的孩子可能会因为家长的信任和自我期待管理好自己，还有一部分孩子可能会任由自己沉迷其中，当父母觉察到的时候，常常为时已晚。其实手机不可怕，手机已经成为我们学习、社交、娱乐的最重要途径之一，无论对儿童还是成年人都是一种重要的工具。对待手机，重要的是我们的态度和有效管理措施。

在如何使用、使用时间、如何监管等问题上，并没有标准答案。这要看孩子的自我管理能力和手机的使用情况等，重要的是你是否信任孩子、是否关注孩子的需要、是否愿意和孩子沟通。在手机的问题上，预防永远比过度使用后去干预更有效。能否管理好手机使用的问题也是亲子关系亲疏程度的体现。对于案例中的小浩，家长应该先放下对成绩的执念，真正关心孩子，重建彼此信任有爱的亲子关系，再和孩子沟通如何使用手机的问题，给孩子一些空间和信任，孩子也一定愿意理解父母，去做他该做的事，承担该承担的责任。

案例追踪

妈妈听到孩子对警察说出的控诉之语，感到很震惊，她从来没有意识到她要求孩子学习、期待孩子有好成绩、每天监督孩子会导致孩子如此大的愤怒和反叛。孩子初二一年的变化也让她开始反思到底什么样的家庭教育是合适的，于是她开始寻求心理咨询师的帮助、参加一些家庭教育的学习活动。对孩子有了更多的理解后，她开始在和孩子的关系上努力，给了孩子更多的自由，减少了一些控制，不再每天一回家就问孩子作业写没写，开始关心孩子在学校其他方面的事情。孩子从开始的不理不睬，到现在偶尔应和，也算是有了一些进步，家长感受到孩子的变化，愿意继续咨询和学习，也期待孩子可以有更多的改变。

（宋飞　撰写）

别让网络游戏成为孩子最重要的"关系"

——如何与孩子建立良好的亲子关系

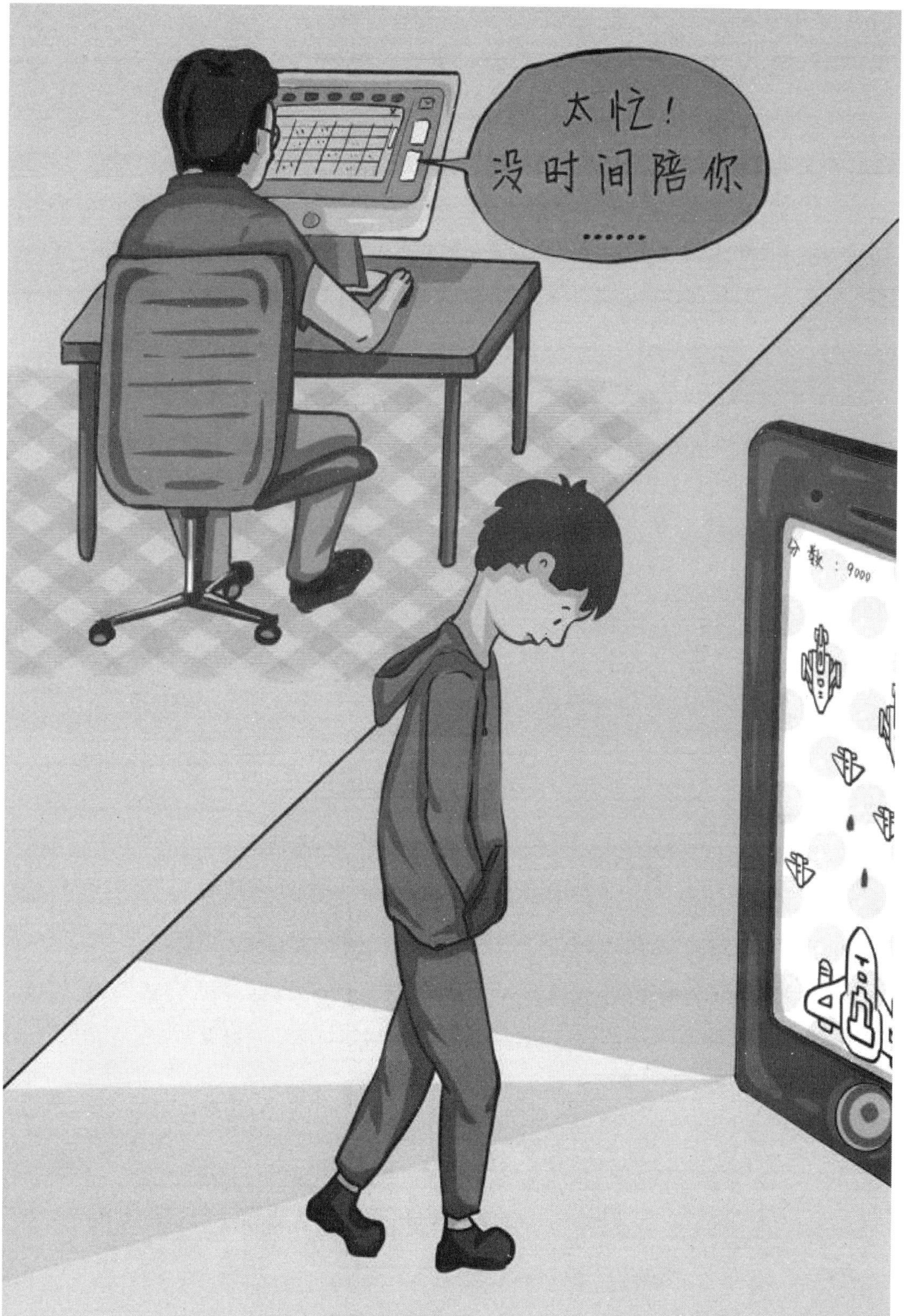
太忙！
没时间陪你
……
分数：9000

在第 16 单元中，我们提到了美国心理学家哈洛用恒河猴做过的一项著名心理学实验。哈洛发现，那些与其他猴子隔绝、由"绒布妈妈"抚养大的猴子性格极其孤僻，不能和其他猴子一起玩耍，甚至在性成熟后不能进行交配。于是，哈洛对实验进行了改进，为小猴子制作了一个可以摇摆的"绒布妈妈"，并保证小猴子每天都会一个半小时的时间和真正的猴子在一起玩耍。被这样哺育大的猴子，长大后其性格和生活基本上与其他猴子无异。

虽然这个实验的对象是猴子，但很多心理学家认为，其结论对于人类婴儿同样适用。人的成长不仅需要物质上的供给，还需要心理上的养育，后者的"养分"来自高质量的关系。人对关系的渴望是与生俱来的，在一个人发展的早期，最重要的关系来源无疑是父母，如果在父母端得不到情感上的满足，孩子也可能转向其他对象，以满足对关系的需求。

案 例

不在场的父母，唾手可得的游戏

小李从小是大家眼中"省心"的孩子，性格安静内向，不管在家还是在学校话都不多，从不惹是生非，成绩也不错。因为小李乖巧，加上父母工作都很忙，因此父母很少过问他的学习和人际关系，平时家人交流也比较少，只是把孩子基本的生活起居照顾好。

然而，自小李从初二开始玩网络游戏，小李一家的平静生活就被打破了。一开始，由于父母对小李的学习状态不了解，还以为孩子和平时一样在屋里学习，没想到儿子早就迷上了游戏。很快，"小玩怡情"发展为无限制地玩，春节放假期间，小李几乎天天闭门不出，在家打游戏，对父母的话也毫不理睬，父母这才意识到，儿子可能是游戏玩上瘾了。

开学后，情况并没有好转，小李仍然天天游戏不离手，并且影响到了学习成绩。一直不太管儿子的父母终于忍不住开始干涉，从苦口婆心的说教到强行阻止，但孩子却说"你们从来都没关心过我，现在凭什么管我""不让我玩游戏，我就不活了"，家长不知道是真是假，却也不敢掉以轻心，于是也就不敢再强制管理了。

无奈之下，小李父母只好寻求心理咨询师的帮助。根据咨询师的建议，他们减少了对孩子的强制要求，更多地注意陪伴和亲近孩子，陪孩子外出运动、郊游，还不时约孩子的同学和好友来家里小聚。小李与父母的关系逐渐缓和，不再像以前那样抵触和父母交流了。

案例解读

游戏是天生的"关系大师"

孩子和父母有天然的关系纽带，但如果父母像"铁丝妈妈"一样对孩子冷漠疏远、缺乏情感上的回应，那么孩子出于对关系的需要，很可能抓住其他人或事物投入进去。这时，游戏很容易成为孩子的选择，一方面，游戏是孩子的天性；另一方面，大部分游戏为了吸引和留住玩家，会想方设法地迎合玩家的心理需求，让玩家沉浸其中。可以说，游戏有很多自身优势，能让孩子迅速与之建立关系。

首先，游戏中"关系"的供应非常稳定。游戏不会加班、出差、生病，也不会心情不好、喜怒无常，只要打开电脑或手机，游戏始终在那里，随时随地，唾手可得。孩子对父母提要求，有时会被父母忽视，有时需要看父母的心情和脸色，其要求能否得到满足基本上不受孩子控制，但游戏对孩子的需求却是有求必应，孩子只要掏出手机，就能获得十足的控制感。

其次，孩子在游戏中能持续得到正面反馈。玩游戏的感受是轻松愉悦的，不会被唠叨，也没有要求和约束。而且，在大部分游戏中，随着玩家不断投入时间、精力和金钱，等级和排名也会不断提升。孩子在游戏中获得肯定和认可是比较容易的，而取得父母的认可，则需要好成绩、听话懂事、帮忙做家务等等，对很多孩子而言实属不易。

而且，孩子在游戏中能够结识有着共同爱好的其他玩家，交流起来会特别投缘，而孩子与父母中间隔着几十年的代沟，如果父母平时不关注孩子的所思所想，那么找到共同话题就更难了。更不用说很多游戏针对孩子的某些特定需求进行设计，迎合孩子恋爱的欲望、破坏的冲动等，这些父母在平时极力反对、刻意阻止的，却都能在游戏中轻易地得到满足。如此一来，孩子和游戏的关系越来越如胶似漆，而父母却越来越像局外人，甚至站在了孩子的对立面。那么，在与游戏进行"博弈"时，父母要怎么做，才能让孩子内心的天平向自己倾斜呢？

给家长支招

与游戏"抢人"，关键是重建关系

很多孩子刚上手时觉得游戏非常有魅力，但经过一段时间的沉迷之后，就会逐渐感到无聊、空虚、无意义。这时很多孩子继续玩下去的动力并不是感觉游戏有多有趣，而是现实中没有其他想做的事，没有愿意说话的人，唯独能和游戏保持关系；或是现实中的人和事让孩子觉得挫败、无力，当孩子不愿面对时，只能逃进游戏里。

如果我们想让孩子回归现实世界，就要帮助孩子与现实中的人和事建

立关系。实际上，家长与孩子建立良好的关系，具有很多游戏无法比拟的优势。其中最重要的是，家长与孩子都是活生生的人，人与人之间那种有温度、有互动、相互理解和信任的关系，是游戏无法取代的。

有些家长在孩子沉迷网络后，意识到"陪伴""关注"的重要性，但是有些家长所给予的陪伴和关注往往伴随着大量的唠叨、控制和要求，其结果可能会适得其反：孩子对父母在身边感到厌烦，觉得还不如一个人玩游戏轻松愉快。这是因为，家长以陪伴为手段，根本的目的是要让孩子乖乖听话。孩子和家长关系越近，孩子感受到的越不是尊重和信任，而是一种牢牢的控制，为了躲避这种让人窒息的关系，孩子只能选择和父母保持距离。

那么，家长要从哪里开始着手去改善关系呢？很多良好的亲子关系经验都提到家长要"理解孩子""尊重孩子"，其字面意义不难明了，但要做到实属不易。理解和尊重的前提是真正了解孩子的内心世界和行动逻辑，而了解的前提是家长要放下自己对孩子行为好坏与对错的主观判断。家长不去做无谓的干涉，而是要在生活中观察孩子。孩子是从什么时候开始玩游戏的？什么时候玩得凶？什么时候好一些？孩子在现实生活中有没有遇到一些困难，这和沉迷游戏是相关的吗？孩子对自己玩游戏是什么态度？有改变的动力吗？孩子对父母是什么态度？孩子希望父母如何帮助自己管理游戏和生活？父母通过仔细观察，设身处地地将自己放在孩子的位置和立场上，去考虑孩子的想法和感受。如果家长能努力尝试这样做，实际上已经在心理上与孩子"在一起"了，这是建立关系的第一步。

这样的观察，能为我们揭示出很多被忽略的真相。也许孩子并不是有意和父母作对，而是通过跟父母唱反调，来"刷存在感"，因为孩子非常需要父母的关注；也许孩子逃学是因为在学习上遇到了过不去的坎，或者是和老师、同学的关系处理得不好，只有在游戏中获得暂时的满足和快乐；

也许孩子在家里的暴怒和叛逆都源于对父母的种种不满，而这种不满由来已久，但孩子的反复表达都遭到父母的打击和否定，所以不愿再信任父母……当我们发现了问题所在，也了解了孩子的实际情况，接下来就可以与孩子协商，共同寻求解决办法。

以尊重孩子的意愿为前提，家长可以与孩子共同设计、规划一些轻松愉快的亲子活动，比如运动、旅游，共同的活动能为双方创造更多共同语言，让双方的交流更有趣味。另外，家长可以允许孩子适度参与家庭事务，让孩子能够表达意见、得到尊重，感受到自己在家庭中的重要性。

在建立关系上，没有一定要用的方法，也没有绝对不可用的方法。使用这些方法的根本出发点在于，让孩子感受到在现实世界中有自己存活的空间，现实中的人和环境是欢迎、接纳和尊重自己的。当孩子能在现实中发展出高质量的关系，网络对孩子的重要性就会相应降低。

（李凌 撰写）

知识扩展

早期亲子关系对儿童发展的影响

英国心理学家约翰·鲍尔比（John Bowlby）认为，婴儿与照顾者之间存在一种特殊的情感纽带，鲍尔比将其称为依恋。

依恋的质量会对儿童的发展产生深远的影响。安全的依恋能够帮助儿童形成控制感，使儿童有勇气离开母亲去探索外面的世界，还能让儿童形成积极的自我体验和自我认识，认为自己是好的，值得被人喜爱。

依恋的好坏也会在孩子与其他人的关系中反映出来。受到父母喜欢的孩子，不仅对父母的感情非常自信，同时也相信其他人会喜欢自己，被父母讨厌的孩子会认为没有人喜欢自己。这些影响会持续到儿童成人以后，进而对各种社会人际关系，如朋友关系、师生关系、婚恋关系产生影响。

依恋模式在一定时期内是相对稳定的，但也可以随环境的变化而变化。如果父母重视与孩子的关系并及时进行调整，原本不安全的依恋也可以逐渐转变为安全的依恋。

父母结盟：教育孩子最好的方式

——父母冲突给孩子带来的不良影响及处理对策

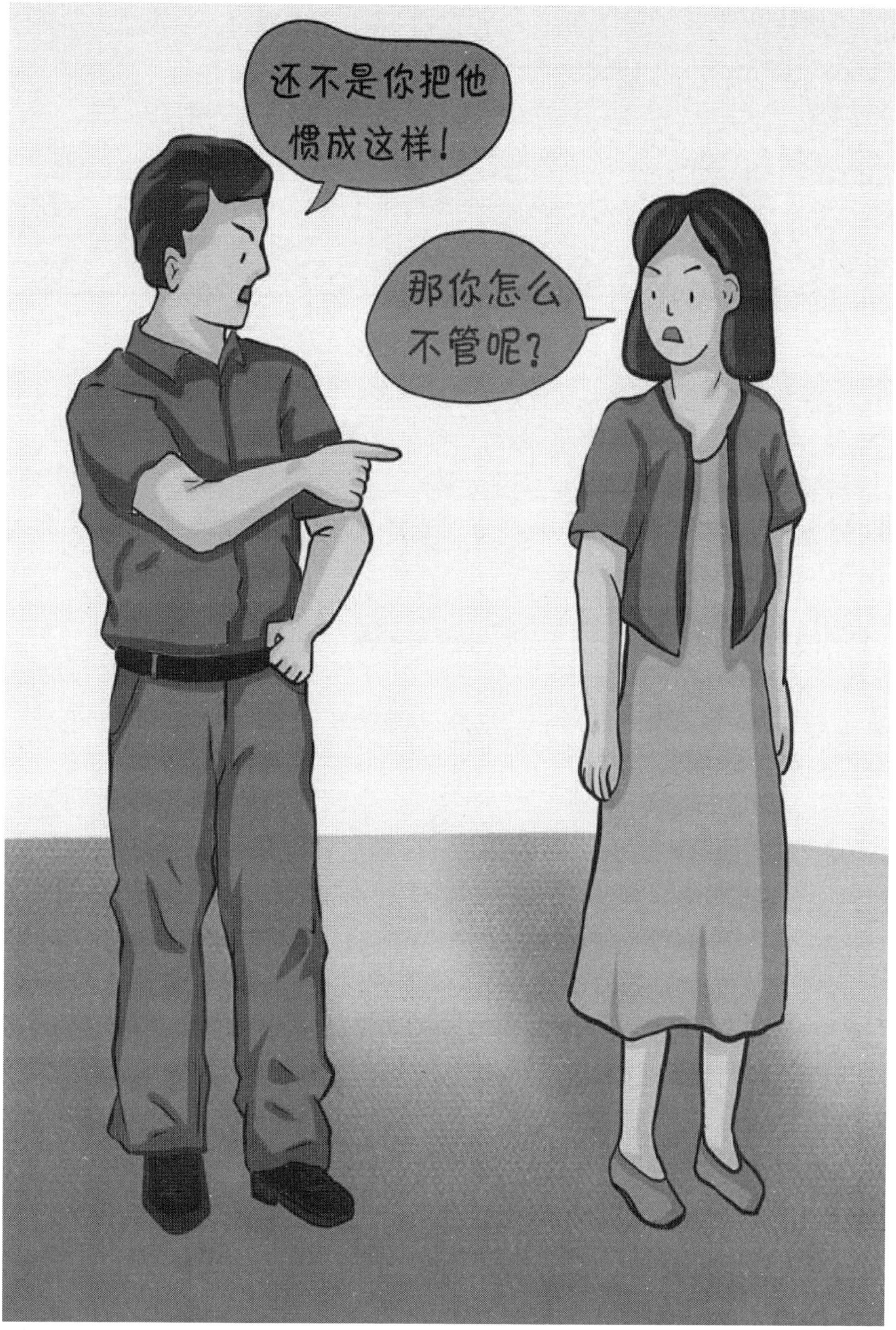
还不是你把他惯成这样！
那你怎么不管呢？

在孩子的成长过程中，如果是爸爸牵着左手，妈妈牵着右手，那么他会成为幸福的孩子，拥有幸福的家庭。

然而，很多父母总是相互"竞争"，希望孩子最爱自己，希望孩子最听自己的话。

所以我们经常会听到这样的对话："你最喜欢的人是爸爸，还是妈妈？""你是听爸爸的，还是听妈妈的？"

孩子总是无从选择，因为他爸爸也爱、妈妈也爱。

随着孩子的成长，这道选择题还会在生活中不断出现，爸爸让孩子这样做，妈妈让孩子那样做，如果父母的要求不一致，孩子会常常夹在父母中间，不知道该听谁的。

案 例

"究竟谁的教育方式正确？"

小谢今年14岁，性格顽皮、任性、叛逆，从小由母亲照顾和教育。母亲性格温和，跟孩子关系好，属于唠叨型家长。当孩子犯错的时候，母亲就苦口婆心地劝告，但对孩子没什么约束力，在孩子面前没有权威。父亲性格强势没耐心，很少在家陪伴家人，管理孩子的方式更多是"一刀切"。小谢从五年级开始玩游戏，刚开始他问爸爸要手机，爸爸态度较强硬且有严格的时间要求，于是孩子就经常去吵妈妈。一开始小谢还能遵照和妈妈的约定，做完一项作业再玩，后来就失控了，每天作业没写就拿着手机玩，很晚才开始拖拖拉拉写作业，并且每次玩游戏都超过约定时长。爸爸知道后没收了他的手机，他又偷偷从妈妈那里拿钱买了新手机，妈妈还帮他瞒着爸爸，孩子害怕爸爸，会躲着爸爸在房间里偷偷玩。

小周今年13岁，性格开朗，学习成绩一般，喜欢用手机玩游戏，由于平时上学不能带手机，所以周末的时候一玩就是一整天。有一次他用爸爸的银行卡给游戏充值了5万元，这才引起家长的重视。小周爸爸文化程度不高，性格温和，因中年得子而非常宠溺孩子，舍不得孩子吃一点苦，对孩子百依百顺，一点家务都不让孩子干，甚至有些"讨好"孩子。早晨会给孩子挤牙膏，孩子一哭闹就给他买最新款的苹果手机，自然也劝不住孩子玩游戏。小周妈妈的教育风格则是另一个极端，她个性强势火爆，时常把孩子与其他优秀的孩子做比较，要求他所有的事情都必须自己做，看到孩子不停玩手机，就对着孩子或父亲一通乱骂。小周对母亲非常逆反，也不服从母亲的命令。而小周父母在孩子的教育问题上分歧很大，导致夫妻关系比较紧张，对于小周玩游戏的事情也非常焦虑，不知道该如何才好。

案例解读

父母冲突越多，孩子网络成瘾越严重

父母冲突常产生于父母之间意见不一致，具体表现为争吵或者身体攻击。心理学研究表明，父母冲突会使儿童感到父母关系不稳定，导致儿童产生不安全感。因此，目睹父母冲突越多的孩子，情绪问题、行为问题、睡眠问题越多，网络成瘾也越明显。

案例中小谢的父母是严父慈母，小周的父母是严母慈父，家庭关系的模式虽然不同，但均存在着不同程度的父母冲突，其相应的结果就是，父母无法对小谢和小周的网游沉迷行为进行有效管理。

对于小谢来说，父母冲突是一个他可以"利用"的漏洞，他在父母面

前表现得像个"两面派"。在爸爸面前很乖，不敢玩手机，在妈妈面前就肆无忌惮地玩，还联合妈妈一起"隐瞒"爸爸。由此可见，父母冲突十分不利于儿童正确是非观的形成，也不利于他们自我管理能力的培养。

父母是孩子的第一个榜样，每个孩子都是看着父母的背影长大的。心理学理论表明，孩子在日常生活中会观察父母之间的相处模式，通过对父母之间关系的感受，形成自己的"内在夫妻"。如果父母之间的关系是冲突的，孩子会形成冲突的"内在夫妻"，也就是形成冲突的人格。

总之，父母的言行不一致，彼此之间的关系不和谐，教育观念有分歧，会引发孩子的内在冲突，影响孩子的自尊和自我认同。

案例中的小周对父亲不服从，对母亲逆反，越不让玩手机越要玩。从某种角度来讲，这正是自我发展受阻后的不良行为表现，是对家庭及自身焦虑和冲突的逃避。

夫妻关系是家庭中最重要的关系，父母关系和谐，才能带给孩子安全的情感体验。夫妻统一教育思想，结成教育联盟，才能让孩子懂得什么是应该做的，什么是不应该做的，才能帮助孩子形成健康的是非观，培育其自我管理能力，帮助其形成积极的情绪基础和适当的行为方式。

给家长支招

协调冲突、做好榜样

❀ **夫妻之间可采用"中和""区隔"等策略协调冲突**

在孩子的教育问题上，夫妻之间观点不一致、教养方式有差别，是非常普遍的。父母之间结成教育联盟的目的不是避免冲突，而是如何有效解决冲突。

心理学研究表明,当父母双方意见不一致时,想要有效解决冲突,需要双方进行讨论、寻求妥协并尽力维持良好关系,具体可采用"中和""区隔"等策略。

中和策略是指父母可以就某一教育规则,在执行程度上进行调整,各自做出一点让步,使之同时符合双方的要求。比如,在小周的案例中,小周的父亲对他过于宠爱,一点苦都不让他吃,甚至帮他把牙膏挤好,但小周的母亲却要求小周自己的事情自己做。

若采取中和策略,父亲可以减轻宠溺程度,挤牙膏这样的事情让小周学着自己做,母亲也不要过于严厉,不要急着批评和否定小周。对于控制玩游戏时长这类有难度的事情,要慢慢来,在保持必要监督的前提下,培养孩子的自我管理能力。

区隔策略则是指当冲突发生时,双方通过保持人际界限,来协调冲突,各自管理不同的生活领域。比如在小谢的案例中,母亲性格温和,和孩子关系好,可以由母亲主要负责照顾孩子生活起居,父亲比较严厉,对孩子有震慑力,可以由父亲负责孩子的娱乐时间管理。父母各自负责孩子教育的一部分,避免产生直接的冲突。

"身教胜于言传",父母关系本身和谐非常重要

社会学习理论认为,父母是儿童行为的直接模仿对象,儿童感知到的父母冲突越明显,越会对他们心理发展造成负面影响。

从家庭治疗的角度来看,小谢和小周沉迷网络的问题,既是他们自我发展和适应能力不足的结果,也是整个家庭系统的问题。父母冲突会直接影响家庭氛围和家庭功能,从而造成孩子的"问题"。

父母关系的和谐，就是对孩子最好的"身教"。因此，父母可以为孩子营造出良好的家庭氛围。

好的家庭氛围是开放的、民主的。在教育孩子的过程中，父母双方要共同商量，不要互相"拆台"，必要的时候可以邀请孩子参与，了解孩子的需求，使孩子体会到更多的信任和来自父母的支持及与父母的情感交流，进而使孩子在稳定、安全的环境中健康成长。

（王进 撰写）

专家评述

李强、高文珺：心理学视角下的青少年网络游戏行为特征、动机与引导

网络游戏简称网游，是电子游戏与互联网结合而成的一种新型娱乐方式。具体而言，是以电脑和手机为客户端，以互联网为数据传输介质，多个用户（玩家）同时参与，并通过对游戏中人物角色或者场景的操作实现娱乐和交流目的的游戏。

中国互联网络信息中心发布的第44次《中国互联网络发展状况统计报告》显示，截至2019年6月，中国网民规模达到8.54亿人，网络游戏用户约为4.94亿人，其中手机网络游戏用户约为4.68亿人。这一数据表明，网络游戏已成为网络世界重要的组成部分，且作为深受网民尤其是年轻人所热爱的主要休闲方式之一，其影响力已日渐超过了游戏本身。随着网络游戏的流行，青少年的网络游戏行为也日益受到广泛关注，从游戏时长、游戏内容到游戏伙伴，都牵动着家长和教育工作者的心弦。国内外心理学工作者对网络游戏相关的心理与行为问题进行了较为深入的实证研究，获得了许多有价值的研究成果。

一、青少年网络游戏行为的主要特征

在一项针对青少年的网络流行文化研究中，调查者询问了青少年调查对象参与络戏游戏的原因，87.9%的人是为了打发时间，77.8%的人是为了

缓解现实压力，59.7%的人是为了获得成就感，58.9%的人是为了感受游戏的背景故事或画面，49.4%的人纯粹是为了借游戏去结交朋友，还有13.3%的人表示自己以网络游戏为现实职业（中国青少年研究中心等，2016）。从这一结果可以看出，网络游戏对青少年群体来说，更多的是一种娱乐，一种想象性解决现实困难、释放心理压力的方式，一种新媒介空间下的社交方式。这也正反映了青少年网络游戏行为所具有的两种主要特征：社交化和情感化。

（一）青少年的网络游戏行为具有社交化特征

雷伊·奥尔登伯格（Ray Oldenberg，1999）提出第三空间的概念，与家庭和工作环境相区别。第三空间是一种中立的社会空间，是公众聚集和产生社会话语的开放空间，它平等、欢乐、自在，易于让大家加入其中。研究者借此概念认为，网络游戏的线上世界，也属于一种以数字为媒介的第三空间（Shen, etal., 2014）。网络游戏构建出的虚拟空间具有这样的第三空间特征，它建构了一种新的社会情景，玩家通过虚拟形式与其他玩家进行在线聊天、PK、组建团队、帮助他人、线上聚会等社会互动，这种社会情境为青少年网络游戏玩家提供了自我呈现、文化体验和人际交往的虚拟场域。

对于当代青少年来说，网络游戏情境中的社会交往已成为其社交体系中的一部分。根据中国青少年研究中心2019年发布的《中小学生网络游戏的认知、态度、行为研究报告》，在中小学生的现实交往中，网络游戏是很受欢迎的话题，他们非常乐于通过游戏用语来表现自己的玩家身份和对网络游戏文化的了解，并由此体验到群体归属感。55.7%的中小学生认为网络游戏能让自己交到更多朋友，83.8%的中小学生通过同学或朋友了解到网络游戏信息。

网络游戏之所以能在青少年群体中发挥社交作用，有以下三方面原因：

第一，与游戏设定的吸引力有关；第二，在一定程度上网络游戏让青少年获得了自我认同和归属感；第三，网络游戏构建了虚拟社区，促进了人际交往。

游戏设定方面。网络游戏拥有社交娱乐性，通过给游戏参与者设定一个共同的任务目标，让用户能自然而然地围绕这一目标进行合作，而不必陷入传统社交及线上聊天社交中无话可谈的困境。同时网络拥有游戏社交性，让玩家在玩游戏时能感到团队的力量，能和团队成员在游戏中建立合作关系，在游戏结束后保持友谊，让游戏中的互动和友谊延伸至游戏之外的媒介，如电子邮件、电话和社交媒体等。在这个过程中，玩家的互动和友谊会经历从任务导向的关系转向社会友谊，甚至是真心友谊（True Friendship）的发展（Ramírez-Corre,etal., 2019；王喻等，2018）。

自我认同方面。有研究者认为，网络游戏为青少年形塑自我认同提供了一种可能（黄少华，刘赛，2013）。青少年网络游戏玩家在网络游戏中主动或被动地通过情感互动的实践，可以完成自我认同的实现。这体现在青少年玩家与游戏角色、情境、机制等要素的情感互动中，通过角色扮演、游戏叙事、游戏音效等具体要素的体验，以获取自由感、神圣感等。比如，在虚拟网络游戏世界里，青少年通过扮演成功人士的角色来获得荣誉感，形成自我认同，也可以借此反思自己在现实生活中的角色和人际互动。网络游戏还会给玩家带来一种集体身份认同，让玩家产生归属感。玩家通过完成游戏设定的集体游戏目标，积极参与集体行动，保持与集体内队友的情感互动，从而实现集体性认同。

虚拟社区人际交往的构建方面。由网络游戏所形成的虚拟社区，为人们提供了伙伴关系、社会支持、信息及意义归属等社会化资源。在游戏过程中，一方面，由于虚拟环境的仿真性，游戏者对集体形成认同；另一方面，游戏情节中产生的与其他游戏者的冲突或亲近等因素使虚拟社区的人际交往模式变得繁多而复杂。高强度的交互性增强了思想、话语的交流,使人际交往的触角延伸到社会各个阶层与地域,游戏参与者跨越时空,由疏离的大众成为以游戏为连接点的玩家。在很大程度上,由虚拟社区交往建构的社会关系网络是方便和安全的,与建构其他现实社会关系网络相比,其成本也是低廉的。在网络游戏的虚拟社区中,玩家可以围绕游戏的话题与那些有着共同爱好、兴趣和交往渴望的人成为朋友,依据自己的意愿直接建构新的社会关系网络。从这个角度来说,游戏世界中的交际无异于现实世界的情感交流。因此,作为一种有意义的模式,网络游戏已经成为玩家社会生活场景的一个重要组成部分(邓天颖,2009)。

(二)青少年的网络游戏行为具有情感化特征

有研究者对于青少年网络游戏的社会互动性展开过系统分析,认为青少年在网络游戏中的各种行为都具有情感化的特征。调研结果显示,青少年网络游戏玩家几乎都是为了寻求积极情感的体验、互动和回报进入网络游戏世界的,绝大多数玩家都认同情感在游戏中具有强烈的驱动力作用。如凯利·麦格尼格尔(Kelly McGonigal)所指出的那样,积极情感的激活,是当今电脑和电子游戏让人沉浸其中、兴奋不已的主要原因。当人们进入乐观的集中状态时,会从生理上变得更愿意展开积极的思考、建立社会关系、塑造个体优势,主动把思维和身体都调整到更快乐的状态(徐静,2015)。有研究表明游戏可以改善玩家的情绪、促进放松、避免焦虑。游戏给人们带来的愉悦感包含了情感、认知和生理成分,如笑、兴奋、成就感和感官愉悦等。愉悦的最佳状态是完全投入到游戏当中,注意力高度集中,在不理会其他所有不相关的知觉时,进入了一种沉浸状态。有心理学家用心流(Flow)来解释游戏中的这种沉浸状态。心流的概念由美国积极心理学家米哈里·契克森米哈(Mihaly Csikszentmihalyi)提出,用来描述人们沉浸在当前着手的某件事情或某个目标时全神贯注、全情投入并享受其中而体验到的一种精神状态。研究发现，在处于心流状态时，个体会因为接受了挑战、获得新技能而感到"力所能及"，而这不仅让人们获得了掌控感、学习表现更好，也使得他们的自尊感得到提升。心流还使得个体在人际互动中更愿意互相协作，促进人际关系（陈真征，2019）。

美国一项全国调查结果显示，60%的人认为电子游戏会给自己带来愉悦的体验（ESA，2019）。不仅如此，电子游戏还将不同社会背景的人聚合在一起，将电子游戏带来的愉悦体验与家人、孩子和朋友分享。前述《中小学生网络游戏的认知、态度、行为研究报告》的调查结果也显示，对于网络游戏的作用，74.5%的学生认为网络游戏能缓解压力，能提升反应能力（61.1%）、锻炼观察能力（58.5%）、交到更多朋友（55.7%）和学习更多知识（52.3%）。报告认为，学生非常认可网络游戏减压的功能，学生玩游戏不是想变坏，不是不认真学习，而是通过游戏来缓解课业负担、放松心情、舒缓压力。在对网络游戏的情感认知进一步分析后，我们发现，高达91.6%的中小学生认为网络游戏使自己的业余时间更愉快，87.0%的中小学生认为可以认识到未知世界，85.6%的中小学生认为开阔了视野，78.5%的中小学生认为网络游戏使自己多了分享快乐的朋友，77.3%的中小学生认为通过网络游戏学会了控制自己，76.8%的中小学生认为网络游戏给生活带来了生机与活力。总体来说，中小学生对网络游戏的情感认知和体验比较积极，也一定程度上体现了网络游戏对于青少年的情感支持作用。

二、青少年进行网络游戏行为的动机

游戏本身具有娱乐、放松、调节情绪、益智、社交、学习等多种功能，网络游戏能够吸引青少年参与其中的原因多种多样，可以从青少年网络游戏玩家与网络游戏二者互动的过程来加以认识。网络游戏具有特定目标、容易操作、即时反馈、交流平台及工具等特征，能够使玩家产生积极体验和沉浸式体验，满足玩家的娱乐与休闲、调节情绪、寻求刺激与挑战、逃避现实的需要。因为网络游戏不但能补偿玩家在现实中不能被满足的需要，还能实现他们在现实中期待的目标，所以玩家很乐意进入网络游戏世界。

张红霞等人提出了一个青少年网络游戏行为意向动机过程的模型，其认为青少年参与网络游戏受到多种内在动机和外在动机的影响。内在动机是指由于某个行为本身或由于执行这个行为所带来的纯粹乐趣和满意而去做事情的动机；而外在动机是指为实现某些外在目标或满足某些外部施加的约束而做事情的动机。研究结果表明，青少年玩网络游戏的内在动机包括：享受纯粹由游戏本身带来的乐趣和兴奋，增强自信心、增强成就感和自我效能感，学习如何进行社会交际并结交朋友，超越现实的约束、实现在现实中无法实现的愿望，进行信息、物质等利益交换，以及更高层次的"最佳体验"动机。而决定青少年玩网络游戏的外在动机包括玩网络游戏时由自身对时间损失的感知而带来的内疚和不安，重要他人（如老师、家长和偶像等）对玩网络游戏的态度，网络游戏对自身的重要程度等。除了交换利益动机，享受乐趣、自我效能、社会交际和超越现实等基本内在动机都会积极地促进沉浸动机的形成，使青少年网络游戏玩家处于一种陶醉、忘我和快乐的沉浸状态中，并进一步增强参与网络游戏的意愿。同时，对家长、老师、同伴和媒体宣传压力的感知是削弱青少年玩网络游戏意向的外在动机，而游戏的涉入（卷入）程度则是他们继续参与网络游戏活动的外在动机。

PingSu（2018）等人从中国社会现状的角度提出了青少年网络游戏沉迷的原因。首先，中小学生正处于心理和生理的巨大变化中，同时他们面临着越来越繁重的课业压力。但中国的老师及学校更多地重视学业成绩，而忽视了课外活动，大多数学生没有足够的时间去参加课外活动。因此，这些学生可能会转向网络游戏以释放压力。其次，青少年网络游戏沉迷与中国的独生子女政策有关。如今，大多数中小学生都是没有家庭玩伴的独生子女，学校成为青少年结识朋友的唯一场所。但是学生在上学和放学后很少有空闲时间，因此建立高质量的同伴关系似乎变得很困难。对于某些学生来说，网络游戏所提供的在线交友就成为一种备选方式。

上述研究表明，青少年网络游戏行为的主要心理动机是通过游戏满足多种心理需要，或是获得成就感，或是获得情感慰藉，或是获得陪伴，或是增强自我效能感，或是娱乐身心。但为什么有的青少年会沉迷网络游戏，则是更为复杂的问题，其背后的原因涉及多个方面。我们根据佐斌等人的十省市调查结果，为青少年沉迷网络游戏行为总结出以下五个方面的原因。

第一，青少年的特殊心理。

青少年处于特殊的身心发展阶段，其心理发展水平较生理发育相对滞后，身心发展不平衡，会使其感受许多压力和心理发展矛盾，如独立性与依赖性、闭锁性与强烈交往的需要、情感与理智、理想与现实之间的冲突。青少年时期的下述特殊心理需要，使得他们更倾向于通过参与网络游戏而得到满足。

追求自尊和自我价值的需要。在校青少年如果学习成绩好，那么就可以在学习中获得成就感。但是很多学生都在学习中受过挫折，可能被同学、老师瞧不起，于是他们在其他方面寻找成就感，获得自我价值的提升。十省市调查表明，有51.6%的网络游戏沉迷青少年谈道，他们很渴望游戏胜利后的那份喜悦，41.5%的青少年谈道，在网络游戏中，他们感到自己更能得到尊重。在学习上付出很多努力也未必能提高成绩，而在网络游戏中，通过掌握游戏规则、摸索游戏窍门就可以控制游戏中的角色，获得满足感。

与同辈群体交往的需要。在青少年的成长过程中，与同辈群体交往，获得他们的认可、赞许和与其保持一致是特别重要的。可见，与同辈交往的需要是很多青少年接触网络游戏的主要原因,特别是对于那些在现实生活中性格内向、缺乏人际交往技巧、同龄朋友很少的青少年。网游沉迷的青少年群体非常在乎同辈群体的看法,这种心理就促使很多青少年在同伴的影响下开始玩网络游戏,为了比别人玩得好,天天练习游戏以至于过度沉迷。

好奇心理和认知水平的局限。一方面,青少年对新事物敏感且易于接受,好奇心很强,因此,每一种网络游戏开发出来之后都会吸引很多青少年。由于认知水平的局限性,青少年明辨是非和应对复杂局面的能力相对缺乏,当其面临繁重的学业压力或在人际交往遇到困难时,他们有时并不会选择积极的应对方式,而是通过玩网络游戏暂时逃避问题。

第二,网络游戏本身的吸引力。

调查发现,有28.1%的沉迷网络游戏的青少年认为,网络游戏最吸引人的地方在于"游戏做得很精致,人物造型很漂亮"。有41.8%的沉迷网络游戏的青少年认为,"网络游戏中的故事很有趣"。

在网络游戏中可以做现实生活中不能做的事。网络游戏是虚幻的,在游戏里,你可以是国王或皇后,也可以成为英雄,很多在书上或梦中才会出现的情景在游戏里都可以实现。

网络游戏易于调动玩家情绪,让他们获得愉悦的体验。网络游戏中的任务都是事先设计好的,玩家要遵循游戏规则完成任务,并能及时得到反馈。网络游戏为了让玩家最终获得打败大怪或攻城略地的快感,往往指定小妖反复进攻玩家,使玩家在长时间应战中增加焦虑感和紧张感,而游戏设计者也适当掌握着尺度,达到一定程度后,游戏者会通过艰苦战斗获得胜利,并产生无以名状的快乐。此外,玩家在多次玩游戏之后已基本熟悉游戏的设计,知道达到什么程度就会赢,因此会对游戏有很强的期待心理,而游戏设计正好对玩家的期待心理有较好的控制,既不使玩家的期待完全落空，也不让玩家的期望完全应验。

网络游戏中道德约束力小、监督力小。青少年在现实生活中总是被家长和老师等告知"不要当别人面骂他""欺负同学是错误的"等，他们总想找个地方摆脱他们不能理解的道德约束，网络游戏正好满足了这一点。网络游戏的匿名性和虚拟性使青少年玩家所受到的道德约束力相对于现实生活小得多，甚至没有。

游戏玩家之间的认同标准就是玩家玩游戏的水平，即等级的高低。他们不会考虑高手的人格怎么样，玩家的等级越高，越容易得到认可。所以，即使是一个在现实生活中被父母和老师天天批评的孩子，只要游戏玩得好，照样会有很多的追随者，这可能是某些青少年沉迷网络游戏的原因之一。

第三，青少年网络游戏沉迷的家庭环境因素。

佐斌等人的十省市调查发现，相比普通青少年，网络游戏沉迷的青少年的家庭环境存在一定程度的差别。父母是影响青少年身心发展的重要因素之一。

邓林园、方晓义等人在2013年发表了与之相关的研究报告，他们从北京、重庆和石家庄选取三所初中的1038名初一到初三学生作为研究对象，采用问卷调查的方式，探讨青少年的家庭环境、亲子依恋程度对其网络使用过度的影响。其结果表明：家庭亲密度对青少年网络使用过度有显著预测作用，父子依恋中的父亲与子女之间的信任程度能显著负向预测青少年网络使用过度，母子依恋中的母亲与子女疏离程度能显著正向预测青少年网络使用过度。这说明，家庭亲密度低、父亲与子女之间信任度低、母亲与子女之间疏离度高的青少年更容易出现网络游戏沉迷行为。

金盛华等人从家长网络关联入手，来考察家长网络行为对子女网络游戏沉迷行为的影响。所谓家长网络关联是指家长自身与互联网之间联系的紧密程度，包括了网络对家长的重要性及家长对网络的依赖性两个部分。研究结果提出，家长一直对青少年心理和行为发展有着重要的影响作用。一方面，青少年会学习、模仿家长的行为模式，当家长网络关联度较高时，其使用网络的时间也较长，因此青少年更可能模仿其行为，也对上网表现出较强的动机，从而增加网络过度使用的可能性。另一方面，由于家长网络关联度较高，其对网络的了解能够帮助其更好地引导子女正确认识和使用网络，真正促使青少年合理使用网络。

《中小学生网络游戏的认知、态度、行为研究报告》中的调查显示，家庭关系越和谐，孩子网络游戏沉迷的概率越低，良好的亲子关系有助于孩子合理使用网络游戏，形成良好的网络使用习惯。

第四，学校教育和管理存在的不足之处。

在以升学率作为主要目标的学校教育评价体系下，老师会过于看重学生的学习成绩，而忽视学生的个性发展。老师根据自身经验，以权威的身份给予玩网络游戏的学生负面评价和标签。学生得不到老师正面的关注和鼓励，会减少学习的兴趣，甚至出现逆反心理，拒绝老师的教育，学习成绩也会相应受到影响。而班里的其他学生会去遵从老师的观点，排斥这些学生。这些因素可能会导致孩子越来越不合群，自信心下降，逃避现实。进而促使他们去网络游戏中找寻认同、自尊和荣誉感等，从而弥补学校只看学习成绩的评价体系给自己带来较低评价这一缺憾。有研究表明，学业成绩与网络游戏沉迷程度有很强的相关性。孩子学习成绩越差，越容易网络游戏沉迷。究其原因，是因为成绩差而得不到老师的表扬和关注，内心存在一定的失落感，当他们在网络游戏中得到成功的体验，在精神上找到自身价值的"巅峰"，便更容易沉迷网络游戏，导致其学习成绩进一步下降，从而陷入恶性循环。

另外，很多学校只重视与高考相关的文化课的学习，没有给学生开设课外文体活动，也不重视美育。学生在繁重的学习任务中，找不到可以有效放松的方式。在某种程度上，学校的这种做法极有可能增加青少年接触网络游戏的机会，成为青少年沉迷网络的潜在诱因之一。

第五，社会监督不到位。

2002 年国务院颁布的《互联网上网服务营业场所管理条例》和 2016 年新颁布的《国务院办公厅关于进一步加强互联网上网服务营业场所管理的通知》均明确规定：互联网上网服务营业场所经营单位不得接纳未成年人进入营业场所；互联网上网服务营业场所经营单位应当在营业场所入口处的显著位置悬挂未成年人禁入标志。

从上述分析中可以看出，要想解释为什么某些青少年会出现问题化的网络游戏行为，很难单独列出某个因素，而是要考虑社会、家庭、个体多方面的共同作用。

三、青少年网络游戏行为的引导

首先，应该全面客观地了解网络游戏行为产生的社会背景及其功能与作用。网络游戏行为是在全球科技进步、文化融合、经济发展等社会因素影响下出现的一种生活方式。现在相当多的社会成员，尤其是青少年已经选择将网络游戏作为日常重要的休闲社交方式，甚是至社会化的工具。目前被看作社会功能受到损害的诸多行为表现或许在不远的将来会成为人们正常的生活方式。对网络游戏沉迷副作用的恐惧和夸大，从侧面反映出人们对于科技产品迅速改变生活方式的不适应，也折射出新旧生活方式在人们内心的冲突。

同时应该看到，以往对网络游戏的研究过于聚焦其消极作用，忽视其许多方面的积极作用。美国 2014 年的一份研究报告显示，97%的儿童和青少年每天至少玩1小时电子游戏。在成年人中，50%的男性和48%的女性玩电子游戏。不同的游戏带来的人机互动体验不同，而体验式的快乐是持续时间最长且记忆最深刻的。2019年的调查发现，73%的家长都认为电子游戏有助于孩子的教育发展，63%的家长认为电子游戏有助于提高孩子解决问题的能力。对网络游戏行为的研究也应该关注这绝大部分正常网络游戏者的积极体验。

事实上，心理学家对有关网络游戏和认知能力之间关系的研究已开展很多年，研究发现玩电子游戏需要以认知技能为基础，如注意力、反应速度、记忆力，在游戏过程中，玩家的手眼协调能力、数学能力和语言能力得到提高。从游戏庞大的分类系统和复杂的设计就能预见这一点。在电子游戏影响孩子学习成绩的问题上，国外一项对346名儿童（平均年龄11.5岁）的研究发现，玩游戏的时间长短和学习成绩之间没有显著相关性。事实上，即使不玩游戏，那些空闲时间也会被看电视、看报纸和漫画书、开展无组织的体育活动、玩室内游戏、在电脑上观赏娱乐内容消耗掉。

还有研究表明，电子游戏具有积极的道德作用。游戏可以培养玩家的亲社会思维，因为游戏中的同情和互助行为与现实世界中的类似。因此一些学者喜欢使用"严肃游戏"称呼具有积极道德作用的游戏。这个称谓涵盖了多种情况，如寓教于乐的软件、模拟演练活动（驾驶、外科手术、企业管理等）、肢体运动和智力训练类电子游戏。另外，电子游戏还能应用于预防功能衰退和对特殊人群的干预（老年人、学习吃力的儿童，超重人群等）。

由此可以看出，网络游戏是一把双刃剑，利弊并存，关键在于趋利避害，因势利导。2019年7月国务院出台了《健康中国行动（2019—2030年）》，其中，在中小学健康促进行动方面，网络游戏相关内容被专门提及。文件中明确，实施网络游戏总量调控，控制新增网络游戏上网运营数量，鼓励研发、传播集知识性、教育性、原创性、技能性、趣味性于一体的优秀网络游戏作品，探索符合国情的适龄提示制度，采取措施限制未成年人使用时间。并要求由中央网信办、工业和信息化部、国家新闻出版署按职责分工负责。

对于一些青少年在使用网络游戏的过程中出现的过度使用问题，需要青少年本人、家长、学校、心理健康服务及医疗机构、互联网及游戏制作公司、社会监管部门等全社会共同努力，加以解决。而解决问题的关键在于要透过游戏行为看到背后的心理冲突。本文前面介绍了国内外心理学工作者根据实证研究结果总结出来的一些概括性的结论，为理解和引导青少年网络游戏行为提供了有参考价值的依据。但事实上，每个青少年问题化的行为背后，可能是成长期的自我认同冲突，可能是学业竞争的巨大压力，可能是自我效能感的降低，可能是人际关系紧张造成的归属感缺失，可能是家庭关系失调引发的内心冲突……种种原因，千差万别，各不相同。如果忽略了行为表象背后的原因，而只将关注点集中于解决某种问题化行为，那么不仅无法取得明显效果，还可能起到反作用，导致行为进一步恶化，或是表现出另一种问题化行为，由此来缓解内心的冲突。

就网络游戏行为而言，家庭是引导青少年行为的"第一道关口"，家长不但要以身作则，不要整天陷于手机或网络之中，还要善于与孩子建立规则，培养孩子理性的时间管理能力，引导孩子正确认识和使用网络，真正促使孩子合理使用网络。与此同时，家长还要加强与孩子的沟通交流，消除沟通障碍，创造亲密和谐的家庭关系，增加亲子之间的信任，让孩子感觉父母的亲近、亲切、亲密。家长不能因工作、家务忙碌而放任孩子与网络游戏为伴。当孩子出现沉迷现象时，家长首先要去寻找表面行为背后的原因，反思家庭结构和功能是否出现了问题。如果与孩子之间的沟通交流出现了障碍，家长要尽力设身处地了解孩子内心的真实需要，让孩子愿意向父母说心里话，安抚孩子的情绪，耐心陪伴孩子走出低谷。相信读到本书的您，能够从本书作者基于真实案例而给出的 27 个具体的"处方"中有所收获。

参考文献

[1] 陈真征. 积极心理学视野的大学生网络游戏行为分析及心理健康教育对策[J]. 科教文汇（上旬刊），2019(08):133-136.

[2] 邓林园，方晓义，伍明明，等. 家庭环境、亲子依恋与青少年网络成瘾[J]. 心理发展与教育，2013，29(03):305-311.

[3] 邓天颖. 流动、拟仿与互动：网络游戏虚拟社区人际交往研究[J]. 社会科学论坛（学术研究卷），2009(06):23-27.

[4] 黄少华，刘赛. 青少年网络游戏行为的结构[J]. 兰州大学学报（社会科学版），2013，41(05):55-62.

[5] 金盛华，吴嵩. 家长的网络关联度与青少年网络成瘾程度的关系：家长网络监管的调节作用[J]. 心理与行为研究，2015，13(04):490-494.

[6] 王喻，覃国航，余秋雨. 对青少年网络游戏社交的分析[J]. 市场周刊，2019(04):124-126.

[7] 徐静. 认同·权力·资本：青少年网络游戏中的情感研究[D]. 浙江大学，2015.

[8] 张红霞，谢毅. 动机过程对青少年网络游戏行为意向的影响模型[J]. 心理学报，2008，40(12):1275-1286.

[9] 中国青少年研究中心、苏州大学新媒介与青年文化研究中心"青少年网络流行文化研究"课题组，马中红. 新媒介空间中的青少年文化新特征——"青少年网络流行文化研究"调研报告[J]. 中国青年研究，2016(07):58-66，73.

[10] 佐斌，马红宇. 青少年网络游戏成瘾的现状研究——基于十省市的调查与分析[J]. 华中师范大学学报（人文社会科学版），2010，49(04):117-122.

[11] 张国华，雷雳. 网络游戏体验的概念、测量及相关因素[J]. 心理与行为研究，2016，14(03):411-419.

[12] Warner, Jr, Sam, et al. The Great Good Place: Cafes, Coffee Shops, Community Centers, Beauty Parlors, General Stores, Bars, Hangouts, and How They Get You through the Day[J]. Journal of Urban History, 1993, 20(1):133-9.

[13] Ramirez-Correa P, Rondan-Cataluna F J, Arenas-Gaitan J, et al. Analysing the acceptation of online games in mobile devices: An applicationof UTAUT2[J]. Journal of Retailing and Consumer Services, 2019, 50 (SEP.):85-93.

[14] Shen C, Monge P, D Williams. Virtual Brokerage and Closure: Network Structure and Social Capital in a Massively Multiplayer Online Game[J]. Communication Research, 2014, 41(4):459-480.

[15] Ping S, Yu C, Wei Z, et al. Predicting Chinese Adolescent Internet Gaming Addiction From Peer Context and Normative Beliefs About Aggression: A 2-Year Longitudinal Study[J]. Frontiers in Psychology, 2018, 9:1143.

曹慧：玩还是不玩，是一个问题！——教育心理学工作者关于屏幕游戏使用的争论

游戏，这个吸引人的东西，与儿童发展之间究竟有着什么关系呢？究竟是会"玩物丧志"还是能"玩中学，快乐和学习兼得"呢？这大概是从古至今，只要有养育者，就会有争议的问题。计算机和网络时代到来，是否应该让被称为"网络原住民"的当代孩子玩屏幕游戏（包括电脑和手机上的单机游戏和网络游戏），成为一个难以抉择的问题。事实上，这不仅仅是家长的困扰，同样也是教育学家、心理学研究者不断争论的议题。屏幕游戏到底是洪水猛兽还是信息时代儿童数字生活的自然组成部分？对于屏幕游戏，支持和反对的声音在相互碰撞，是水火不容还是兼容并蓄？本节将对此展开详细论述，并针对儿童屏幕游戏使用提供一些个人建议。此外，为行文方便，本节所指的儿童采用联合国教科文组织的定义，指0~18岁的人。

一、围绕儿童屏幕游戏使用的复杂心理

（一）为什么担心儿童接触屏幕游戏

游戏自古就存在于人类的日常生活当中，古有先哲认为游戏是人类文明的重要组成部分，如柏拉图认为游戏是一切幼子（动物和人）因生活和能力跳跃需要而产生的有意识的模拟活动，是人对神的最高崇敬。亚里士多德则认为游戏是劳作后的休息和消遣。德国诗人和剧作家席勒认为游戏是人们创造的一个自由世界，只有在游戏的时候，人才完全是人。当代研

究者指出，现代社会，物质与信息的供给经历了从短缺到盈余的巨大改变，使娱乐与游戏日益走向人类生活舞台的中央。而游戏的功能也愈发多元化，容量日益增大，不仅包含了剧情、任务、操作，还包括了情绪、社交互动、知识乃至价值观，游戏可用来传授知识、安抚情绪、传递理念、构建认同（喻国明、杨颖兮，2018）。尽管如此，"业精于勤而荒于嬉"的观点在人们心中仍占有一席之地，"业"与"游戏"被放在了对立面上。但人们很可能会忽视的一点是，站在"业"对立面的其实并不是游戏本身，而是不适宜的游戏类型和孩子的沉迷。

一方面，游戏的不适宜性体现为游戏类型与孩子的年龄发展阶段不匹配，如有研究显示，儿童看电视或游戏画面，可能会因为模仿其中与年龄不相符的行为，而导致出现问题行为。实行游戏分级可能是解决这一问题的方法，即根据游戏内容区分适合该游戏玩家的年龄，并添加内容描述。虽然国内尚未实施游戏分级，但也进行了相关尝试，2019年6月，人民网联合多家游戏公司发起《游戏适龄提示倡议》，并起草了《游戏适龄提示草案》（下文简称《草案》），把游戏玩家分为4个年龄层级，并提出了相应的游戏体系，包括游戏内容、类型和运营等方面的标准。这一标准可供家长在给儿童选择游戏时加以参考，给予孩子正确的引导。另一方面，游戏的不适宜性还体现为屏幕游戏可能会影响低龄儿童的思维发展，儿童早期的思维发展需要基于大量的动作、表情和语言的记忆。诸如动画片、电视节目、屏幕游戏等虽然画面色彩丰富，但是由于其在这几方面的呈现过少，因此不利于儿童思维的发展。《草案》也不建议6岁以下儿童单独使用电子游戏产品。

儿童游戏沉迷是一些教育工作者和家长最为头疼的问题。无论对于儿童视力、身体健康状况的担心，还是对于游戏影响孩子学业状况的焦虑，究其根本，都是对儿童沉迷游戏、过度沉浸在网络虚拟世界的担忧。所谓过犹不及，作为正常的休闲、娱乐、益智手段，儿童玩游戏，无论玩大型游戏机（街机），还是玩电脑游戏、手机游戏，本不会引发过多争议。但一些儿童过度沉浸于屏幕游戏之中，引发了很多人的担忧。而解决这一问题，一方面需要我们走进儿童内心，了解其沉浸于游戏世界的深层原因，做出有效引导，这也是本书的主要内容；另一方面需要家庭和社会共同努力，比如有很多游戏企业都推出了游戏者身份认证、限制未成年人游戏时间的措施，有不少家长开始利用这些措施对儿童的游戏行为加以合理引导。

既然儿童甚至成人不恰当地沉浸屏幕游戏会引发各种担忧，为什么屏幕游戏在世界范围内还会如此蓬勃发展，如此受欢迎？从1952年电子游戏诞生到如今电子游戏在全球流行，其迅速发展的一个重要原因在于，顺应了信息化社会的发展和人们的心理需要。与此同时，对于儿童来说，接触屏幕游戏也有其好处。

（二）为什么支持儿童接触屏幕游戏

从家长角度来说，虽然有家长也有上述担心，但仍有可能会选择让儿童玩游戏，这可能与儿童或家庭的不同状况有关（详见本书案例部分），也可能是家长的刻意选择。一方面，他们希望尊重儿童娱乐的天性，让儿童在学有余力的情况下放松自己，如果屏幕游戏能够为儿童带来这样的效果，不少父母都表示可以让儿童玩游戏，再说也许父母当年也是这样走过来的。另一方面，他们认为这是在帮助儿童适应未来。有不少迹象表明，对属于"网络原住民"的儿童来说，与网络相处是他们必须拥有的能力。在这一方面，一个对父母传统观念——"打游戏就是没出息"有着巨大冲击的事实是：电竞已经成为一份新的职业，从业者不仅能够月入上万元甚至几十万元，而且还可能成为世界冠军，为国家争光。不少职业类高校还开设了电竞专业，这让很多父母也开始思考是否应该让儿童更早接触网络和屏幕游戏。

除了父母，也有很多心理学及教育学工作者在探究这个问题：屏幕游戏是否能促进儿童的发展？这些研究者的出发点主要有两个：游戏的有益性和屏幕游戏的新发展。从进化心理学的视角和儿童发展心理学的视角来看，研究者已经确认了游戏在人类发展过程中的重要作用。就像是动物的幼崽会用打闹等游戏活动来锻炼自己的捕食或逃跑能力一样，游戏也是儿童发展出高级能力的重要练习过程。在游戏过程中，儿童能够高效且更实际地体验焦虑、痛苦、快乐、嫉妒等情绪，以及获得与成长相关的能力。而且已经有大量心理学研究发现，儿童在游戏中展现出来的能力能够有效地迁移到真实任务中。因此，随着游戏对儿童发展的积极作用逐步得到证实，研究者也开始探讨作为网络时代的游戏——屏幕游戏是否也对应着这样的功能。毕竟随着现代游戏设计技术的发展，现在的屏幕游戏（无论单机游戏还是网络游戏）的场景已经越来越复杂多样，兼具现实性和社交性，还有不少教育工作者将教育内容融入游戏中。因此，2000年之后，一个新的研究方向开始出现——探讨屏幕游戏带来的有益功能，并且已经形成了一定量的研究证据。这些有益的方面主要来自对儿童五个方面的促进作用：认知能力、意志与动机、情绪与心理健康、功能社会技能水平、学业。

1. 促进认知能力发展

关于游戏对认知能力发展的促进，研究首先聚焦动作类游戏（如第一视线/他者视线的枪击类游戏），这类游戏通常具有以下几个特征：（1）快节奏，即目标可能是快速移动的或瞬间出现的，要在极短时间内完成多个按键的组合控制；（2）需要较高的知觉和运动能力，同时也需要较强的工作记忆能力、计划能力和目标选择能力（如同时追踪多个目标，需要立即对多个潜在目标进行判断，快速地选择并执行最合适的操作方案）；（3）需要在聚焦性注意和分配性注意之间来回快速切换，即需要在关注全视野地图和关注特定的目标之间切换；（4）需要较强的抗干扰能力，即要在多个干扰中找到真正的目标。2017年，发表在世界心理学领域中高等级期刊的一篇文章对2000—2015年与此类游戏相关的研究结果进行了梳理，发现多种类型的研究都一致证明了此类游戏会提升儿童自上而下的选择注意能力及空间认知能力，在一定程度上有助于提升视觉、知觉能力等，而对于其他认知能力，如多任务选择和言语认知能力没有显著的提升作用。

研究者发现，这些长期玩射击类游戏的玩家大脑内部的反应机制似乎发生了一些改变。一项脑功能磁共振研究发现，在向完全不玩射击类游戏的人呈现视觉刺激时，他们大脑的多个部位同时被激活，共同对该视觉刺激进行反应。但是每周玩射击类游戏超过5个小时的玩家，在同样的视觉刺激下，只有大脑的顶叶皮层被明显激活，其他部分不再被激活。虽然激活的部位少了，但判断的正确率没有任何下降。研究者认为这代表了该类游戏提升了玩家的刺激反应水平，使得他们的注意分配能力得到了提升。

对其他认知能力，尤其是高阶认知能力——问题解决能力而言，研究者认为，其或许会受到另一类游戏的促进，即解密类游戏和谋略性游戏。这两类游戏与射击类游戏不同，其不能提升个体的空间知觉能力和注意分配能力，但因为个体需要基于记忆和分析能力来完成一系列复杂的认知任务，所以这两类游戏可能会提高个体的推理分析能力。目前关于这方面的研究还不多，仅有的两个研究确实支持这一观点。这两个研究通过评估个体收集信息、预测可能性的能力，以及形成计划和执行过程中随时调整计划或目标的能力，来分析其问题解决能力。这两个研究发现，在解密类和谋略性游戏中，表现好的玩家具有更强的问题解决能力。其中的一个研究还发现，这类游戏玩家因为玩游戏使得问题解决能力得到提升，在一定程度上也提升了他们的学业成绩。

还有一个相关研究发现，玩屏幕游戏的12岁儿童的创造力水平与其玩游戏时间呈正相关，而其他屏幕使用行为，如使用社交媒体等，则没有这样的效果。虽然这个研究并没有办法证明到底是因为玩游戏所以创造力强，还是因为创造力强所以才爱玩游戏，但是对赞同玩游戏的教育者来说，不失为一份支持。

支持者认为，更为重要的是游戏可能会促进儿童获得一种面对未来的能力，即对于没有标准答案的、非线性思考的开放性问题的创造性解答能力。事实上，未来世界有许多的不确定性，到底未来需要儿童具有什么样的能力，现在也很难确定。但是随着对互联网和人工智能的探讨，从模糊而非清晰的界定中，从整体而非细节的分析中，找到一种直觉似的作答能力似乎成为对"数字原住民"的一种期待。而这种能力的训练很难在一般的生活场景中进行，而此前由生物学研究组织开发的一些网络游戏，似乎给出了一种可能的训练场景。德国著名的研究机构马普所的研究者为了研究蛋白质折叠，开发了一个名为 *Foldit* 的游戏，因为研究者并不知道蛋白质折叠的方式和机制，所以他们让游戏玩家在游戏里按照自己的想法去折叠各种材料。一段时间后，研究者收集到各种充满想象力的折叠方式，而其中有一些折叠结果与现实中的蛋白质折叠样态完全一样。通过分析这些折叠结果，生物学家找到了了解蛋白质折叠方式及其机制的路径。同时，全世界有几十万名 *Mozak* 及 *Eyewire* 的游戏玩家，在帮助生物学家解决神经元形态标记的问题。在这两个游戏中，玩家不受任何经验的限制，完全根据自己的直觉来完成一些三维立体图像的形态标记工作，而这些标记方式则为科学家提供了解决方案。要知道，这些问题就算世界上最厉害的计算机也无法解决。在这些游戏里，玩家不仅帮助科学家解决了问题，而且训练了自己的直觉思维，即"数字原住民"必备的素养。

2. 促进意志与动机发展

从儿童的意志品质和动机训练这个角度出发,研究者认为屏幕游戏可能是训练儿童在面对失败后要懂得坚持(增长型心智模式)的好工具。一方面,屏幕游戏中有大量的挑战,需要儿童在面对失败之后坚持不懈地继续尝试才能取得最终胜利;另一方面,在玩游戏的过程中,伴随着失败,儿童产生的情绪有可能是兴奋,而不是沮丧、失望等消极情绪。研究者认为,这能更好地帮助儿童把积极情绪与失败联系起来,从而让儿童更有可能形成成长型的思维模式。也就是说,他们会认为能力是可变的,通过努力就能获得一定的能力。

3. 促进情绪与心理健康发展

在情绪与心理健康方面,有研究者坚持认为屏幕游戏作为一种游戏,有其特有的促进儿童情绪与心理健康发展的作用。这些作用大致体现在三个方面。

第一,研究者认为,游戏的首要价值就在于能够给人们带来积极情绪和让心境变得更加愉悦。研究证明,在玩一些闯关游戏(如《愤怒的小鸟》)之后,玩家会明显感到心情变好,因为这类游戏所需要的互动少,反馈快速,并且很容易上手,这些特征可能会帮助玩家放松心情,并且帮助他们消减焦虑。

第二,还有研究者提出,伴随着游戏,人们常常会出现多种积极情绪或积极状态,如骄傲、自豪、心流体验、强控制感等。在研究者看来,这也是儿童常常在游戏中表现出高开放性和高创造力的原因——积极情绪的力量。

第三,还有研究者提出,模拟现实场景的游戏,除了能够帮助儿童在接近真实的游戏场景中练习现实生活中不太容易训练的技能(如管理城市或餐厅),更能够帮助儿童练习如何在遭遇失败和挫折后进行情绪调节。研究者认为,在这些模拟场景中,儿童同样会因为失败而感受到挫败、沮丧等消极情绪,这种情绪与现实中的失败体验是相似的,但是儿童为了让游戏继续进行下去,或是在下一局游戏中表现更好,就需要学会与自己的消极情绪相处,接受这些消极情绪,或用更为积极的态度解决问题,或用认知重评等方式来应对情绪。在一些竞技性质的角色扮演类游戏中,或在谋略性的游戏中,儿童必须学会控制或用认知重评等情绪调节方法来处理之前因失败带来的消极情绪,否则就会放大消极情绪,导致在新一轮游戏中表现更差。因此,屏幕游戏实际上在以一种给予自然后果的方式,自然而然地教会儿童:如果不用更恰当的方式应对消极情绪,就会带来更糟糕的后果,只有灵活有效地应对自身的情绪,才会带来好的结果。在需要与他人合作的游戏中,游戏更能教会儿童如何在与他人交往的过程中进行情绪管理。

4. 促进社会技能水平提升

屏幕游戏能促进儿童社会技能水平的提升。研究者认为,之所以现在的屏幕游戏能够促进儿童社会技能水平的提升而不是阻碍其发展,主要原因是随着技术的发展,现在的游戏已经远远脱离了单机游戏时代的简单系统。以《魔兽世界》为代表的大型多人在线角色扮演游戏,在游戏中创设了一个复杂的小社会,玩家能够成为不同类型的人物,并与其他人物进行交往,形成小型乃至大型社会体系。在这样的游戏中,玩家必须学会如何与人交往,了解需要拒绝与哪种人交往,需要与哪种人合作,甚至如何有效地管理一个小团队,从而以较小的游戏代价(通常认为这些代价是非真实的,从而更容易接受)来帮助儿童提升社会技能水平。

此外，现在还有一些专门用来提升儿童亲社会能力的游戏，这些游戏会用游戏中的方式来奖励合作行为和帮助行为。有研究证明，经常玩这类游戏的儿童在现实生活中（哪怕是一年之后）都会表现出更多的亲社会行为。与竞技类游戏相比，这类游戏会显著增加儿童在线上和线下的助人行为。

还有研究者发现，即使是竞技类游戏，与单人完成游戏相比，鼓励儿童在小组内合作完成游戏也会显著降低儿童的敌意水平、攻击性认知和外群体偏见，也就是说合作游戏本身提供了儿童了解他人的机会，而同舟共济更是培养了儿童的合作意识。面对反对者提出的暴力游戏会提升儿童攻击性水平的质疑，支持者认为，2013年的一项实验研究表明，玩家在合作完成暴力游戏之后，没有证据显示其攻击性认知和行为有所增加。

5. 促进学业发展

儿童既能玩游戏，又能学知识，想必是一件喜闻乐见的事。有研究者已经在实证研究中找到少量证据。一项基于大航海时代背景的航海类游戏，成为欧洲儿童了解中世纪历史的启蒙工具。美国康涅狄格大学的一个研究组在2012年的美国教育大会上发布了一份其基于300余项关于游戏和学业水平研究的研究结果：有特别教育内容设计的游戏在引导使用下能够有效促进儿童的语言、历史和物理学科的学习。

二、应对之道

儿童处于社会心理发展关键时期，自控能力尚未发展成熟，家长和社会对于儿童沉迷屏幕游戏的担忧不无道理，但屏幕游戏对于儿童来说，也的确有很多有利于其身心发展的好处，作为家长，究竟需要如何处理呢？

事实上，如果仔细梳理反对者和支持者的观点，就会发现实际上两者之间的分歧并没有那么大。下文首先分析两方观点并存的立足点，然后站在教育心理学工作者的角度提出一些建议。

1. 反对者和支持者之间观念并存的立足点

反对者和支持者之间的观点不同，是因为两者研究的前提有所不同。

（1）游戏时间。持反对态度的研究者，在他们所提及的研究中，研究对象大部分是重度游戏玩家，这些玩家将每周数十小时的时间花费在游戏上。而在探讨游戏的益处时，支持者主要关注的是正常使用游戏的玩家。一般而言在这类游戏中，他们对经常玩游戏的对象的定义是"每周玩五小时及以上的人"，实际上针对的是玩游戏时间在可控范围内的情况。

（2）游戏内容。一部分研究者反对的是有低俗内容、暴力内容等不利于儿童成长的游戏，而支持者研究的游戏更多是更为复杂的、兼具社会性和现实感的游戏，尤其是在特定教育目标下专门开发的游戏。

（3）游戏方式。从支持者的研究可以看到，游戏方式会影响游戏结果，游戏能够成为刻意训练儿童某种技能（如合作）的方式，而毫无目的地玩游戏则更有可能带来问题。

（4）游戏与玩家的关系。在反对者提供的证据中，玩家会成为游戏的奴隶，玩家并不能或并没有有意识地控制或利用游戏。在玩家与游戏的关系中，玩家显得更加被动，这也是一部分研究者所担忧的。反之，在支持者提供的证据中，游戏更多地成为玩家选择的一种对象，是受到玩家控制的，尤其是在一些教育类游戏的使用中，玩家主动选择了游戏，在玩家与游戏的关系中，玩家更为主动。

因此，对于家长而言，如果选择让孩子接触屏幕游戏，那么就需要积极参与到孩子的屏幕游戏行为管理中来，保证孩子不过量玩游戏，不玩有不当内容的游戏，让孩子尽量以更有效的方式玩游戏，帮助孩子主动控制游戏而不是被游戏控制。

2. 如何选择适当的屏幕游戏

本书的其他作者对于如何在日常生活中帮助儿童正确使用屏幕游戏，给出了大量案例和对应的建议，相信您会在阅读中获益极大。在此，我仅从教育心理学工作者的视角给出一些建议。

家长在阻止或推荐孩子玩某一款游戏之前，应该对游戏内容、游戏设置和游戏方式进行深入了解。在了解一款游戏时，家长可以带着开放与好奇的心态，多角度了解游戏，同时秉着对孩子发展负责任的态度进行审慎判断。家长可以先回答以下三组问题。

第一组问题：

o 该游戏有适宜孩子的游戏内容吗？

o 游戏设置是否容易导致孩子动机问题、专注力问题或过度使用问题等负面情况的出现？

o 每一局的游戏时间是否与孩子所处年龄段相符？

如果以上问题的答案都能令人满意，那么家长可以考虑将该款游戏作为备选游戏。但要确定是否让孩子玩游戏，不妨再回答以下这一组问题。

第二组问题：

o 我为什么想让孩子玩这款游戏，是为了让他感受快乐，还是为了让他在愉悦的心情下锻炼某些能力？

o 如果上一题的答案是让孩子锻炼能力，那么该项能力对于孩子而言是否重要？

○ 是否有其他同类型的更优质的游戏可以替代该款游戏？该款游戏设置的场景对于该项能力发展是否有其不可替代之处？

○ 除了玩屏幕游戏，是否有其他现实中的活动方案？例如，由父母来扮演某些角色或设置一些场景，是否同样能够促进孩子该项能力的发展？

如果在回答完这一组问题之后，你仍然觉得该款游戏可以保留，那么你可以考虑将本款游戏在必要的时机推荐给你的孩子。但是在推荐之前，你可能还需要回答一组问题。

第三组问题：

○ 这款游戏有哪些游戏模式，是否还有别的更有意义的游戏方式？

○ 如何玩游戏才能避免或减少这类游戏可能带来的问题？

○ 如何玩游戏才能增加这类游戏给孩子带来的益处？

○ 通过跟孩子交流游戏的哪些方面的内容，能增加孩子对游戏的反思？

○ 孩子在玩这款游戏的过程中可能会出现哪些背离初始目标的行为？如果有，我能否应对？该如何应对？

家长也可以跟孩子共同讨论这些话题，让屏幕游戏真正成为带给孩子愉悦感及提升能力的方式之一。

3. 发挥屏幕游戏的积极作用

从教育者的视角来看，屏幕游戏并不是洪水猛兽，而是一份需要认真对待的教育资源。要想使用这份资源，甚至用好这份资源，除了需要回答上面的三组问题，还需要有教育资源观和设计能力。

（1）从教育资源观看儿童屏幕游戏的使用

教育资源观是一种将教育过程中遇到的好事、坏事都尽量转化为儿童发展过程中的资源的态度。在儿童屏幕游戏使用过程中，家长可以从以下几个方面进行资源转化。

第一，把儿童与屏幕游戏的相处机会作为儿童提升自我管理能力的教育契机。屏幕游戏对于儿童自我管理来说是一个极大的挑战。第一重挑战来自情绪管理，游戏中所产生的较多的积极情绪容易让玩游戏成为儿童逃避消极情绪的方式。针对这种情况，教育者可以通过向儿童讲解情绪管理的知识，帮助儿童看到逃避消极情绪带来的后果；教授儿童情绪管理技巧，并让孩子在游戏中练习这些技巧，提升儿童的情绪管理能力。第二重挑战来自冲动控制问题。屏幕游戏通常包含不断给予儿童正强化的任务串，因此在开始屏幕游戏之后，让儿童离开游戏是一个极好的训练儿童冲动控制能力的机会。儿童有想要继续玩游戏的行为冲动，但是需要自己战胜这种冲动。如果教育者能够利用这一机会告知儿童冲动控制的意义、教授其冲动控制技巧，并在儿童成功之后给予及时鼓励，通过一段时间的训练，就能帮助儿童获得强大的自制力。

第二，把屏幕游戏作为儿童训练日常生活中难以获得的能力的机会。以"直觉思维"为例，这样的能力虽然一般在日常生活中也会出现，但是很难在短时间内看到结果，例如对楼市走向的直觉判断，对一件商品是否会受欢迎的直觉感知等。对于这样难以在日常生活中进行训练的能力，可以让儿童通过使用屏幕游戏来获得。但是一定需要先回答上面三组问题。

第三，如果已经出现屏幕游戏过度使用问题，那么可以把解决这一问题作为反省并改变整个家庭养育生态的机会。如果儿童在使用屏幕游戏上出现了问题，可能儿童并不仅仅只有这一个问题，可能还有自身成长方面的问题，也可能是家庭养育生态出了问题。从教育资源观的视角，我们可以把解决这一问题的过程作为家庭整体成长的机会。如果我们有这样的心态，那么也许在解决儿童屏幕游戏使用问题的同时，也能帮助整个家庭变得更加和谐，让儿童更有发展潜力。

（2）科学指导，发挥屏幕游戏的优势

从上面的讨论可以看到，屏幕游戏有其独有的教育功能，例如难以在现实中锻炼的能力可以通过屏幕游戏模拟，此外，它能够更好地呈现资料，实现快速学习等。但是在其发挥功能的同时也容易引发问题。从教育学的角度来看，有意识地使用屏幕游戏，将有利于发挥屏幕游戏的优势，减弱其有问题的一面。这就意味着屏幕游戏也是一种可控的教育资源。老师或家长可以通过事前设计，引导儿童进行游戏。老师或家长可以组织儿童以不同的方式体验游戏，与不同的人合作完成游戏，或者有目的地选择某种类型的游戏，之后，再由老师或家长带领儿童对游戏体验进行分享，告诉儿童要把游戏当作一种工具，而不是依赖它。

总体而言，屏幕游戏是当前儿童生活中难以割舍的一部分。对于其可能带来的负面影响，家长需要更为积极地面对，尝试带着开放的心态去理解，甚至积极利用它以促进儿童发展。正如美国游戏研究者泰勒（T.L.Taylor）教授所言："游戏其实是我们社会生活的一部分，是我们与他人建立连接、分享信息和经验，与他人进行交流的一种方式。"

参考文献

[1] Bavelier D, Green C S, Pouget A, et al. Brain plasticity through the life span: learning to learn and action video games[J]. Annual Review of Neuroscience, 2012, 35(1):391-416.

[2] Bediou B, Adams D M, Mayer R E, et al. Meta-analysis of action video game impact on perceptual, attentional, and cognitive skills[J].

Psychological Bulletin, 2018, 144(1):77-110.

[3] The benefits of playing video games[J]. American Psychologist, 2014, 69(1):66-78.

[4] SM Grüsser, Thalemann R, Griffiths, M.D. Excessive computer game playing : evidence for addiction and aggression?[J]. CyberPsychology & Behavior, 2007, 10(2):290-292.

[5] Latham A J, Patston L, Tippett L J. The virtual brain: 30 years of video-game play and cognitive abilities[J]. Frontiers in Psychology, 2013, 4(629):1-10.

[6] Mentzoni R A, Brunborg G S, Molde H, et al. Problematic Video Game Use: Estimated Prevalence and Associations with Mental and Physical Health[J]. Cyberpsychology Behavior & Social Networking, 2011, 14(10):591-596.

[7] Wartberg L, Kriston L, Zieglmeier M, et al. A longitudinal study on psychosocial causes and consequences of Internet gaming disorder in adolescence[J]. Psychological Medicine, 2018:1-8.

[8] Our Princess Is in Another Castle A Review of Trends in Serious Gaming for Education[J]. Review of Educational Research, 2012, 82(1):61-89.

[9] 喻国明，杨颖兮. 参与、沉浸、反馈：盈余时代有效传播三要素——关于游戏范式作为未来传播主流范式的理论探讨[J]. 中国出版，2018(08):16-22.

田丰：从社会学视角看游戏的空间性和时间性

在现实生活中，人们经常能够看到家长训斥孩子："又在玩游戏，还不好好学习去？"很多家长都谈游戏色变，把游戏视为孩子未来成就的"头号杀手"。可是，家长当下面临的难题是孩子玩游戏屡禁不止，甚至成为引发父母与孩子之间激烈冲突的导火索。一些开明的家长开始对孩子做出让步，允许他们在受到约束的情况下做自己喜欢的事情。家长与孩子之间就游戏产生矛盾、分歧屡见不鲜，究竟是什么原因导致了这种状况的出现呢？不同学科的研究者对此持有不同的意见，从社会学视角来看，引发分歧的是游戏的空间性和时间性。

谈到空间性，社会学家习惯把家庭作为第一空间的代表，在家庭中，人们处于私密生活的状态。公司和学校是第二空间的代表，人们在公司里工作，在学校里学习。第三空间通常被认为是除了第一空间和第二空间的场所，其所承担的社会功能主要是休闲和娱乐。社会学家对三个空间的划分实际上体现了工业化社会发展的结果，因为在传统的农业社会中，人们的工作场所与家庭场所是难以区分的，几乎所有的家庭都承担着社会生产的功能，几乎所有的社会生产也都是在家庭内部完成的。学校更是如此，农业社会中大部分家庭的孩子无法受到正规的学校教育，学校教育在社会学家眼里就是为工业化大生产提供合格劳动者的训练机器。可见，在人类社会进入工业文明时代之前，人们并没有把私密生活、工作学习和休闲娱乐割裂开，三个空间是融为一体的，休闲娱乐的形式往往也与家庭生产之间存在着直接的联系，比如农耕形态的扭秧歌。生活、工作、学习、娱乐休闲的行为目的具有强烈的统一性。

进入工业文明之后，随着家庭生产功能逐渐被社会化大生产所取代，教育功能也逐渐被附属于工业生产需求的专业教育机构所取代，私密生活空间和工作学习空间逐渐割裂开，为了满足人们休闲娱乐的需要逐渐衍生出第三空间。值得注意的是，未成年人保护也是在工业化时代才产生的"新事物"。早期的未成年人保护集中在第二空间的工作场域中，针对的主要是英国工业革命之后厂矿大量使用和剥削童工的现象，直至英国政府出台了对使用未成年劳工相关的法律规定，未成年人保护才真正进入人们的视野之中。就当时的情况来看，保护未成年人的法律条款还是相当宽松的，而随着时代的进步，未成年人保护问题越来越受到政府、社会和企业的重视，让所有的未成年人健康成长、接受基本的义务教育，逐渐成为工业时代文明的一个重要标志。在此后相当长的一段时间内，未成年人保护领域的进展主要集中在第一空间和第二空间，比如未成年人的监护人需要承担哪些义务，工厂不能使用未成年人作为劳工等。对第三空间休闲娱乐领域中的未成年人保护直到20世纪70年代之后才真正得到普遍重视，主要针对的是电影和电视内容。那时，电影已经诞生了70多年，电视早已跨过黑白时代进入彩色时代。可见，在休闲娱乐领域，未成年人保护是远远滞后的。

社会对休闲娱乐内容的关注逐渐从电影、电视延伸到图书、游戏，尤其是在后工业化时代互联网普及的情况下，网络虚拟空间成为人们休闲娱乐的"主战场"，也更像是在第三空间中剥离出来的第四空间。网络虚拟空间比以往任何休闲娱乐空间都更加强大，几乎可以把电视、电影、图书、游戏、购物等内容全部纳入进来，保护未成年人的必要性显而易见。针对网络游戏的未成年人保护实际上只是其中的一部分而已，其他网络视频、网络图书、网络广告中或多或少会涉及未成年人保护内容。那么为什么网络游戏会引发中国家长与孩子之间的冲突，成为家长谈之色变的娱乐方式之一呢？这背后有几方面的原因。

第一，电子游戏和网络游戏产业的快速发展带动了游戏设计水平的极大提升，游戏中的奖励和惩罚机制对未成年人的诱惑较大，未成年人能够在虚拟游戏世界找到现实社会难以获得的成就感和快乐感，导致他们对游戏的投入程度和痴迷程度确实有可能高于成年人。因而，许多发达国家都出台了分级制度，以避免未成年人过早接触到不适合他们的游戏，尽可能让未成年人玩的游戏与他们的心智发展程度相匹配。而中国由于缺乏科学、合理的游戏分级制度，导致年龄偏小的未成年人有机会接触到不适合其年龄段的游戏，进而成为"游戏迷"。

相反，对于游戏设计者而言，如何让参与游戏的人在游戏中获得更多乐趣、取得更大成就感、融入和认可游戏内容是至关重要的，换言之，如果游戏不能够给人带来乐趣，不能给人带来成就感，不能让人融入和认可，那这就不是一个游戏，而是一种劳动工具。游戏设计者的取向直接决定了在游戏和家长之间存在天然的对立关系，但这种对立并不是无法调和的，调和的方法就是让未成年人接触适合他们心智发展程度的游戏，这也是游戏设计者、游戏企业、家长和未成年人需要共同努力实现的目标。在此意义上，家长和游戏设计者既是对立者，也可以成为合作者，关键在于是否有一个合理的机制来化解两者之间的矛盾，实现两者的共同目的。

第二，中国社会中拥有"业精于勤，荒于嬉"的文化传统。中华民族是世界上最勤劳的民族之一，在五千年的中华文化中，人们始终把"勤"作为一个普世的价值观来遵从，"嬉"则是"勤"的对立面，也就是玩耍和游戏成为勤奋和努力的对立面。无论在工作还是学习中，人们都会习惯性地把不好好工作、不好好学习与贪玩、偷懒联系起来。从整个社会文化传统而言，无论网络游戏，还是电子游戏，只要和玩耍有关都会遭到家长的控制和反对。在没有电子游戏和网络游戏的年代，孩子出去打球、游泳也同样会被家长认为不务正业。由此看来，从某种程度上来说，家长不过是站在传统文化最前沿的"卫道士"而已。

传统文化对游戏和玩耍的态度无可厚非，毕竟天道酬勤的观念已深入人心。但随着生产力的发展和社会的进步，人们会拥有越来越多的休闲娱乐需求。对未成年人而言，他们也同样具有休闲娱乐的需求，这些需求在当前的社会文化和教育体系中被长期忽视，导致很多孩子自发地去寻找休闲娱乐的方式。恰巧在当下的休闲娱乐生态中，网络游戏可能是未成年人最容易获得的休闲娱乐方式之一。其实，在调研中能够发现，无论音乐还是文学，未成年人最常用到的获取途径就是网络，只不过在音乐和文学上，没有"荒于嬉"的文化传统带来的价值判断和社会压力。

第三，游戏负面案例带来的污名化效应对家长影响较大。自电子游戏发展之初，与游戏相关的负面案例在中国社会中不绝于耳，从早期的电子游戏厅，到被国家相关部门严厉管制的网吧，再到新近流行的网络游戏和手机游戏，每个阶段都会传出相当数量的负面案例。未成年人因为痴迷游戏导致荒废学业、造成的经济损失和身心伤害都让人触目惊心。虽然这些极端负面案例来自游戏玩家中的少部分人，但是背后还有学校、家庭和同辈群体等多方面的综合影响。家庭方面的影响尤其不可忽视，一些残缺家庭，如留守儿童家庭和流动儿童家庭由于父母管教子女的时间和精力有限，对子女教育的重视程度也相对较低，容易导致孩子在使用网络和玩游戏方面投入更多的时间，进而引发孩子荒废学业，乃至出现一些反社会行为。

尽管从一部分未成年人过度使用网络和游戏的案例中能够比较明显地看出家庭等外在因素的负面影响，但在负面案例的报道中，家庭和未成年人多以"受害者"的形象出现，而大多数公众也不会完全客观和全面地看待未成年人过度使用网络和游戏的问题，人云亦云的情况比较常见。对于客观、全面、科学的学术研究而言，我们需要更加审慎地分析每一个案例背后诸多影响因素的不同作用，尤其要理清家庭对子女的影响。当然，在互联网普及初期规则缺失的情况下，要对"野蛮生长"的现象足够警惕，必须要求企业与家庭共同承担保护未成年人的社会责任。

第四，家长反感子女上网和玩游戏的一个重要原因是家庭是未成年人上网的第一场所，也是最容易引发家长—子女冲突的第一现场。2018年，中国社会科学院与团中央的联合调查显示，尽管在移动互联网普及和很多场所都提供免费Wi-Fi的前提下，超过90%的未成年人上网的主要场所还是家庭，其原因主要在于学校对学生使用网络设备的严格控制和在家庭中上网设备的可及性大大提升。在调研中发现，越来越多的家长注意到在家庭中完全控制与禁绝孩子使用上网设备几乎是不可能的，特别是很多学校布置的家庭作业需要使用电脑或其他上网设备来完成，因此家长与子女之间就上网和玩游戏进行合理的沟通和协商就显得十分必要。

家长与子女的沟通和协商在传统中国家庭模式中几乎是不可能出现的，因为在传统模式中家长掌控着家庭的一切权利和资源，对子女行为有更多的话语权。但随着中国计划生育政策的实施和独生子女家庭的大量出现，传统的家庭权利结构及家庭重心出现了明显的下移，子女逐渐成为家庭的中心，对子女的管制也就有了诸多的谈判空间。在孩子成长过程中，父母的话语权不断减弱，学校和同辈群体的影响力不断增强，家长对孩子的管制效力也在不断降低。因此，依赖传统管教模式来严格控制子女上网和玩游戏显然已经不合时宜，沟通和协商是一种非常必要的手段。但是，很多家长意识不到这样的问题，在管教子女上网和玩游戏的事情上往往出现两个极端现象：放任不管或者严格禁止。这样一来，家庭作为未成年人上网的第一场域，家长和子女之间爆发激烈的冲突也就难以避免了。

第五，教育部门如何发挥积极作用的问题未得到重视。在未成年人网络教育过程中，家庭、企业的作用都受到高度重视，而教育部门目前还处于严重缺位的状态。在调研中发现，即便是一些经济发达地区，重点中小学的网络教育基本还停留在20年前的水平，目前的网络教育难以满足未成年人普及网络素养教育的需要。学校作为青少年生活的第二空间，对未成年人使用网络和玩游戏的控制方式是严格禁止未成年人携带任何可上网设备进入学校，一旦发现则给予严厉的惩罚。这种以罚代管、以禁代教的方式显然与时代发展相背离，也不能够真正阻隔未成年人对网络和游戏的好奇心，其结果必然是在学校网络素养教育缺失的情况下，未成年人网络素养难以得到真正提高，他们对网络的认识、对游戏的理解完全停留在心智不健全的"自由人"阶段。

在调研中可以看到，学生会在学校与同学讨论网络和游戏，回到家庭之后在社交软件中分享一些不合时宜的内容，并且相互约定共同打游戏，这也进一步加深了子女在家庭中对使用网络的渴望，为激化父母与子女的矛盾埋下伏笔。尽管家长与子女就使用网络和玩游戏引发的矛盾和冲突爆发在第一空间，但引发冲突的一部分根本原因来自作为第二空间的学校的不作为。在工业化时代来临之后，教育功能从家庭剥离，学校成为社会教育功能的最主要承担者，其对网络素养教育的忽视不符合社会发展需要，长此以往势必会带来更多的不良后果。因而，由教育部门牵头，整体推进未成年人的网络素养教育是当下亟待解决的重要问题。

综合上述五个方面，可以看到，家长对子女玩游戏闻之色变的原因是多方面的，并不是简单的子女过度使用网络或者玩游戏那样简单，而是在互联网时代的整体社会环境下，家庭作为未成年人上网的第一场域，传统家庭模式和传统文化与现代社会文化之间抗衡的结果，而教育部门的缺位和极端案例的传播都会为家长与子女之间的矛盾起到推波助澜的作用。要想真正解决未成年人上网的问题，还需要从空间上全面审视企业、家庭和学校的综合作用。

在空间性之外，还需要讨论的一个问题是家长与未成年人在使用网络和玩游戏时间性上的差异。时间性就是过去、现在和未来，用学术语言来讲就是历时性、即刻性和持续性。

对一个未成年人而言，时间的属性不是过去、现在、未来那样分明的，对他们来说，当下即是永远，几乎所有的孩子都会竭尽所能去追求当下的快乐和满足，无论游戏还是饮食。换言之，在未成年人完成社会化之前，他们身上的社会属性并没有那么明显，他们展现出更多生物属性。故而，未成年人对网络和游戏的渴望更多来自本性的渴望，他们在好奇心和成就感的驱使下，对游戏的着迷程度可能会超过所有理性的成年人，他们更喜欢追求即时性的快乐。

其实，在当下社会，大部分已经成年的年轻人也喜欢追求即时性的快乐。在强大的社会压力之下，年轻人对成就的渴望、对勤奋的执着和对未来的期盼几乎都下降到了一个较低的水平。而未成年人对即时性的快乐的感受与成年的年轻人有所不同，因为他们本身对社会压力的感知不足。中国家长有一个特点：独自承压，很少有家长会把自己承担的各种压力直接传导到子女身上。因此，中国的未成年人往往感受不到太多的社会压力，他们对即时性快乐的追求更多来自其天性。

对于孩子的快乐，按照常理家长几乎是不会拒绝的，但大部分中国家长对子女玩游戏的态度却是拒绝的，难道中国家长不愿意让子女获得快乐？答案显然不是这样的。虽然人们可以把时间分为历时性、即刻性和持续性，但在任何一个人身上，历时性、即刻性和持续性是近乎统一的，它们之间可以相互转化。可见，对孩子因追求即时性的快乐而花费时间表示不赞同的家长，他们更多是从时间的持续性和历时性来考虑的。

从时间的持续性来看，其强调的是时间花费在未来一段时间能带来的较为恒久的影响和效用。如果把时间看作一种资源，那么在家长眼里，资源的回报则是他们所关注的重点，这一点与孩子追求即时性快乐是截然不同的。当基于时间持续性的视角来看孩子的上网和游戏行为时，家长首先考虑的问题是这些行为能够带来什么样的现实回报，比如提高孩子的语言能力等，更为现实的家长会把时间花费与子女未来的学业和成就挂钩。但真正从游戏中得到的回报很难在现实生活中变现，很难转化为现实的成绩或者成就。

实际上，在中国家长眼里，时间重要性是一个非常复杂的社会话题。尽管近年来，教育部门在全国范围内的小学普及了素质教育和快乐教育，可是，在大中城市普遍出现了家长"不买账"的现象。因为学校里的素质教育和快乐教育对未来孩子需要面对的基于应试教育的升学考试帮助较小，而家长真正关心的是基于应试教育的升学考试结果。即便是在幼儿园阶段和小学低年级阶段，家长也会为课外班投入大量的时间和金钱。当然，这些时间和金钱的回报率难以得到真实的估计，从普遍意义而言，回报是相对有限的。但大多数家长都会认同针对未来升学考试的课外班教育，如果孩子愿意花费时间参加课外教育，几乎不会遭到家长反对。可是，孩子在课外教育中获得的即时性快乐与游戏、短视频、漫画、音乐等相比相对较少，所以，孩子更喜欢选择他们喜欢的娱乐方式，而这些娱乐方式本身能够给孩子带来的回报只有内心的愉悦，并不能转化为未来的成就和金钱。

故而在时间使用上，家长和子女之间存在本质差异。家长希望从时间持续性角度让子女投入到能够换取未来成绩或回报的事情上，这些回报还必须在真实的世界中得到展现。孩子则更加注重即时性的快感和体验，并不会过多琢磨在真实世界中的回报，"少年不识愁滋味"或许能够非常贴切地反映出孩子对生活的理解。一方追求真实世界的回报，另一方不追求真实世界的回报，这两种回报取向上的差异造成了家长与子女在时间使用上的分歧，也就为家庭内部的冲突埋下祸根。

家长和子女对时间理解的差异不仅仅存在于互联网时代，而是始终存在于中国式家庭之中。"70后"小时候没有那么多电子游戏、网络娱乐工具，家长反对孩子把过多的时间放在足球、篮球等体育运动上；"80后"开始有了电子游戏厅、网吧，于是电子游戏厅和网吧成为众矢之的；"90后"的世界里网吧少了，电子游戏被电脑和手机游戏所取代，于是电脑和手机游戏又成为被攻击的靶子。试想一下，如果现在孩子沉迷于足球、篮球、游泳、乒乓球等体育运动，家长恐怕不会反对，反而会鼓励。每一个时代都有一个时代青少年流行的娱乐方式，而每一代青少年的娱乐方式或多或少会遭到家长的反对。从历时性的角度来看，家长虽然都曾经受到过父辈的管制，但在增加了一些人生阅历之后也会逐渐把身份和角色从子女过渡到家长，历时性的经验更容易让他们站在过来人的角度思考问题，他们试图通过自己的人生阅历和成长经历来指导子女。但孩子缺少的恰恰是人生阅历和成长经历，他们本身不具有任何历时性经验和体验，所以也不可能充分理解父母的管教。

从时间性上来看，家长与子女产生矛盾的原因是在行为和目的上无法实现统一，进而使两代人对事情的看法有所不同。加上子女上网行为和与家长互动都集中在家庭空间里，在学校教育缺位的情况下，冲突集中爆发在家庭也就可以理解了。

由于未成年人上网、打游戏的空间性和时间性的影响，它带来的冲突目前主要集中在家庭中。但保护未成年人健康成长的任务并不是由家庭单方面来承担的，当下社会各界都需要做些有益的事情来化解这些看似属于家庭内部的冲突和矛盾。从社会学的视角来看，化解冲突和矛盾需要从社会各主体发挥功能性作用的角度来考虑。

第一，政府相关部门做好顶层设计，不能"头痛医头，脚痛医脚"。

当下政府对未成年人网络保护的政策总体上是积极的，甚至可以说是一种事无巨细的治理模式，但这种过度细化的治理模式的治理效果可能并不显著，给人一种"头痛医头，脚痛医脚"的既视感，无法给出问题的最优解。从功能定位来看，政府部门应该重点做好顶层设计，统筹部署相关职能部门、互联网企业、各级学校、家庭及社会公众所应承担的职责和工作，形成协同治理的共治格局。在原则和规则上严格控制的同时，把一部分治理权限释放出来，交给具备相应能力的非政府部门来运作。

第二，教育部门亟须加强网络教育，从根本上提高网络素养。

从教育部门的实际操作来看，其对网络、手机乃至其他网络即时通信工具的排斥态度较明显，且在课程设置、内容安排等方面远远滞后于未成年人网络安全教育的要求，其所应承担的教育功能在整个社会体系中属于缺位状态。而能够近乎完整地对未成年人实现网络安全教育的社会单元，除了家庭，就是学校。因此，教育部门须尽快开展网络安全教育、网络素养教育等相关课程，不能再将网络和手机完全排斥在未成年人校园生活之外。要教育未成年人如何正确使用网络和手机，提升他们的网络素养、网络自我保护能力，这才是互联网时代保护未成年人网络安全的治本之道。

第三，网络平台必须承担企业责任，强化网络管理。

所有的网络平台和互联网公司作为给未成年人提供网络空间和内容的第一责任人，必须承担相应的责任，尤其是在网络游戏、网络视频、网络直播、网络文学和动漫等青少年喜欢的领域，更是需要相关互联网企业高度重视对未成年人的保护。同时，互联网企业不能只顾自身发展，也不能只把自己当作一个被管理者，更多时候需要主动承担企业社会责任，更多地从一个网络管理者的角度出发，在政府规范化的制度框架下，主动强化网络管理，包括未成年人上网时间、上网消费、上网内容等方面的细节管理。此外，在行业中占有优势的龙头企业更应当积极配合政府部门监管，在行业协会等非政府组织中扮演更积极的角色。

第四，宣传部门做好协同配合工作，扩大政策、措施的影响力。

在当前未成年人网络保护和网络素养提升中，一个难以克服的困难是，家长作为"网络移民",其自身网络素养并不高,有些家长非但不会合理、科学地使用网络,反而给未成年人子女带来负面影响。更严重的是,政府、企业出台了一些可以执行且需要家长配合的措施,家长反而做不好配合工作。故而,当下解决保护未成年人网络安全问题中极其重要的一环是做好针对家长的宣传工作。考虑到家长自身网络素养参差不齐,宣传工作必须由政府、企业、社区协同完成,重点应当放在完善政府相关政策的执行、企业具体措施的操作和一些看似简单的细节上,这样才能够全方位地惠及所有家长,进而真正帮助未成年人。

第五,塑造良好的家庭内部协商氛围,扮演好第一责任人角色。

家庭在空间上是未成年人上网的第一场所,家长是未成年人监管的第一责任人,家长和子女在时间使用上存在诸多分歧,这些都意味着家庭是最有可能爆发冲突的地方。故而塑造良好的家庭内部协商氛围特别重要,在父母与子女之间建立相互信任的协商关系对解决问题是非常有帮助的。我们需要通过宣传教育,让家长意识到对子女进行网络素养教育、对子女网络安全进行监护的必要性和可操作性,帮助家长扮演好未成年人保护第一责任人的社会角色。

参考文献

[1] 韩姝. 少年儿童的新媒体使用习惯及互动行为研究——以重庆市T小学调查为例[J]. 传媒, 2018(06):46-49.

[2] 乔先达, 唐雪艳, 吉白, 等. 农村留守儿童网络素养调查研究及对策——以江苏省为例[J]. 教育现代化, 2019, 6(34):175-178+186.

[3] 汪世锦. 再论海德格尔的时间观[J]. 江汉论坛, 2018(08):71-76.

[4] 王广木. 小学生网络使用现状调查分析[J]. 教育观察, 2018, 7(24):79-80.

陈娜：一个网络素养夏令营里的家庭故事
——青少年辅导一线工作者手记

一、一个特殊的网络素养夏令营

2019年8月，在深圳青少年艺术培训中心，19位少年和他们的家长共同参加了一个为期5日的DN.A（Digital Natives Action，数字原住民计划）少年团夏令营，夏令营的主题为"我们和网络一起成长"。这个特别的夏令营活动由腾讯DN.A计划联合"少年灯塔"腾讯未成年人主动服务工程、天美工作室群、阳光朋辈计划共同举办。参与活动的19个家庭是从全国几百个报名家族中挑选出来的，来自全国10个省份，他们有的生活在一二线城市，有的来自农村留守家庭，孩子的年龄跨度从11至14岁不等。这些家庭的相同点是，孩子和他们的家长都认为自己面临着一个严峻的问题：因孩子过度使用网络导致家庭关系紧张。

作为这次夏令营的辅导教师，在前期的家访中，我了解到这些家庭都有网络使用方面的问题，但同时他们也希望获得成长。我们希望通过这次夏令营，让这些家庭的孩子和父母能重新认识网络和游戏，能对网络规则的制订方法有清晰的认识，并最终形成他们的个性化方案，借此处理家庭中因网络使用产生的冲突和矛盾。这也是举办这次夏令营的初衷。

在5天的活动当中，专家分别给父母和孩子开展针对性的讲座，帮助父母了解互联网时代家庭沟通的新特点，了解青少年的网络使用需要，以及如何理解网络和孩子成长之间的关系；帮助青少年梳理网络与自己的关系，学习自我情绪管理和时间管理的方法，促进青少年思考网络与自我成长的关系。夏令营还组织了分别针对父母和孩子的小组活动和团建活动，让家长去讨论、理解网络时代里父母在家庭中的角色与责任，练习家庭沟通技巧，模拟人际关系的建立过程，学习如何积极关注孩子的成长；让孩子去分享自己与网络的故事，学习人际交往技巧，学习在现实生活中合理表达自己需求的方法，建立个人成长目标。更有一系列的亲子活动和参观活动，促进父母与孩子的沟通和交流，让他们共同处理家庭冲突，通过与游戏设计者的对话，加深父母和孩子对网络、网络游戏的认识，建立家庭网络规则，形成亲子相互支持系统。

令我们欣慰的是，每个家庭在这 5 天的活动中，都有了自己的成长和收获。而作为辅导人员，我也从每个家庭的故事中，对网络时代的青少年，对网络时代的家庭关系有了更深的理解和认识。下面，让我们从一组活动剪影中，走进一个个因孩子的网络使用问题而感到困扰的家庭，揭示网络时代下的家庭故事。

二、夏令营剪影中的家庭故事——一个辅导员的感悟

（一）公开课畅谈心路历程——变化悄然发生，打破我们的固有印象

夏令营活动的最后一天，19 位少年和他们的家长围坐在一起，开展了主题为"我们和网络一起成长"的 DN.A 计划第 8 期公开课，作为夏令营的成果展示。

活动伊始，来自江西正在上初三的李楠作为学生代表第一个"跳"上舞台。他向现场和线上的观众介绍自己："大家好，我是一个兴趣很广泛

的胖子!"全场爆发出一阵笑声。"我和父母的相处模式一直很压抑,因为他们从来都不了解我,我喜欢什么、想要什么,他们都不知道。他们只知道把我的问题一箩筐抖出来。"李楠继续说:"现在我看到了爸爸的变化,他开始主动和我聊天了。我也知道自己自制力不够,我愿意接受爸爸的监督。"

本次夏令营的家长代表,来自湖南的王女士分享了她这几日的感受。她首先反思了自己过去两极化的教育方式:"过去,我要么对孩子严厉多、商量少,要么采取完全放任的态度。孩子到底应该怎样使用网络?我对此感到很困惑。"紧接着,她"晒"出了一份和孩子共同签订的"规则",她说:"在夏令营老师的指导下,我和孩子共同制订了家庭网络使用规则。我认识到,给孩子自由并不代表什么都不做,父母应具备默默耕耘、不问收获的耐心,而不是守株待兔。"

听着孩子和家长的分享,台下的我眼眶不禁有些湿润。作为夏令营的辅导员,在刚开始接触这些家庭的时候,我曾有过担忧。尽管专业素养让我对每个孩子、每个家长,都保持客观中立的态度,可反思在夏令营过程中自己的心路历程,我发现自己仍然隐隐地给孩子们贴了标签:他们大多在学校成绩不太好,班级人际关系也不好,在情绪控制方面的能力也比较糟糕,存在网络过度使用问题,和父母的关系不好,是家长眼中的"问题少年"。我因此担心,短短几天的夏令营,真能让他们发生变化吗?甚至在公开课的前一天,我还焦虑万分,迟迟未确定演讲人选,工作团队也很焦虑,也在商讨是否要取消现有形式,用其他形式替代。

下午课程结束的时候,我和夏令营所有学生开会,说了直播公开课的安排,还是希望不取消这个环节,期待他们能够说出自己的心声,最后每个小组选择了 2 名学生参加公开课演讲。他们准备的时间只有一个晚上,确切地说,他们只有 1 个小时左右的时间准备,因为晚上还有夏令营结营晚会。很神奇的是，晚上 10 点半前，所有参加演讲的孩子都交了演讲稿。每一个人都写得特别好，真诚、细致，逻辑清晰又言之有物。而现在，这群孩子正在台上大方地分享着自己这几天的感受，谈论着和父母关系的变化，畅想着自己的未来规划。我的内心充满感动，也充满感激。谢谢这些孩子们让我又一次深刻体会到，用固化的眼光去看孩子会有怎样的失望，而用成长和发展的眼光去看孩子，又会有怎样的惊喜。

教育让人成长、进步，但是教育也让人与人之间产生差距。把"相信"的标签给了一部分孩子，给了他们展示成长的机会，把"不相信"的标签给了另外一部分孩子，剥夺了他们展示成长的机会。有了机会，孩子能展示出"好"，会被信任，从而会有更多的机会。反之，没有被信任的孩子，没有机会，就不会被看到"好"，于是更不被信任。这个系统的运作，将不同的孩子放进了不同的位置。启动这个系统的不是孩子本身的差异，而是教育系统中成年人的"有色"眼镜。而每次感受到"有色眼镜"的存在，都有可能是触发他们人生多米诺骨牌的一个开关。

带着这样一种成长和发展的眼光，回首夏令营这几天发生的点点滴滴，孩子和家长发生的变化历历在目。这些改变有的微小，有的艰难，可每一个改变都预示着充满希望的未来。让我们一起去看看这些变化发生在哪里，又是如何发生的。

（二）那场"历奇冒险"和那份"家庭网络使用约定"："长不大的孩子"长大了

夏令营有一个活动是"历奇冒险"，这其实是一场"亲子城市挑战"，给每个家庭两个小时，让这些从未到过深圳的家庭到几个指定的地点去拍照打卡。唯一的规则就是全程将手机交给孩子，孩子负责查路线，安排活动。活动开始前，很多第一次当"甩手掌柜"的家长并未表现出喜悦的神态，他们担心孩子带自己出游会状况百出。但结果是，在两个小时内，19

个家庭都顺利完成了挑战。回到营地的家长满洋溢着愉悦和欣慰的笑容，兴奋地跟辅导员们讲述孩子怎么查导航，怎么带着自己吃小吃，怎么计划目的地的打卡顺序，感叹着"第一次看到孩子这样懂事，他现在已经比我想的成熟多了""没想到孩子有这么强大的能力"。在随后的辅导环节中，我们和家长共同开展了热烈的讨论，家长们纷纷表示，这次出行让他们意识到，孩子不再是懵懂小孩了，有的事情甚至比家长做得还好，自己"大包大揽"、全权安排孩子的大小事务可能不太合适了。家长觉得要适时放手，把部分主动权和控制权交给孩子，家长更多承担引导和辅助的角色，协助孩子进行自我规划并坚持下去。

在后续的活动中，家长开始尝试给予孩子更多的控制权。19个家庭各自制订了"家庭网络使用约定"。19张手写版的约定，绝大部分是由孩子写下的，在八开的白纸上，密密麻麻排列着稚嫩而认真的文字。可以看出，这些文字前后经过了多次调整，有的还对排版做了设计。为凸显约定的正式性，一些约定使用了"甲方""乙方"等字眼，在其中的几份约定里，原本写在甲方位置的家长名字被划掉了，孩子的名字被写了上去，家长成了"乙方"。

在家长给予孩子更多控制权的同时，孩子也给予了家长更多的惊喜。在所有的约定中，孩子几乎都主动提到"希望可以得到家长的更多监督"，甚至有的孩子主动要求家长为自己注册"腾讯成长守护平台"，以此引导自己合理使用网络。很难想象这些家庭几天前还处在冷战、冲突甚至更紧张的关系里。

张同学的母亲在夏令营第一天晚上进行一对一心理访谈时，向我们讲述了母子二人长期以来的相处模式——母亲经常偷看孩子的聊天记录，用暴力的方式抢夺孩子的手机，"完全没有任何商量的余地"。张同学也因此变得咄咄逼人，从偷偷上网变成光明正大地反抗。类似的矛盾也出现在其他家庭里。

在"家庭网络使用约定"制订之前,老师为孩子和家长规定了5个基本原则:

第一,使用时间要相互商量,可以参考大数据,但需要逐年增加;

第二,晚上10点前电子产品要交到父母卧室的固定位置;

第三,需要在客厅玩游戏或上网,不能在孩子自己的房间;

第四,要合理分配上网时间,聊天、打游戏、浏览信息等,不能只打游戏,也不能只打一种游戏;

第五,家长要与孩子使用亲子机,平板电脑需要安装防沉迷App。

在此基础上,张同学和妈妈对规则进行了细化——针对孩子的规则有:早上8点开始使用手机,晚上10点上交手机;每天至少运动一小时;写作业或做其他事情时不碰手机等。针对父母的规则有:晚上下班后不碰手机,和孩子聊聊天;每周抽出一天陪孩子出去玩;互相包容、学会原谅孩子的过错等。

张妈妈说:"原来最大的问题在于只有给孩子的规则,而没有给家长的规则。"张同学其实经常抱怨妈妈一边说话一边玩手机的习惯,这让他感觉自己受到了敷衍的对待。"她可以一直玩手机,我为什么不可以?"这样的疑问一直存在于张同学心里。

现在,这份"家庭网络使用约定"为他和妈妈都制订了具体且容易操作的规则,原来的"孩子守则"变成了真正的"家庭守则"。

这些约定无一不是在家长和孩子的商量下共同制订的。事实上,真正起作用的并不是规则本身,而是那些得到修复后的亲子关系。有了这样的基础,之后他们再遇到问题就容易处理了。

（三）"同心圆"与"穿越火线"：从亲子关系看青少年行为

在这次夏令营中，我发现孩子们的主要问题表现在两方面：一是沉迷游戏，自控能力不足，对学习缺乏动力；二是依赖网络，逃避现实生活的人际交往。个别孩子有不尊重父母、不尊重规则、边界不清的问题，甚至有对家长有使用暴力行为的倾向。通过在开营前和夏令营过程中的观察、了解，我认为，孩子的这些问题这主要是由家庭中父母对孩子的过度溺爱和放纵造成的，这类家庭的互动模式需要做出调整，在孩子年龄较小的时候应及时进行矫正和控制。而在活动中，通过对家长的访谈，我发现父母看到的更多是孩子对于网络无法自控、无心学习、无法沟通的问题。这从表面上看是孩子使用网络的问题，但实际上反映出很多家庭教育理念、亲子互动方式、亲子陪伴关怀等方面的问题。

这些家庭在亲子关系上大多表现为相互理解不足，缺乏情感沟通，彼此间缺少信任。父母对孩子抱有较大的期待，沟通上以指责、说教居多，这会让孩子产生较强的逆反或防御心理，进而导致亲子关系更加恶劣。

比如夏令营里有个单亲家庭，妈妈的个性比较强势，在小学阶段对儿子控制极为严格，孩子必须按照自己的标准和要求学习、生活。孩子进入青春期后变得非常叛逆，和妈妈反着来，并且缺乏内在成长动力，以至于沉迷于网络。妈妈在孩子沉迷网络之后也开始反思，但反思的结果是走向另外一个极端，完全撒手不管，完全给予孩子自由。事实上，这些孩子的行为问题更多来自家庭环境和父母的影响，孩子早期的行为习惯是从父母身上习得的，是亲子关系互动的结果。

正在上初三的男孩刘同学，在来深圳参加这次活动之前已产生了退学的念头。在和家长、老师爆发多轮严重的冲突之后，刘同学的父母不得已选择让步，准备在今年9月开学后为儿子办理退学手续，随后让他去工厂打工。就在夏令营第三天的晚上，刘同学主动向母亲表示自己不想退学了，要在开学后回到学校继续学习。在这些故事中,我们可以看到,网络使用问题是家庭关系的一面镜子,如果你能从中真正发现问题、看清自己,那么你就会有所收获。

我们夏令营有一个活动叫"穿越火线",由孩子(父母)口头指挥蒙着眼睛的父母(孩子)穿越障碍物。有一组母子双方在互动模式上具有极高的相似性,无论对成败的过度关注还是情绪上的表现,都如出一辙。通过活动,母亲和孩子在这方面都有所察觉,意识到自身应当做出调整和改变,以促进亲子关系。

在另一组家庭中,我们看到平日里给人印象脾气暴躁的孩子在指挥妈妈"穿越火线"的过程中十分有耐心,他会先站在妈妈的角度思考应该怎么指挥,当妈妈不信任自己、没有按照他的指令走时,他也没有生气;轮到妈妈指挥时,他会主动跟妈妈沟通和交流。当教练把观察到的情况反馈给他们时,妈妈表示对于他们之间的配合感到出乎意料,并且难得地对孩子做出一些肯定。这个环节使他们彼此间的距离拉近了。

另一活动——"同心圆"游戏是孩子和家长评出的夏令营中令人印象最深刻的游戏环节。在这个游戏开始之前,家长和自己的孩子需要蒙着眼、面对面,相隔几步站立着。游戏的规则是,老师会向家长和孩子抛出13个问题,如果参与者心中对问题的回答是"是",那么便向前移动一步,反之,便后退一步。

也就是说,如果家长和孩子双方对所有问题都给出了"是"的回答,他们将在最后一个问题结束时面对面站在一起。反之,他们之间的距离将越来越远。

老师开始发问:"双方相处的方式,是你们满意的吗?"原本整齐的队列开始发生变化,有人向前迈步,也有人向后退。

"他是你的QQ好友吗？"队伍的变化开始加大。

"你觉得你真正了解他吗？"有人开始犹豫。

"你觉得他是否欣赏你？"队伍变得参差不齐。

"你觉得他对你是否存在一些误会？"有人先是向前，又改变主意退了回来。

在13个问题提问结束后，原本整齐的两列队伍已经变成了一盘散落的棋盘。对比游戏开始之初，有的孩子和家长的距离变近了，但大多数家长和孩子的距离越来越远，甚至已经逼近了两端的边界。

"请大家把眼罩摘下来吧！"在摘下眼罩的那一刻，原本还有些喧闹的现场瞬间安静了下来，一旁的老师和志愿者也陷入沉默。

一位男生呆呆地注视着在遥远的另一端的母亲，他显然对这样的结果有点不知所措。他的眼睛变得湿润，在犹豫了几秒钟后，他径直奔向了他的母亲，一把将母亲抱在怀里。

这个拥抱让我们看到了家庭成长的希望，无论对于参加夏令营的孩子和父母，还是对于现实生活中很多面临相似问题的孩子和父母，只要彼此间的理解和支持还在，就有可能在瞬息万变的网络时代中，找到自己的定位，收获共同的成长。

（四）夏令营最大的收获：迈出一步，让彼此眼中有星光

在夏令营几天的活动中，不同类型的家庭因相似的问题聚到一起，相互学习、交流。父母察觉自身问题，孩子学会理解父母，亲子之间有机会坦诚沟通和交流，并为对方做出改变。在对这些家庭的观察中，我最深的一个感受是，孩子都渴望父母看到自己，不是像老师一样看到一个作为学生的自己，而是作为家人看到一个全面的自己，看到自己在学习成绩之外的闪光点。哪怕只是一个小小的肯定，都能让孩子欣喜不已，促使他们愿

意和父母交流，愿意做出更多改变。

在活动过程中，沈同学和沈妈妈就发生了明显的变化。沈同学通过活动有了更多的自信，沈妈妈意识到要多看到孩子身上的优点，学着信任自己的孩子。

而赵同学在本次活动与妈妈的互动中真正看到了他们之间存在的问题，并且真实地表达了自己的情感，能够更加客观地看待父母的付出，对父母有了更多的理解。赵妈妈也对网络游戏有了初步了解，并开始试着接受孩子玩游戏，与孩子一起制订家庭网络使用规则。赵妈妈也理解了孩子的压力，明白自己对孩子指责过多，今后愿意尝试去赞美孩子、理解孩子。双方对亲子之间的相处模式有了更多察觉，意识到了自己身上的问题，彼此都有了改变的动力。

吴同学的妈妈焦虑、爱唠叨，表达欲强，很难静下心来倾听孩子讲话。活动结束后，吴同学能够理解吴妈妈的焦虑和担心，能够在手机和网络的使用上和吴妈妈进行协商。吴妈妈能够对自己存在的问题有所察觉，尝试去倾听吴同学说话，不再只是单方面对吴同学提出要求。在进营的时候，吴同学与吴妈妈的关系比较疏离，常常会分开坐；随着活动的推进，吴同学能够与吴妈妈进行沟通，吴妈妈也能够倾听，双方逐渐能够坐到一起，在活动中也能相互拥抱。在结营之时，吴同学上台进行公开发言，也得到了妈妈的支持和鼓励。

这些变化的发生，离不开父母与孩子之间坦诚的交流和沟通。当父母愿意抛开成见，用心去观察、理解孩子的时候，就会发现孩子身上那些曾经被自己忽略的闪光点；而当父母愿意更进一步尝试去表扬孩子的时候，那些听惯了指责、渴望肯定的孩子，会以加倍的热情回馈父母，不再疏离，不再消极应付，而是主动沟通，努力改变。事实上，在这几天的活动中，我看到很多孩子都乐于做出改变，愿意配合辅导员讲出自己的心里话，希望能调整当前的状态。如果父母跨出一小步，做出些许改变，那么孩子就会往前迈一大步甚至几大步，促使亲子关系更进一步。相比之下，父母的这一步似乎迈得更艰难，很多家长羞于表达自己的情感，在与孩子沟通的过程中，并没有充分表达自己的想法；同时还会顾虑自己的权威形象，不好意思在行为上表现出过多的亲近和明显的改变。我想，如果父母的步子迈得再大一点儿，那么亲子关系将会有更多实质性的变化。不过，愿意带着孩子来参加夏令营，愿意去听各种讲座，愿意和孩子一起参加各种活动，愿意参与各种讨论、向辅导员或多或少地袒露自己的心声，家长就已经是在努力前进了。因此，在夏令营结束的时候，我们可以看到每个家庭或多或少发生了不同的变化。总体来说，有以下几个方面。

（1）父母与孩子在这段时间里有了很多沟通、互动的机会，交流和陪伴变多，双方逐渐愿意为对方做出改变，亲子间的关系变得更加融洽。

（2）大部分父母通过活动，能够察觉自己在管教孩子方面存在的问题，同时对网络和游戏有了更为理性的认识，开始接受孩子使用网络。另外，父母学习了一些与孩子沟通的有效方法后，会更有意识地看到孩子好的一面，赞美和理解变多，指责变少。

（3）孩子在活动中获得了较多的情感支持，他们有机会和父母表达自己的真实想法和需求。孩子也愿意试着去理解父母，主动与父母交流和沟通的情况变多。

（4）父母与孩子共同协商，共同制订了家庭网络使用规则。这不仅仅是约束孩子，对父母也同样有所要求。有一个家庭，孩子对妈妈陪自己玩游戏这件事感到非常高兴，妈妈愿意陪伴他一起玩，参与他感兴趣的事情，这让他感到很满足。

2019 年这个夏天，在这个特别的网络素养夏令营里，孩子们得到了情感上的支持，愿意真实地表达和面对他们内心的感受和需求。孩子与家长通过夏令营有了更多相处的时光，彼此间增加了许多良性的互动和沟通。短暂的夏令营点燃的也许只是改变的小火苗，很难彻底解决各个家庭中的所有问题。但我相信，只要这些家庭愿意坚持，孩子和父母能够不断地向前迈进，问题终将迎刃而解。

在此次夏令营结束后的几个月里，我们对这些家庭陆续进行了回访。令人欣慰的是，很多家庭的亲子关系已得到明显改善。我们通过回访了解到，几个在参加活动之前打算退学的孩子均已返校。一位妈妈说，夏令营回来后，孩子发生了前所未有的改变，小孩渐渐有了自信。孩子在游戏管理、对待学习的态度、亲子关系等方面都发生了巨大的改变，周围的人都对孩子的转变很惊讶。我们还看到，在这些家庭中，争吵、冲突都在减少。父母开始抛开对网络和游戏的偏见，尝试理解、肯定自己的孩子，孩子也开始理解父母的苦衷。亲子双方平等沟通，讲出心里话，共同制订游戏规则。我们也在回访中看到有一些家庭的问题出现"反复"：在活动结束后，孩子回到原有的生活环境下，一些因手机、游戏引发的矛盾再次出现。这并不奇怪，很多问题无法在一朝一夕内得到解决。我们在回访中，也给出了一些化解矛盾和冲突的建议，希望能够激励家长和孩子继续向前。只要用心去理解、沟通和坚持，我们相信，一切问题均可迎刃而解。

我希望通过这次活动，能让更多的家庭认识到：尊重和信任是亲子沟通的基础。陪伴不应停留在口头上，需要用心、用行、用情去诠释。父母和孩子，只要能够相互迈进，就能看到彼此眼中的星光，就能积蓄能量，去迎接共同的成长。

（注：本文中出现的孩子和家长姓名均为化名）

后记

在临床实践中，我遇到了许多焦虑的家长和沉浸在网络世界无法自拔的少年。随着网络游戏日渐进入青少年的日常生活，网络沉迷已经成为家长、老师、临床工作者乃至社会必须面对的问题。美国精神医学会（APA）于2013年首次在《精神障碍诊断与统计手册》第五版（DSM-5）中将网络游戏成瘾（Internet Gaming Disorder，IGD）纳入精神障碍诊断标准，而这一标准引起了业界热议。针对网络游戏问题，我曾与我指导过的博士生谭华和徐玮，在2016年共同发表了题为《网络游戏群体社会认同评定量表的编制》的论文。此后，我们持续关注儿童的网络游戏行为研究，走访了一些网络游戏玩家和网络游戏企业。在这一过程中，我们获得了腾讯社会研究中心和腾讯未成年人家长服务平台的支持，接触到了很多网游少年家庭的鲜活故事，让我们得以对儿童网络游戏行为形成更全面和更深入的认识。我们希望能与那些对孩子玩网游感到困惑的家长分享这些发现，帮助他们更了解孩子，与孩子更好地沟通，这也是我们编写这本书的初衷。

全面认识网络游戏沉迷现象并合理有效地预防、控制，是一项复杂的任务，除了受到青少年个体的心理、生理因素的影响，还需要家庭、社会等多方面的配合。本书的写作团队由12人组成，其中8人已获得博士学位，大部分作者都拥有心理咨询和心理健康教育的一线实践经验，因此本书是学术研究和临床实践相结合的成果。写作伊始，主编确立了本书的基本形式和写作框架，王进博士在查阅大量中外文献的基础上，进行书籍框架的具体设计，总结出网络游戏成瘾的 15 个相关理论模型，并且结合 30 多个真实案例，提出 8 个类别，26 个初步编码。经过全体作者反复讨论后，最终确定为 27 个写作单元及 4 个专家主题。随后经过大小 7 次写作探讨会，历时 4 个月，完成了任务分工、样章写作、初稿修改、排版、插画绘制等工作，最终使得这本书得以问世。在兼顾学术的权威性、临床的实践性的基础上，我们尽可能站在家长的角度使本书便于阅读，让读者获得良好体验。我们也将部分章节提供给普通读者，供其试读，并根据反馈进行反复调整。大家为撰写本书付出了巨大努力，但由于学识和能力的限制，书中难免有错缪和不妥之处，诚恳欢迎同道专家和广大读者批评指正。

本书的完成，离不开多方的努力和协作。

首先，感谢腾讯未成年人家长服务平台为我们提供了本书所使用的咨询案例，该平台致力于为家长提供未成年人网络游戏监管与教育咨询服务，家长可以通过该平台了解孩子的游戏时长及消费情况，为孩子的游戏账号设置禁玩禁充，获得教育资讯等。迄今为止，该平台在服务过程中已收集上百万个案例，在网络使用的问题上帮助了 1635 个家庭。在这些案例中，我们随机选取了 73 个案例作为本书的分析资料。

其次，感谢曹慧和田丰两位专家的精彩写作，感谢副主编岳淼、高文珺博士在策划、组织、联络和出版方面所做的关键工作，感谢王进博士对书籍框架进行具体设计，感谢孟祥寒博士生在整个项目中作为主编助理所做的组织联络、初稿整理等繁杂工作，感谢赵琪老师为本书绘制的精美插画，感谢王进、李凌、宋飞、孟祥寒、徐玮、汪娜等的出色写作。

最后，特别感谢图书编辑为本书出版所付出的辛勤劳动。

李　强

创作团队 /

主 编

李强，博士，南开大学心理学教授、博士生导师，南开大学社会心理学系主任，兼任中国社会心理学会常务理事，中国心理学会临床与咨询心理学专业委员会副主任委员，中国心理卫生协会心理咨询师专业委员会副主任委员，天津市心理卫生协会理事长，中国心理学会临床心理学注册心理师、注册督导师，天津市第一中心医院心理健康咨询门诊特聘专家，赛智心理咨询（天津）有限公司导师顾问，参与"中德班"精神分析治疗师连续培训项目。

从事临床心理学、健康心理学教学研究与临床工作27年。承担国家社会科学基金重点项目、一般项目和青年项目等20余项，发表学术论文130余篇，出版《健康心理学》《咨询心理学》等教材专著10余部。获得天津市社会科学研究优秀成果二、三等奖各2次，主编《心理自助指南》《心理保健手册》等科普读物，被评为全国社会科学普及活动优秀社科工作者。

联系方式：liqiangp@126.com

副主编

岳淼，腾讯集团市场与公关部副总经理、腾讯互联网与社会研究中心主任、中关村数字文化产业智库副理事长、中国新闻史学会公共关系分会常务理事、浙江大学传媒与国际文化学院专业学位硕士生兼职导师、浙江传媒学院新闻与传播硕士专业学位研究生导师、《环球企业家》杂志前执行主编。参与主导的新媒体互动创意产品曾三次荣获中国新闻奖一等奖，打破数项吉尼斯世界纪录。

高文珺，中国社会科学院社会学研究所副研究员，南开大学社会学博士，中国社会科学院社会学研究所出站博士后，加拿大多伦多大学心理学系访问学者。主要研究方向为社会心理学、互联网与社会心态、社会价值观、社会共识等，对互联网与青少年成长有深入研究。

编 委（按照姓氏汉语拼音排序）

曹慧

香港中文大学心理学博士、北京教育学院讲师、国际救助儿童会社会情感能力项目专家、国家二级心理咨询师。主要研究方向：教育心理学。译有《正念养育》《ACT，就这么简单！接纳承诺疗法简明实操手册》《爱与教养的双人舞：聚焦依恋关系的养育方法》等书。

陈娜

中级社会工作师、青少年高结构历奇培训教练，拥有10余年青少年个案、团队辅导一线经验。深圳市多所中小学学校心理顾问，一直带领团队为深圳中学等10余所中小学提供青少年成长课程设计及培训服务。公益教育践行者、深圳脑瘫儿童早期教育项目"深圳狮子会非常学堂"创始人、留守青少年公益项目"朋辈计划"发起人之一。

李凌

2015年毕业于南开大学社会心理学系，获博士学位。国家二级心理咨询师、中国心理学会注册心理师、中国心理卫生协会心理咨询师专业委员会青年委员。目前任职于天津大学，主要从事心理健康教育、心理咨询、临床心理研究、专业文献翻译等工作，在心理危机、人格障碍等各类心理问题上具有丰富的临床工作经验。

孟祥寒

南开大学心理学博士生在读，国家二级心理咨询师、天津市心理卫生协会理事，曾在中挪精神分析心理治疗师与督导师高级组连续培训项目受训，赛智心理咨询（天津）有限公司签约咨询师。主要研究方向：咨询心理学。临床咨询时间为 1500 余小时。编撰《0～3 岁儿童发展家庭实用指南》《天津市家庭教育系列丛书》等图书。

宋飞

任职于北京师范大学附属实验中学，中学教育心理学科高级教师。北京市西城区心理学学科带头人、国家二级心理咨询师、国家职业生涯规划师、原劳动部心理咨询师培训师、中科院心理所首期督导心理教练、萨提亚模式家庭治疗咨询师、中国心理卫生协会青少年心理卫生专业委员会委员、北京心理卫生协会咨询与治疗专业委员会委员。以下为研究方向。针对青少年：青少年情绪管理、青春期心理、网络过度使用、人际关系（同伴、异性、师生、亲子）、学习与考试心理等；针对家长：家庭教育、亲子关系。拥有 20 年青少年及家长心理教育、咨询、培训经验，个案辅导超过 4000 人。

田丰

中共中央组织部第四批国家"万人计划"青年拔尖人才。国务院特殊津贴专家，兼任中国志愿服务研究中心常务副秘书长。2011 年毕业于中国社会科学院研究生院，获博士学位。现任中国社会科学院社会发展战略研究院志愿服务研究室室主任、研究员、博士生导师，《中国志愿服务研究》杂志副主编。研究方向为社会治理与志愿服务、社会分层、青年和家庭研究等，尤其对于流行的"网红现象""网络游戏"等网络社会学有深入的研究。

汪娜

南开大学心理学博士，目前就职于天津市安定医院心境障碍三科，国家二级心理咨询师、心理治疗师（初级），专注于双相情感障碍患者的社会功能康复和多种心境障碍的心理咨询与治疗工作。天津市心理卫生协会理事、天津市医师协会精神科分会秘书。研究方向：心理健康、人际过程、重症精神疾病患者的社会认知功能。

王进

南开大学社会心理学博士，天津职业技术师范大学应用心理学系讲师、国家二级心理咨询师、天津市心理卫生协会理事、赛智心理咨询（天津）有限公司签约咨询师。参与精神分析学习体验成长小组、焦点解决短期治疗连续培训项目、多元文化咨询与治疗实务工作坊，并开展释梦培训等工作。主要研究方向为临床社会心理学、本土化多元文化咨询。

徐玮

南开大学社会心理学博士、天津职业技术师范大学心理学系讲师、天津社会心理学学会理事、国家二级心理咨询师。研究方向：心理健康、社会心理学。参与多项国家级及省部级课题，在各类期刊上发表多篇科研论文，参与编写的《心理疏导》曾被评选为全国优秀社会科学普及读物。

未经许可，不得以任何方式复制或抄袭本书之部分或全部内容。
版权所有，侵权必究。

图书在版编目（CIP）数据

读懂孩子的世界：父母和网络少年的27堂成长沟通课 / 李强主编. —北京：电子工业出版社，2022.1
ISBN 978-7-121-42534-9

Ⅰ. ①读… Ⅱ. ①李… Ⅲ. ①青少年教育－家庭教育 Ⅳ. ①G782

中国版本图书馆 CIP 数据核字（2021）第 265353 号

责任编辑：黄　菲　　文字编辑：王欣怡
印　　刷：三河市鑫金马印装有限公司
装　　订：三河市鑫金马印装有限公司
出版发行：电子工业出版社
　　　　　北京市海淀区万寿路 173 信箱　　邮编：100036
开　　本：720×1 000　1/16　印张：18.75　字数：215 千字
版　　次：2022 年 1 月第 1 版
印　　次：2022 年 1 月第 1 次印刷
定　　价：75.00 元

凡所购买电子工业出版社图书有缺损问题，请向购买书店调换。若书店售缺，请与本社发行部联系，联系及邮购电话：（010）88254888，88258888。

质量投诉请发邮件至 zlts@phei.com.cn，盗版侵权举报请发邮件至 dbqq@phei.com.cn。

本书咨询联系方式：424710364（QQ）。